Críticas ao *Pense Melhor*

"Excelente! Um guia prático sobre o poder do pensamento produtivo cuja leitura é indispensável a toda e qualquer pessoa."
Glenn Bishop
Diretor, engenharia, Yahoo! Europa

"Um manancial de idéias convincentes para qualquer indivíduo que deseja incrementar o valor de sua marca e contribuir com unhas e dentes para o sucesso de sua empresa."
Andy Boynton, Ph.D.
Diretor, Escola de Administração Carroll, Boston College, e autor de *Virtuoso Teams*

"Perfeito equilíbrio entre teoria e prática. Não deixe de ler este livro. Você não se arrependerá!"
Roger J. Burns
Parceiro mundial, Mercer Human Resource Consulting

"Não é um livro apenas para ler, mas um manifesto à ação."
Kevin Byron, Ph.D.
Pesquisador sênior, Academia Britânica de Educação Superior

"É provavelmente o processo de pensamento mais inspirador com o qual já me deparei — se você não o empregar, perderá uma grande oportunidade!"
Rob Devine
Consultor em liderança, Cingapura

"Melhor livro sobre pensamento inovador que já li — é fácil de compreender, é interessante e fascinante e contém excelentes exemplos e histórias."
Gregg Fraley
Autor de *Jack's Notebook*

"Se for seu desejo criar o futuro para sua equipe, para sua empresa ou para o planeta, em vez de usar uma bola de cristal, leia Pense Melhor."
Colin Funk
Diretor, Laboratório de Aprendizagem em Liderança, Centro Banff

"Uma leitura fácil que treinará sua mente sem lhe provocar dor de cabeça."
Paul Hoffert
Pesquisador, Universidade de Harvard, e autor de *The New Client*

"É com enorme entusiasmo que recomendo este livro dinâmico, pragmático e excepcionalmente revelador a qualquer pessoa que deseja pensar melhor na vida e no trabalho."
Timothy S. Mescon, Ph.D.
Diretor, Coles College of Business, Universidade Estadual de Kennesaw

"Este livro delineia uma estrutura que qualquer pessoa pode usar para obter melhores resultados nos negócios. Há nele relevância e magia."
Megan Mitchell
Diretor, Inovação e Desenvolvimento de Liderança, Johnson & Johnson Inc.

"Raramente um livro me estimula tanto. Pense Melhor determina um ritmo... é um livro de referência primordial que contém idéias estimulantes sobre como inovar de maneira produtiva."
Sid Parnes, Ph.D.
Professor emérito, Centro Internacional de Pesquisas sobre Criatividade, e autor de The Magic of Your Mind

"Consiga um exemplar para todos os seus colegas de trabalho, reúna-se com eles e converse a respeito. Depois continue inventando seu futuro. Este livro lhe mostrará como fazer isso."
Ian Percy
Autor de The Profitable Power of Purpose

"Uma leitura obrigatória para gerentes, líderes e empresários — a qualquer pessoa que necessita compreender e lidar com ambientes competitivos."
Kanes K. Rajah, M.Sc., Ph.D.
Diretor do Centro de Empreendedorismo e da Escola de Negócios da Universidade de Greenwich, Londres

"Este livro é excelente! Não consigo parar de pensar nele."
Stephen Shapiro
Autor de 24/7 Innovation

"Brilhante, intelectualmente instigante e fácil de ler — um dos melhores livros sobre criatividade que já li em 30 anos. Compre, leia e transforme sua vida!"
Arthur B. VanGundy, Ph.D.
Professor de comunicação da Universidade de Oklahoma e autor de Getting to Innovation

"Um sistema eficaz para estimular idéias inovadoras. Este livro é mais do que compensador — é um imperativo."
Roger von Oech
Autor de Um "Toc" na Cuca

"Primorosamente produzido, fundamentado em pesquisas meticulosas, distinto por sua simplicidade, surpreendentemente rico, eficaz na prática."
Ken Wall
Consultor em liderança, Austrália

PENSE MELHOR

PENSE MELHOR

DVS Editora 2008 - Todos os direitos para a língua portuguesa reservados pela editora.

THINK BETTER
Original edition copyright © 2008 by The McGraw-Hill Companies. All rights reserved.
Portuguese edition copyright © by 2008 DVS Editora Ltda. All rights reserved.

Nenhuma parte deste livro poderá ser reproduzida, armazenada em sistema de recuperação, ou transmitida por qualquer meio, seja na forma eletrônica, mecânica, fotocopiada, gravada ou qualquer outra, sem a autorização por escrito do autor.

Tradução e Adaptação: Beth Honorato
Diagramação: Konsept Design e Projetos

Dados Internacionais de Catalogação na Publicação (CIP)
(Câmara Brasileira do Livro, SP, Brasil)

Hurson, Tim
   Pense melhor : um guia pioneiro sobre o pensamento produtivo : (o futuro de sua empresa depende disso -- assim como o seu) / Tim Hurson ; tradução e adaptação Beth Honorato. -- São Paulo : DVS Editora, 2008.

   Título original: Think better.
   Bibliografia.
   ISBN 978-85-88329-49-2

   1. Pensamentos I. Honorato, Beth. II. Título.

08-12198   CDD-153.42

Índices para catálogo sistemático:

1. Pensamento produtivo : Processos mentais conscientes : Psicologia   153.42

UM GUIA PIONEIRO SOBRE
O PENSAMENTO PRODUTIVO

PENSE MELHOR

(o futuro de sua empresa depende disso...
assim como o seu)

TIM HURSON

Tradução e Adaptação: Beth Honorato

DVS EDITORA

www.dvseditora.com.br
São Paulo, 2008

À minha mulher, companheira, mestra, inspiração e melhor amiga, Franca Leeson.

SUMÁRIO

Prefácio   xi

Agradecimentos   xv

PARTE 1: Pensamento Produtivo em Contexto

Capítulo 1   Por que pensar melhor   3

Capítulo 2   Mente de macaco, cérebro reptiliano e elefante agrilhoado   17

PARTE 2: Pensamento Produtivo em Princípio

Capítulo 3   *Kaizen versus Tenkaizen*   35

Capítulo 4   Estender-se no problema   53

Capítulo 5   O milagre do terceiro terço   67

PARTE 3: O Pensamento Produtivo na Teoria

Capítulo 6   Pensamento produtivo estruturado   85

Capítulo 7   **Etapa 1:** O que está havendo?   101
Quebra-cabeças, investigações e possibilidades

Capítulo 8   **2ª Etapa:** O que é sucesso?   125
O princípio do impulso para o futuro

Capítulo 9   **3ª Etapa:** Qual é a pergunta?   143
Grande resposta (pergunta errada)

Capítulo 10   **4ª Etapa:** Gerar respostas   161
Dez mil insucessos

Capítulo 11   **5ª Etapa:** Forjar a solução   179
Catana de Masamune

Capítulo 12   **6ª Etapa:** Alinhar recursos   199
Aqui há leões

PARTE 4: Pensamento Produtivo na Prática

    Capítulo 13 Pensamento produtivo revisitado   219

    Capítulo 14 Treinamento *versus* carreamento   237

Apêndice: Pensamento Produtivo em Ação

    As seis etapas dos estudos de caso, JetWays   247

    Glossário   265

    Notas   271

    Bibliografia   279

    Índice   283

    Sobre o Autor   294

PREFÁCIO

Embora não tenha percebido naquele momento, na verdade comecei a desenvolver este livro mais ou menos há 15 anos. Estava participando de uma discussão *on-line* sobre criatividade. Um dos participantes insistia em que a criatividade é uma qualidade inata que não pode ser ensinada: ou você tem ou não tem. Minha visão era diferente. Durante toda a minha vida profissional, convivi e ainda convivo com a área de criatividade. Comecei como roteirista de um filme documentário e com o tempo me tornei diretor criativo de minha própria empresa de *marketing*. Li livros de James L. Adams, Edward de Bono e Roger von Oech e me convenci de que a criatividade, assim como outras habilidades de pensamento, é **algo** que pode ser **aprendido** e **desenvolvido**. Todavia, não tinha nenhuma prova genuína disso.

Essa discussão me levou a empreender uma jornada que deu outro enfoque à minha vida. Frequentei seminários, fui à caça de livros e fiz experiências. Em um dado momento, entrei em contato com a Fundação de Educação Criativa (Creative Education Foundation — CEF). A CEF foi fundada em 1954 por Alex Osborn, publicitário responsável pela criação do conceito de *brainstorming*, e Sid Parnes, na época um jovem e brilhante professor de psicologia. Afiliei-me à fundação principalmente para obter 10% de desconto em seu extenso catálogo de livros. Em uma das correspondências que recebi, fiquei sabendo que a CEF promovia uma conferência anual sobre o assunto, denominada Instituto de Solução Criativa de Problemas (Creative Problem Solving Institute — CPSI). **Resolvi ir!**

O CPSI (pronuncia-se "cipsi") era composto por inúmeras sessões simultâneas, como dissertações acadêmicas importantes, programas relacionados à área de humanidades e algumas palestras bastante incomuns. Contudo, sua principal atração era uma metodologia que Osborn e Parnes haviam desenvolvido ao longo dos anos chamada Solução Criativa de Problemas (Creative Problem Solving — CPS). Fundamentada nas regras originais de Osborn aplicadas ao *brainstorming*, a CPS propunha que a principal coisa que devemos fazer para sermos mais criativos é **não** pensarmos, que a coisa mais produtiva que podemos fazer é simplesmente relacionarmos nossas idéias — idéias a respeito da causa dos problemas, idéias sobre aonde desejamos chegar no momento em que encontrarmos a solução para esses problemas e idéias sobre como alcançar esse lugar. Assim que conseguimos gerar essas idéias, independentemente do quanto possam parecer absurdas, retornamos às nossas listas e **só então** aplicamos o pensamento crítico para avaliá-las, escolhemos as mais promissoras e as aprimoramos. Isso parece muito simples.

Acabei desenvolvendo uma espécie de relação de amor e ódio com a metodologia CPS. Acreditava em seu potencial, mas achava que se concentrava demasiadamente na criação de idéias e não suficientemente na avaliação crítica e rigorosa das idéias. Precisava aprender mais. Aproveitei significativamente as longas e fascinantes conversas que mantive com Sid Parnes, que se tornou meu mentor e estimado amigo, bem como com vários outros adeptos da CPS. Além disso, investiguei uma variedade de sistemas de resolução de problemas com base em engenharia, entre eles uma metodologia denominada **Definição Integrada** (Integrated Definition — IDEF), que foi usada pela NASA (National Aeronautics and Space Administration). Examinei cuidadosamente algumas das abordagens mais rigorosas desses sistemas e os entrelacei com a essência do processo de CPS. Nas sessões de estratégia de facilitação que promovia aos clientes, experimentei e transformei o que havia aprendido. Lentamente, o que começou a nascer foi um novo modelo para pensar de forma mais produtiva: um método disciplinado e recorrente para as pessoas gerarem com maior frequência mais idéias de melhor qualidade.

Desse trabalho resultou o **modelo de pensamento produtivo $think^X$**, o qual eu e meus colegas usamos para simplificar e promover as sessões de inovação corporativa e treinar as pessoas a pensar mais criativa e eficazmente. O **modelo $think^X$** baseia-se determinantemente nos princípios do processo CPS de Osborn-Parnes, com inúmeras complementações fundamentadas em minha experiência e nas inestimáveis constatações e contribuições de meus colegas, em especial de minha sócia, Kristen Peterson.

Nos trabalhos que realizei com empresas e organizações sem fins lucrativos, pude perceber que o **modelo $think^X$** e seus princípios básicos promovem mudanças profundas no modo como os indivíduos e as organizações atuam. Por meio deste livro, pude apresentar esse modelo e seus prováveis benefícios a um público mais abrangente.

Pense Melhor estabelece a premissa de que o sucesso em nossa vida empresarial, profissional e pessoal tem menos a ver com o que sabemos e mais a ver com nossa maneira de pensar. Se conseguirmos desenvolver habilidades de pensamento para criarmos mais opções e, em seguida, avaliarmos essas opções de modo mais eficaz, poderemos todos ter uma vida mais rica e mais completa — e do mesmo modo as pessoas ao nosso redor.

Hoje em dia, todo mundo fala de criatividade e inovação, mas pouquíssimas pessoas de fato sabem como colocá-la em prática. O **modelo $think^X$** esclarece nitidamente as estratégias de pensamento produtivo que as pessoas que louvamos por sua criatividade têm usado há séculos. Provavelmente o pensamento produtivo lhe parecerá uma possibilidade de virar o jogo. Ele nos permite desenvolver as habilidades das quais necessitamos para pensarmos melhor e mais assumida e abertamente, apresentando-as de uma maneira fácil o suficiente para que qualquer pessoa possa apreendê-las e usá-las e, em decorrência disso, possa pensar melhor, trabalhar melhor e se sair melhor em todos os aspectos da vida.

A boa notícia é que o pensamento produtivo é uma habilidade que todos podem aprender e desenvolver. Independentemente de seu ponto de partida, você **pode** aprender a usar melhor sua mente. Isso não é muito diferente de dirigir um carro. Duas pessoas podem dirigir o mesmo veículo. Uma dirige extremamente bem, obtendo um rendimento e desempenho razoáveis. A outra dirige admiravelmente pelo fato de aplicar as habilidades aprendidas para obter o melhor rendimento e desempenho possível. Será que algumas pessoas sempre serão mais criativas do que outras? **Certamente**. Contudo, seja qual for o veículo que dirigir primeiro — um BMW ou um Skoda —, você conseguirá aprender a usá-lo melhor.

Pense Melhor não é um estudo acadêmico. A ***think*^{X}**, empresa de formação de capital intelectual, trabalha com várias organizações na vida real que enfrentam problemas do mundo real. Uma das dificuldades ao tentar ilustrar os conceitos neste livro foi mostrar o tipo de trabalho que realizamos para os nossos clientes. Em relação a quase todas as organizações, é impossível separar os problemas de inovação dos problemas de competitividade. Consequentemente, em grande parte dos trabalhos que realizamos, lidamos com informações confidenciais que, obviamente, não podem ser reveladas. Nos exemplos e ilustrações que apresento nas páginas deste livro, tentei tanto quanto possível usar casos reais, mas sem revelar informações de cunho confidencial ou o nome das empresas envolvidas.

Este livro contém 14 capítulos e um apêndice.

O Capítulo 1, *Por Que Pensar Melhor*, apresenta uma situação que explica como todos nós podemos nos beneficiar do pensamento produtivo e introduz o conceito de analogia inesperada, que é alinhavado ao longo do livro.

O Capítulo 2, *Mente de Macaco, Cérebro Reptiliano e Elefante Agrilhoado*, examina as barreiras contra o pensamento produtivo e os motivos pelos quais na maioria das vezes nosso pensamento não é tão criativo ou eficaz.

O Capítulo 3, *Kaizen versus Tenkaizen*, introduz e contrasta os conceitos de pensamento produtivo e pensamento reprodutivo e indica como eles podem ser aplicados em uma mudança organizacional.

O Capítulo 4, *Estender-se no Problema*, analisa nossa tendência de saltarmos rapidamente para as conclusões, em vez de dedicarmos mais tempo a uma investigação mais pormenorizada dos problemas.

O Capítulo 5, *O Milagre do Terceiro Terço*, contrapõe o *brainstorming* ("tempestade de idéias") bom e ruim e explica por que a maioria das idéias criativas em geral vem à tona praticamente no final das sessões de brainstorming, e não no início.

O Capítulo 6, *Pensamento Produtivo Estruturado*, introduz e oferece uma visão geral do modelo de seis etapas **think^X**.

Os Capítulos 7 a 12 oferecem explicações detalhadas de cada uma das seis etapas do modelo, com exemplos e estudos de caso.

O Capítulo 7, Etapa 1: *O Que Está Havendo?*, investiga o problema ou os problemas que precisam ser solucionados.

O Capítulo 8, Etapa 2: *O Que É Sucesso?*, estabelece os critérios para o sucesso.

O Capítulo 9, Etapa 3: *Qual É a Pergunta?*, define o problema real a ser solucionado.

O Capítulo 10, Etapa 4: *Gerar Soluções*, propõe idéias iniciais para as soluções.

O Capítulo 11, Etapa 5: *Forjar a Solução*, transforma as idéias iniciais em soluções eficazes.

O Capítulo 12, Etapa 6: *Alinhar Recursos*, identifica e destina recursos para a implementação da solução.

O Capítulo 13, *Pensamento Produtivo Revisitado*, recapitula o modelo e oferece diversas dicas para empregarmos suas várias etapas e ferramentas.

O Capítulo 14, *Treinamento versus Carreamento*, propõe quatro critérios fundamentais para o desenvolvimento das habilidades do pensamento criativo e a incorporação do pensamento produtivo nas culturas organizacionais.

O conteúdo pós-textual engloba um glossário de termos do pensamento produtivo e suas principais ferramentas e um exemplo abrangente do **modelo de pensamento produtivo** (MPP) em ação.

Espero que ao finalizar a leitura deste livro você tenha uma sólida compreensão do pensamento produtivo. Espero, além disso, que se sinta motivado a pôr isso à prova para que possa experimentar por conta própria como esse modelo simples, mas eficaz, pode ajudá-lo a compreender mais nitidamente, a pensar mais criativamente e a planejar mais eficazmente. O MPP **think^X** é fácil de aprender, pode ser implementado de maneira prática e funciona. Com a atitude correta, a abordagem apropriada e as habilidades adequadas, todos nós conseguimos pensar melhor!

AGRADECIMENTOS

Neste livro, devo agradecimentos a várias pessoas. Primeiramente, gostaria de agradecer todos os meus parceiros e assistentes de consultoria na **think^X intellectual capital** por seu apoio e entusiasmo. Todos são, antes de mais nada, meus amigos. Além disso, atuaram como divulgadores e embaixadores ao propagarem o pensamento produtivo nas sessões de assistência, treinamento e *coaching* (orientação) realizadas para clientes do mundo inteiro. Sem essas pessoas, o MPP **think^X** teria sido efêmero e não teria perdurado. Tenho por eles imensa gratidão. Nos Estados Unidos da América (EUA), são eles: Paul Groncki e Clare Dus (Nova York), Janeen Whalen (Los Angeles), Russ Schoen (Chicago), Steve Fox (Boston), Stanley Young (Sacramento) e Julieta Parra-McPherson (Omaha). Na Europa, Patrizia Sorgiovanni e Scott Middleton (Londres), Tim Dunne e Maggie Dugan (Paris) e Matteo Catullo e Paolo Sbuttoni (Milão). No Canadá, Dan Bigonesse, Alison Cohen, Marc Hurwitz, Glenn Pothier e John Sedgwick.

Tive a boa sorte de conhecer centenas de pessoas que me inspiraram com sua inteligência, criatividade, compaixão e coragem. Nem este livro nem o trabalho que aplainou o caminho para a sua concretização teriam sido possíveis sem os exemplos que me proporcionaram.

Tanto George Langler quanto Ralf Hotchkiss, cuja história encontra-se no Capítulo 1, jamais poderão imaginar de que modo me influenciaram. Nenhuma expressão de apreço seria adequada. Rafe Martin, Tom Friedman, Tom Stoyan, Robin Wall, Michael Jacot, Ken McLeod e Peter Lloyd, todos me ensinaram que, para pensarmos melhor, devemos usar tanto a mente quanto o coração. Cindy Krysac, física, ensinou-me o valor da persistência. Doug Scott ensinou-me a escrever. Meu excelente amigo Roger von Oech, que conheci pela primeira vez lendo um livro, posteriormente *on-line* e finalmente por telefone — e que ainda preciso conhecer em carne e osso —, ensinou-me que é possível escrever um texto sério e ao mesmo tempo prazeroso. Meu ex-sócio Eric Young ensinou-me a importância de refletir e pôr as idéias no papel. Meu tio Harry Hurwitz, a pessoa mais vigorosamente criativa que já conheci, ensinou-me que somos todos uma fonte inesgotável de novas idéias.

Agradeço Maria Shinoto, por sua inestimável assistência, ao me ajudar a compreender a construção de *tenkaizen* no sistema *kanji* japonês, termo cujo papel foi fundamental para o meu raciocínio. Agradeço também Robert Bick, por me encorajar a desenvolver o MPP e me ajudar a investigar seus conceitos ao longo das primeiras etapas.

Pouquíssimas idéias presentes neste livro teriam sido concretizadas sem as centenas de horas de diálogo que mantive com um grupo extremamente especial: os profissionais que proferem palestras nas várias conferências internacionais sobre criatividade e inovação com as quais estou envolvido. Esses indivíduos compartilharam comigo constatações e experiências próprias e, se isso não bastasse, tornaram-se meus amigos íntimos. Por ambos os privilégios, desejo agradecer Guy Aznar, René Bernèche, Laura Barbero, Alan Black, Kevin Byron, Jean Bystedt, Colette Chambon, Jeanne Chatigny, Ted Coulson, Nancylyn Davis, Dave Dilts, Mark Dodsworth, Lee Dunne, Newell Eaton, Bob Eckert, Gregg Fraley, John Frederick, Guido Galimberti, Bill Hartwell, Kitty Heusner, Magellan Horth, Anthony Hyatt, Clara Kluk, Hedria Lunken, Joe Miguez, Oliver MacDonald, Tom McMullen, Allie Middleton, Sandra Minnee, Liz Monroe Cook, Len Mozzi, Nancy Myers, Murli Nagasundaram, Kobus Neethling, Charlene Pasco, Jon Pearson, Frank Prince, Sjra Puts, Kanes Rajah, Doug Reid, Leslie Seabury, Tim Switalski, Guingo Sylwan, Andy Van Gundy, Harry Vardis, Jonathan Vehar, Ken Wall, Win Wenger, Jack Wolf e Olwen Wolfe.

Devo agradecimentos extremamente especiais, pelos ensinamentos que me passaram, a Sid e Bea Parnes e a Jacquie Lowell, sem cujo convite eu não teria ingressado nessa maravilhosa comunidade. Agradeço Jim Ridge, cujas ilustrações idealizadas para este livro deram vida ao pensamento produtivo. Quem teria imaginado que um encontro casual em Buffalo, no Estado de Nova York (EUA), poderia dar lugar a essa formidável colaboração! Em grande medida, *Pense Melhor* não teria tanta riqueza sem a criatividade e dedicação de Jim.

Gostaria de agradecer também meus quatro filhos, Emily, Branwen, Peter e Max Hurson, que me aturaram durante um ano ou mais enquanto escrevia este livro. Todos me deram um maravilhoso apoio.

Por fim, devo expressar minha mais profunda gratidão a quatro mulheres extraordinárias, que me ajudaram a dar à luz *Pense Melhor*. Primeiramente, minha sócia, Kristen Peterson, que me disse que faria tudo o que fosse necessário para liberar meu tempo para que pudesse escrever este livro. Ela cumpriu a promessa e fez muito mais. Sem seu apoio, sua força e sua perseverança, nem o modelo **think**^{X} nem o livro *Pense Melhor* existiriam. Obrigado, Kristen.

Em segundo, minha editora, Leah Spiro, que foi implacável ao me compelir a ser claro. As passagens lúcidas neste livro provavelmente são uma consequência de sua afiada edição. As nebulosas são quase certamente as passagens em que não segui suas recomendações.

Em terceiro, minha agente literária, Cathy Hemming. Nunca deixarei de ser grato à sua fascinante pitada de serendipidade, o que estreitou nossa relação. Cathy tinha convicção de que em algum lugar em mim havia um livro. Não tenho palavras para expressar o tamanho significado que essa convicção tem para mim.

Por último e mais importante, minha mulher, Franca, infinitamente mais criativa e inteligente do que jamais imaginei. Tanto quanto eu, transpirou em cada centímetro deste livro, atuando como segunda editora, organizadora, defensora, conselheira e de vez em quanto meu aguilhão. E sempre, sempre, minha amiga. Obrigado, Franca.

PARTE 1

PENSAMENTO PRODUTIVO EM
CONTEXTO

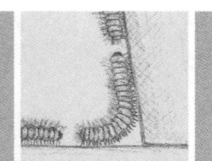

CAPÍTULO 1

Por que pensar melhor

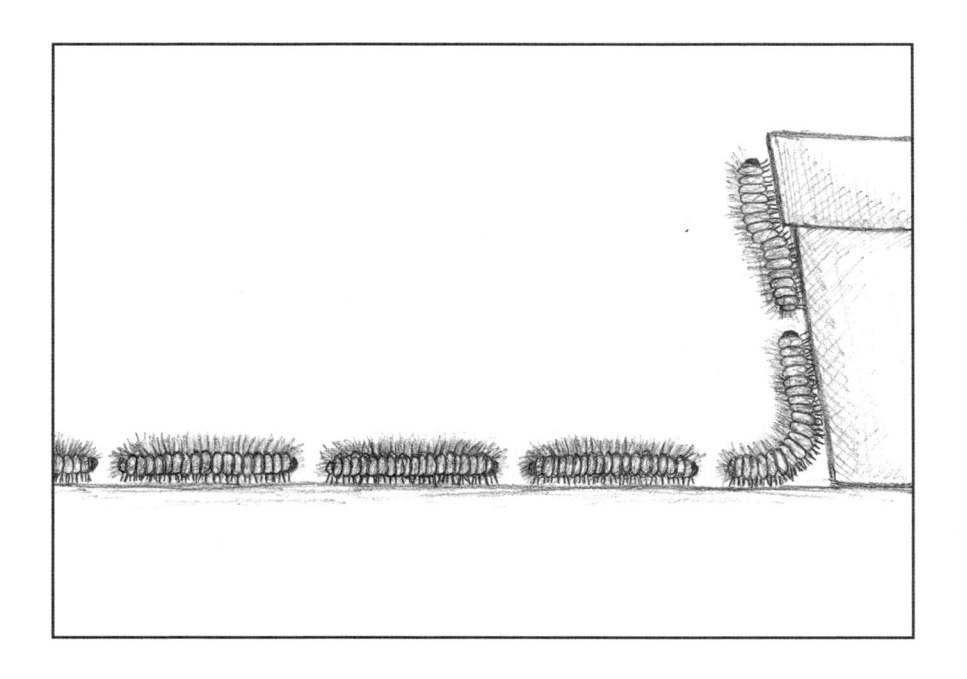

"A imaginação é o princípio da criação: imaginamos o que desejamos, desejamos o que imaginamos e, finalmente, criamos o que desejamos."
George Bernard Shaw

Criar o futuro — é sobre isso que este livro versa; sobre enxergar mais nitidamente, pensar mais criativamente e planejar mais eficazmente; sobre pensar melhor, trabalhar melhor e sair-se melhor em todas as áreas da vida. Temos todos capacidade para pensar melhor. O ponto de partida é nos libertarmos dos padrões do pensamento improdutivo que nos refreiam.

Existe na natureza um pequeno e curioso inseto, as chamadas lagartas processionárias, que pode nos passar inúmeros ensinamentos acerca dos hábitos sufocantes do pensamento cotidiano. As processionárias são assim denominadas por seu comportamento característico. Quando saem do ninho para coletar alimentos, elas se movem em fila, do mesmo modo que os elefantes de circo: cabeça–cauda, cabeça–cauda. A lagarta que conduz as demais fia um fino rastro sedoso enquanto avança lentamente. A lagarta seguinte, em fila, move-se sobre o rastro sedoso da primeira, acrescentando sobre este o seu. As processionárias podem formar comboios de centenas dessas criaturinhas à proporção que se arrastam pela floresta.

Não há nada particularmente distinto na lagarta que lidera: é por mero acaso que se encontra na dianteira. Ela se move adiante por algum tempo, faz uma pausa e levanta a cabeça ocasionalmente, tentando perceber em que direção há uma fonte de alimento mais próxima. Em seguida, prossegue a jornada. Se removermos a lagarta condutora, a segunda da fila cumprirá sem hesitação as funções de bandeirante. As lagartas posteriores não parecem se importar com a mudança na liderança.

As processionárias fascinaram um dos mais notáveis naturalistas do mundo, Jean Henri Fabre, considerado por muitos o pai da entomologia moderna. Fabre passou longos anos estudando as processionárias, tanto em estufa quanto em seu *habitat*. Era um observador nato. Não assumia nada como verdadeiro, não tomava nada por certo, não fazia nenhuma suposição. Uma vez escreveu que sua doutrina científica era: "O método da ignorância. Leio muito pouco... Não sei coisa alguma. Tanto melhor: minhas indagações serão todas mais livres, ora nesta direção, ora na direção oposta, de acordo com as iluminações que obtiver".[1]

Fabre tinha curiosidade por observar até que ponto o instinto das processionárias de seguir a líder seria persistente. O que poderia ocorrer se ele as dispusesse em círculo? Será que esse instinto das lagartas forçá-las-ia a dar voltas e voltas intermitentes em um laço infinito? Em 30 de janeiro de 1896, Fabre construiu um experimento em que conseguiu dispor pacientemente uma sequência de lagartas ao redor de um pote cheio de terra. Tão logo uma quantidade suficiente de lagartas ascendeu, formando um círculo, ele removeu com uma escova algumas ao final da sequência. Em seguida, empurrou delicadamente a lagarta líder, de modo que seguisse as posteriores e fechasse o círculo. De súbito, não havia mais líder. Cada uma das lagartas no círculo simplesmente passou a seguir as linhas deixadas por aquelas que seguiam à frente, ignorando sua comida favorita no esconderijo que Fabre havia colocado a uma distância de aproximadamente 30 centímetros do círculo.

Seis dias mais tarde, em 5 fevereiro, as lagartas continuavam se movendo em círculo. Somente depois que várias começaram a desmaiar de exaustão e inanição é que o círculo começou a se desfazer, possibilitando que algumas lagartas às quais ainda sobrava alguma força fugissem. Segundo os cálculos de Fabre, as lagartas fizeram mais de 500 circuitos em torno do pote e percorreram mais de 400 metros. Se fosse um ser humano, isso equivaleria a percorrer uma distância de mais ou menos 145 quilômetros ou a completar três maratonas e meia sem comida, água ou descanso. Fabre termina sua descrição sobre esse experimento com as seguintes palavras: "As lagartas, atormentadas, famintas, desabrigadas, gélidas pelo frio da noite, aferraram-se obstinadamente ao fio sedoso coberto centenas de vezes porque não dispõem dos lampejos rudimentares da razão que as orientariam a abandoná-lo".[2]

Se algum dia já teve a sensação de ter participado de uma procissão de lagartas — no ambiente em que trabalha ou na comunidade ou na casa em que vive —, não pare de ler. Em algum momento da vida, todos nós, de alguma forma, já agimos como as lagartas processionárias, seguindo precipitadamente e despropositadamente um rastro de seda, apenas porque ele se formou diante de nós. É um tanto quanto fácil tomarmos parte de uma sucessão ordenada de coisas e nem sequer percebermos que estamos em um desfile. E não é em um dia excepcional que nos achamos em uma procissão, mas quase todos os dias. Atravessamos a vida seguindo os padrões com os quais crescemos e convivemos confortavelmente. Fazemos coisas única e exclusivamente porque é assim que elas são feitas. Nossa rotina nos parece tão natural que nem mesmo e de modo algum nos passa pela cabeça que estamos seguindo padrões. Não enxergamos os sinais de advertência, negligenciamos as oportunidades ou então pura e simplesmente nos arrastamos com esforço porque fixamos o olhar não na meta, mas na rotina. Isso ocorre com todos nós.

Do mesmo modo que com as lagartas dos experimentos de Fabre, algumas vezes a única coisa que nos salva é a possibilidade de as coisas darem tão errado, mas tão errado, a ponto de nos forçar a abandonar as procissões. A contraprodutividade de nosso padrão ganha tal proporção que o círculo que havíamos criado não consegue mais se auto-sustentar. Ele se decompõe. Sem nenhum outro círculo para seguir, somos então forçados a encontrar formas originais de fazer as coisas. Mudamos somente quando somos forçados a isso.

Até que ponto somos diferentes da lagarta processionária?

• • •

Em essência, o pensamento produtivo tem a ver com liberdade. É uma maneira de escapar da tirania do rastro brilhante. É claro que às vezes acompanhar uma procissão tem um valor real, palpável. Pode ser benéfico e produtivo fazer as coisas do jeito que elas sempre foram feitas. Não há dúvida de que as convenções sociais, os pensamentos convencionais e as melhores práticas têm um papel fundamental e persuasivo na vida de todos os seres humanos. Eles representam um tipo de pensamento que costumo chamar de **pensamento reprodutivo**, ao qual nos deteremos mais detalhadamente no Capítulo 3. Não há nada errado em empregar o pensamento reprodutivo em diversas áreas da vida. Afinal de contas, o comportamento da lagarta processionária há milhões de anos tem se mostrado um mecanismo de sobrevivência eficaz.

Em essência, o pensamento produtivo tem a ver com liberdade. É uma maneira de escapar da tirania do rastro brilhante.

No entanto, como observou Fabre, há momentos em que o pensamento reprodutivo pode ser contraprodutivo e mesmo desastroso. Como procurarei demonstrar ao longo deste livro, todos nós temos capacidade de pensar melhor, mais produtivamente e mais criativamente. Na verdade, precisamos de incentivo. O rastro brilhante é sedutor: é seguro, é fácil e em várias situações funciona perfeitamente bem. Raras vezes seremos criticados por nos aderirmos a ele. Não é de estranhar que a maioria das pessoas goste de brincar de imitar o líder. Pensar melhor exige trabalho árduo. Pode ser arriscado. E certamente pode fazer uma pessoa inspirar antipatia. Então, por que se dar a esse trabalho?

Acho que há três bons motivos para isso.

Existem oportunidades de sobra para o aperfeiçoamento

Nada é perfeito. O mundo está repleto de coisas que podemos fazer melhor.

Uma vez o pensador de sistemas dr. George Ainsworth-Land[3] contou uma história que mudou minha vida. Land trabalhava como psicólogo-consultor de sistemas escolares ao redor do país. Como parte dos preparativos para cumprir uma atribuição que havia recebido, foi convidado a fazer um *tour* por uma escola secundária do Arizona acompanhado do diretor. Enquanto caminhavam pelo corredor, viram dois garotos brigando em frente aos escaninhos. Um dos garotos, o agressor, espancava furiosamente o outro, que tentava se defender. O diretor agarrou ambos pelo colarinho, conduziu-os à sua sala, colocou-os na cadeira, fez com que se acalmassem e, em seguida, voltou-se para o agressor, perguntando-lhe: "Por que estava batendo no Brian daquela maneira?". O garoto levantou os olhos e respondeu: "Porque não consegui imaginar nada melhor para fazer".

Não consegui imaginar nada melhor para fazer. Que resposta! Quanto sofrimento provocamos e suportamos em nossa vida pessoal, empresarial e profissional, comunitária ou geopolítica porque não conseguimos imaginar nada mais a fazer, porque não conseguimos opções mais adequadas, porque agimos e reagimos consoante nossos padrões limitados — e limitantes — e desgastados pelo tempo? Como nossa vida, nossas empresas e negócios e nosso mundo poderiam ser melhores se ao menos conseguíssemos imaginar coisas melhores a fazer, se ao menos conseguíssemos ter mais opções, se ao menos conseguíssemos pensar de fato produtivamente?

Não seria ótimo se pudéssemos evitar a síndrome da lagarta processionária de fazer as coisas meramente porque não conseguimos imaginar coisa melhor a fazer? Como veremos posteriormente neste livro, o processo de pensamento produtivo emprega uma série de perguntas desencadeadoras que nos estimulam a pensar sobre os problemas. Uma das **"frases-raiz"** que utilizamos para construir essas perguntas é **"Não seria ótimo se...?"**. Relacionei seis desafios em cada uma das áreas: desafios globais, desafios empresariais/profissionais e desafios pessoais. Leia todos com atenção, avaliando em seguida a quantos deles acredita que seria ótimo responder sim:

Desafios globais
Não seria ótimo se conseguíssemos...
- achar a cura da AIDS?
- gerar energia limpa, segura e renovável?
- eliminar a fome?
- preservar as fontes de água doce?
- diminuir a poluição?
- acabar com as guerras?

Desafios empresariais/profissionais
Não seria ótimo se...
- minha empresa conseguisse reagir mais rapidamente ao mercado ao gerar novas idéias para produtos/serviços?
- eu fosse mais reconhecido por minhas idéias e contribuições?
- eu não precisasse fazer suposições para contratar pessoas virtuosas?
- minha empresa conseguisse conhecer melhor nossos mercados e concorrentes?
- eu tivesse mais tempo para ser produtivo e criativo?
- minha empresa pudesse desenvolver um produto ou serviço de última geração?

Desafios pessoais
NÃO SERIA ÓTIMO SE...
- eu pudesse economizar mais tempo para mim mesmo?
- minha família conseguisse resolver melhor suas divergências?
- eu encontrasse uma maneira de ganhar o que preciso, fazendo algo que de fato me desse satisfação?
- minha família procurasse se comunicar melhor?
- minha família aproveitasse da melhor forma possível o tempo que desfrutamos juntos?
- eu conseguisse encontrar meios para servir melhor minha comunidade?

Se você respondeu sim a apenas uma das perguntas anteriores, há um bom motivo para aprender a pensar melhor.

O filósofo indiano Nisargadatta Maharaj uma vez disse o seguinte: "Tudo é perfeito simplesmente tal como é — e existem oportunidades de sobra para o aperfeiçoamento". Não conheço ninguém que não acredite que sua vida ou a vida de outras pessoas não possa ser aprimorada. Não seria ótimo se conseguíssemos imaginar soluções para isso?

O maravilhoso é que podemos lidar com todas essas perguntas e com milhares e milhares de outras mais, pensando melhor: mais claramente, mais criativamente, mais produtivamente.

Todos nós temos capacidade para fazer melhor. O primeiro passo é começar a pensar melhor.

Não é o que você sabe, mas a maneira como você pensa

Em 1969, Peter Drucker cunhou o termo **economia do conhecimento** em seu livro *A Idade da Descontinuidade*. De acordo com sua hipótese, a sociedade moderna havia se transformado. Se antes a sociedade dependia de trabalhadores manuais, passou a depender de trabalhadores do conhecimento. No início da década de 1990, inúmeras grandes empresas internacionais começaram a se transformar em organizações do conhecimento. Nas salas de reunião da diretoria e nos corredores das empresas, o que mais se fala é sobre a era da informação e o capital intelectual. Drucker, como sempre, estava certo.

Hoje, um aluno secundarista da Albânia pode acessar basicamente a mesma fonte de informações que um diretor-executivo em Atlanta nos EUA. Para aqueles que criam as informações, está cada vez mais difícil preservá-las. Em vários setores, proteger a propriedade intelectual é praticamente impossível. Horas depois e às vezes até imediatamente após o lançamento, filmes importantes já podem ser baixados gratuitamente na Internet. Os executivos da indústria fonográfica estão enfurecidos com a pirataria. Ao que parece, números de previdência social e extratos bancários pessoais resvalam facilmente das raias das fortalezas construídas para proteger essas informações.

Mais do que qualquer outra mercadoria, as informações estão por toda parte. Além de qualquer pessoa poder acessar quase qualquer coisa praticamente sem nenhum custo, as informações não precisam ser consumidas para serem usadas, diferentemente do milho e do trigo. Justamente ao contrário: quanto mais elas são usadas, mais elas aumentam. Ter acesso a informações não é mais um bom diferenciador. Na economia da transformação, o que importa é a maneira como você pensa. Hoje, o único diferenciador econômico significativo para as organizações é a **eficiência** com que elas podem **utilizar** esse banco de informações que cresce exponencialmente: com que eficácia elas podem peneirá-las, avaliá-las, transformá-las em novos conhecimentos e maximizar seu potencial econômico. Se já não for, a capacidade de pensar melhor em breve será a maior e mais significativa vantagem competitiva que empresas e indivíduos poderão assegurar-se. Tudo o que importa é pensar melhor. E diferentemente da fabricação, da contabilidade ou do *telemarketing*, a capacidade de raciocínio de uma organização não pode ser efetivamente terceirizada.

> A *capacidade de pensar melhor em breve será a maior e mais significativa vantagem competitiva que empresas e indivíduos poderão assegurar-se. Tudo o que importa é pensar melhor.*

Evidentemente, no momento em que a inovação tornar-se o lema dos empresários, aqueles que pensarem melhor triunfarão. As empresas que defenderam da boca para fora o valor de seu capital intelectual terão de pôr a mão no bolso e investir em seus talentos. Entretanto, isso não será fácil. O capital intelectual é evasivo. Seu valor repousa em seu potencial, mas é difícil avaliá-lo. Algumas vezes é até difícil percebê-lo.

O capital intelectual **criativo** é também imprevisível. Não é possível saber o que produzirá. Isso pode ser incômodo para os líderes empresariais que cresceram acreditando que planilhas e sistemas podem definir a realidade. O velho axioma **"o que não é mensurável não é manejável"** talvez não possa mais ser adotado.

Um dos meus clientes, uma grande fábrica de alimentos com sede nos EUA, acreditando que a inovação deveria ser uma prioridade organizacional, recentemente empregou vários milhões de dólares em suas instalações, equipamentos e pessoal para criar seu Centro de Inovação Imaginário (Imaginarium

Innovation Center).[4] Alguns meses antes da data de abertura programada, o orçamento foi cortado, a importância do lançamento foi minimizada e uma diretriz foi comunicada a todas as pessoas envolvidas com o centro afirmando que suas atividades iniciais tinham de ser "contidas e cautelosas". Alguém se acovardou.

Sim, pensar melhor pode ser amedrontador. Todavia, nem de perto tão assustador quanto o oposto.

Pensar melhor é uma habilidade

O terceiro motivo pelo qual devemos pensar melhor é porque temos capacidade para tanto. O pensamento produtivo é uma habilidade que qualquer pessoa consegue aprender. Ao descrever as pessoas que falam em público, Ralph Waldo Emerson fez a seguinte observação: "Todos os grandes oradores algum dia foram péssimos oradores". Ninguém nasce sabendo como pensar. Essa é uma habilidade que aprendemos. Muitos de nós, com sorte, temos oportunidade de nos depararmos com mentores e circunstâncias que nos ensinam bem. Muitos de nós, não. Porém, independentemente de nossa aparelhagem básica ou do treinamento que tivemos oportunidade de experienciar, conseguimos aprender a pensar melhor.

O **modelo de pensamento produtivo** (MPP) é um processo metódico e repetível para pensarmos melhor, pensarmos mais criativamente, pensarmos mais inovadoramente. Ele está fundamentado em 50 anos de pesquisa cognitiva. E pode ser aprendido. Quando comecei a investigar a Internet, no final da década de 1980, afiliei-me a um grupo de discussão da Usenet* que focaliza o pensamento criativo. Naquela época, lembro-me de que considerava um milagre poder trocar pontos de vista com pessoas do mundo inteiro. Um dos fios de nossas discussões era sobre se a criatividade seria inata ou poderia ser aprendida. O debate era acalorado. Muitas das pessoas nesse fórum acreditavam e defendiam piamente que há apenas duas possibilidades: ou somos ou não somos criativos. E eu estava tão convencido quanto de que provavelmente há meios de aprimorar qualquer capacidade natural que as pessoas tenham. Essa discussão nunca chegou a um consenso nesse fórum, mas algo estalou dentro de mim ao longo dessas várias semanas de intercâmbio de idéias. Descobri que, curiosamente ou não, pessoas de todos os estilos de vida e profissão acreditam que pensar é algo inato: não aprendemos a pensar, simplesmente o fazemos, mas algumas pessoas na realidade fazem isso melhor do que outras. Eu não conseguia engolir isso. A mim parecia que, se os atletas conseguem ser treinados para correr mais rapidamente e é possível ensinar os músicos a tocar melhor, com certeza as pessoas podem ser ensinadas a pensar melhor.

---

* **Usenet** (do inglês *Unix User Network* ou Rede de Usuários Unix), meio de comunicação para postagem de artigos em fóruns (*newsgroups ou grupos de notícias*) agrupados por assunto. (N. da T.)

Fico contente em poder confirmar a você, leitor, que estava certo. Ao longo dos anos, reuniram-se provas de que o pensamento, e especificamente o criativo, é uma habilidade como outra qualquer. Pode ser ensinado, pode ser desenvolvido e pode ser cultivado. Todo cérebro, independentemente do quociente de inteligência (QI) ou quociente de criatividade (QC), pode aprender a pensar melhor: a compreender mais claramente, a pensar mais criativamente e a planejar mais eficazmente. Sei o que estou falando. Já tive oportunidade de ver isso ocorrer milhares de vezes.

Sou um aficionado pelo pensamento produtivo porque sei que ele pode funcionar. Sei que ele pode mudar a vida das pessoas. Sei que pode transformar organizações. Sei que pode criar um mundo melhor.

Encontrando analogias inesperadas

Heráclito, filósofo do século VI a.C., assim escreveu: "A analogia inesperada é mais pungente do que a óbvia". A analogia inesperada é o cerne do pensamento produtivo. Ver o que passou com novos olhos — ver correlações a princípio estranhas e posteriormente óbvias entre coisas familiares —, é exatamente disso que se trata a interjeição Ahá!. Foram as analogias inesperadas que nos possibilitaram todas as inovações que já criamos, da remota descoberta dos hominídios de que um osso podia virar uma arma à criação do iPhone da Apple.

Arquimedes fez uma analogia inesperada quando, ao se sentar na banheira, observou que a água se elevava e transbordava à medida que seu corpo mergulhava. De repente, ocorreu-lhe que poderia empregar o conceito de deslocamento para averiguar a pureza do ouro na coroa do rei Hierão. Reza a lenda que ele ficou tão entusiasmado com seu lampejo que pulou da banheira e correu nu pelas ruas de Siracusa gritando: "*Heureca!*", que significa "**Encontrei!**".

John Snow, pai da epidemiologia moderna, fez uma analogia inesperada que salvou uma cidade. Em 1854, Londres experimentou uma ampla epidemia de cólera. A situação era tão grave que as pessoas começaram a se preparar para enfrentar outra peste negra. Um homem poderia acordar saudável de manhã e morrer antes do anoitecer. De acordo com a sabedoria popular, a doença se espalhou porque as pessoas respiravam o miasma dos doentes. Snow estava entrevistando os moradores de uma das áreas mais intensamente afligidas, o bairro Soho. Quase que por acaso, ele observou um padrão. As casas com o maior número de vítimas pareciam irradiar de um nó, como os raios de uma roda, na intersecção entre as ruas Broad e Cambridge: quanto mais próximo da intersecção, maior o número de mortos. Na rua Broad, perto da Cambridge, havia uma bomba de água. De repente, tudo ficou claro: a bomba era a fonte e a água contaminada provavelmente a causa. A bomba foi desligada e a epidemia abrandou quase instantaneamente.

Philo T. Farnsworth fez uma analogia inesperada aos 14 anos de idade, quando ainda morava na fazenda, ao observar o pai trabalhando na lavoura de sua propriedade rural em Idaho. Enquanto observava o trator lavrar linhas na terra escura, pensou consigo mesmo se seria possível captar e reproduzir uma imagem por meio de linhas horizontais. No prazo de sete anos, em 1927, Farnsworth já havia construído e demonstrado a primeira televisão em funcionamento do mundo.

Mais recentemente, Jaap van Ballegooijen, engenheiro-chefe da Royal Dutch Shell, fez uma analogia inesperada que possibilitou que a empresa extraísse milhões de barris de petróleo, antes inacessíveis. Ao observar o próprio filho virando um canudo flexível ao contrário para tomar a última gota de *milk shake*, deu-se conta de que seria possível usar a mesma técnica milhares de pés abaixo da superfície.

As analogias inesperadas não ocorrem unicamente nos campos da ciência e da tecnologia. Bill Bowerman fez uma analogia inesperada entre um tênis e uma fôrma de *waffle*. Ele literalmente associou o tênis e a fôrma, desenvolveu um novo tipo de sola e criou a Nike, empresa de calçados mais bem-sucedida da história.

O pensamento produtivo é uma maneira de iluminar as analogias que estão a serem descobertas ao nosso redor. Imagine-se aumentando a probabilidade de encontrar analogias inesperadas. Você conseguiria melhorar sua empresa ou negócio? Sua família? O mundo em que vive?

Uma analogia inesperada.

Há 10 anos, aproximadamente, decidi participar de um encontro em minha *alma mater*, a Faculdade Oberlin, em Ohio. A Oberlin era pequena. Tinha apenas 2,5 mil alunos. Mas era um lugar cheio de vida e cultura. Um terço dos alunos especializava-se em música no conservatório mundialmente famoso da Oberlin. Um dos verdadeiros prazeres oferecidos pela Oberlin era a possibilidade de assistirmos a três concertos por dia, se assim desejássemos. Por ter perdido contato, não havia retornado à Oberlin desde a formatura.

Em nossa última noite juntos, foi promovido um jantar de turma. Tive a boa sorte de me sentar ao lado de uma das pessoas a quem homenageávamos naquele momento, George Langler, então na casa dos oitenta. Langler era o diretor da Oberlin na época em que estudei lá. Embora uma de suas principais funções fosse manter a ordem e a disciplina, adorava os alunos e tinha grande influência sobre vários deles, e nisso eu me incluo.

Depois do jantar, já com o microfone instalado, subíamos um após o outro ao púlpito para contarmos histórias sobre o diretor Langler. A última pessoa a usar o microfone não caminhou até ele, mas em uma cadeira de rodas. Tratava-se de Ralf Hotchkiss. Na verdade, originalmente, Ralf não fazia parte de nossa turma. Estava um ano à nossa frente. Lembro-me de ainda calouro tê-lo visto andando pelo *campus* com uma geringonça que ele havia construído. Era fanático por bicicleta — e uma figura. Costumávamos vê-lo andando em bicicletas de dois andares, pentacletas excêntricas e bicicletas com garupa. Parecia que toda semana haveria uma nova encarnação de bicicleta. Acho que Ralf provavelmente criou a primeira bicicleta reclinada. Ele adorava bicicletas. Adorava também motocicletas. Num determinado verão, sofreu um trágico acidente, fraturando a espinha. Foram necessários nove meses de cirurgias e intensa fisioterapia para ele se recuperar. Mas não totalmente: ele perdeu os movimentos dos membros inferiores. Nunca mais poderia andar nem andar de bicicleta.

> *"Nossa, Ralf, não vejo por que não.*
> *O tempo todo carregamos pianos para dentro*
> *e para fora dos prédios."* – George Langler

No momento em que já havia se recuperado o suficiente para retornar à escola, tirou da cabeça a possibilidade de voltar a frequentar a Oberlin. Sabia que uma escola pequena no Meio-Oeste provavelmente não teria condições de se adaptar a alguém com restrições para se locomover. Por isso, inscreveu-se na Universidade Estadual de Ohio. Eles gostaram de seu histórico acadêmico, mas não dispunham de instalações com acesso adequado para cadeiras de rodas.

Portanto, não puderam admiti-lo. Ralf tentou a Universidade de Michigan. A mesma história. A Universidade de Illinois. A mesma história. Diante disso, sua irmã, que havia entrado na Oberlin um ou dois anos à sua frente, o encorajou a se reinscrever. Afinal, o que ele poderia perder? Ralf telefonou e conversou com George Langler. Langler o ouviu por um momento e lhe disse: "Nossa, Ralf, não vejo por que não. O tempo todo carregamos pianos para dentro e para fora dos prédios. Vou chamar o pessoal responsável pelas instalações do *campus* e ver se é possível adaptar nossas rampas móveis à sua cadeira de rodas. Daqui a pouco ligo de volta".

Ralf retornou à faculdade naquele outono, e a Oberlin tornou-se a primeira instituição nos EUA a ter um programa oficial para se adaptar a pessoas com incapacidade em mobilidade física. Tudo porque uma pessoa, o reitor George Langler, de sua sala em uma pequena faculdade no Meio-Oeste, conseguiu enxergar a analogia inesperada entre carregar pianos e locomover pessoas. Mas a história não termina aí. Se você já tivesse nascido no final da década de 1960, poderia se lembrar de como eram as cadeiras de rodas naquela época. Se for muito jovem, observe aqueles objetos grandes, desajeitados e quadrados nas salas de espera dos aeroportos e hospitais. Felizmente, a maioria das cadeiras de rodas não tem mais essa aparência. Elas são rebaixadas, têm rodas inclinadas e cabeceira dorsal. São resistentes, leves e manobráveis. E todas seguem os projetos inovadores criados por Ralf Hotchkiss.

Ralf prosseguiu até encontrar a Whirlwind, empresa que projeta e fabrica as melhores cadeiras de rodas do mundo. A Whirlwind tem uma divisão especial que projeta cadeiras de rodas para países do terceiro mundo, cadeiras baratas, fáceis de manter, que podem ser erguidas com apenas uma mão e nem precisam de superfícies pavimentadas. Ralf transformou o mundo, mas sem George Langler e sua capacidade de enxergar a analogia inesperada entre mudar pianos e locomover pessoas, Ralf talvez nunca tivesse tido essa oportunidade.

Criando o futuro

Para criar o futuro, precisamos ter aptidão para imaginá-lo. O pensamento produtivo pode nos ajudar a fazer isso. Não se trata de magia. É uma abordagem metódica para pensarmos mais criativamente e mais eficazmente. Na verdade, podemos nos educar para pensarmos melhor. Quanto mais praticarmos, mais afiados nos tornaremos. Quanto mais afiados, mais oportunidades teremos de construir um mundo melhor, uma empresa melhor, uma vida melhor.

O poder do pensamento produtivo repousa em seu potencial de aumentar a probabilidade de encontrarmos, desenvolvermos e, no final de tudo, implementarmos analogias inesperadas. Embora há muitos anos eu auxilie empresas e pessoas a descobrir analogias inesperadas, sistematicamente me surpreendo quando elas surgem — às vezes de imediato, às vezes depois de meses ou mesmo após anos de busca. Elas parecem residir em uma fonte inesgotável: infinitos "arrás" aguardam por serem descobertos.

As analogias inesperadas podem provocar uma forte sensação física. No momento em que ocorre o lampejo ou *insight*, na verdade nosso corpo chega até a estremecer. O instante em que as pessoas experimentam a surpresa da descoberta — os momentos do Ahá! — é sempre pontuado por gritos de triunfo semelhantes aos de Arquimedes, por suspiros, exclamações e interjeições que exprimem aprovação — "É isso!" —, por risos e algumas vezes lágrimas. Todavia, assim que a analogia inesperada se revela, ela parece tão óbvia, tão trivial. As pessoas normalmente balançam a cabeça e dizem: "Mas é claro... Por que não vi isso antes?". Essa é uma das maravilhas do *insight*. Depois que a analogia ocorre, nada mais existe. No momento seguinte, a analogia parece ter sempre estado ali. **Dizem que o talento nada mais é que a capacidade de enxergar o óbvio!**

• • •

O Capítulo 2, *Mente de Macaco, Cérebro de Jacaré e Elefante Agrilhoado*, explica por que as analogias inesperadas nos escapam. Deste ponto em diante, este livro mostra como encontrá-las.

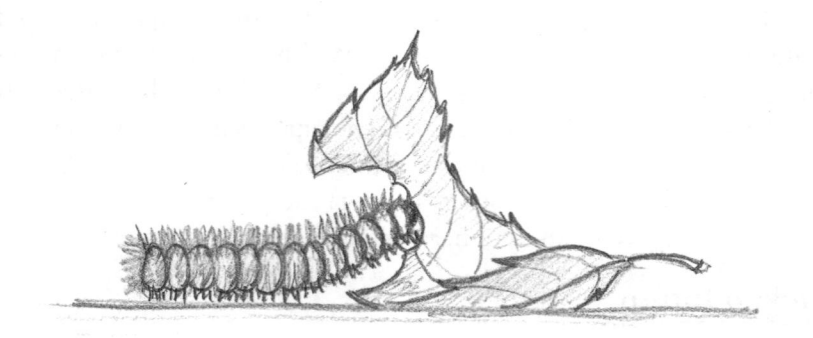

CAPÍTULO 2

Mente de macaco, cérebro reptiliano e elefante agrilhoado

*"Não é o que não sabemos que nos prejudica,
mas o que temos certeza de que é verdade e de fato não é."*
Will Rogers

Como este livro versa sobre o pensamento, vou lhe pedir para refletir comigo à medida que avançarmos na leitura. Emprego deliberadamente a palavra **trabalhar**. Isso porque pensar é um trabalho árduo. Henry Ford uma vez disse o seguinte: "Pensar é o esforço mais árduo que existe. Provavelmente esse seja o motivo por que tão poucas pessoas se dão o trabalho de pensar".

Existe um interessante parâmetro biológico denominado TMR, que significa taxa metabólica de repouso. A TMR é a quantidade de energia que o corpo necessita apenas para permanecer vivo. Nosso cérebro, esse misterioso aglomerado de gânglios, neurônios, axônios, dendritos, massa cinzenta e massa branca, lóbulos, sinapses (e espaço vazio!), representa em torno de 2% de nossa massa corpórea total (para você ter uma idéia dessa proporção, imagine uma colher de chá de açúcar em uma xícara de café comum). Tão-somente para manter o corpo vivo, o cérebro exige uma quantidade desproporcional de energia. Em repouso, o cérebro consome cerca de **20% do oxigênio** que respiramos e das calorias que queimamos (imagine uma xícara de café com dez colheres de chá de açúcar!). Mais do que o coração (10%), os pulmões (10%) e os rins (7%). E esses 20% são devorados pelo cérebro apenas em repouso. Quando estamos realmente pensando, essa porcentagem pode se elevar. Sabe-se que os mestres de xadrez, por exemplo, perdem entre 3 a 4,5 quilogramas em líquido durante uma partida de duas horas!

Portanto, pensar — o pensamento verdadeiramente concentrado, que abrange atividades mentais como observação, recordação, ponderação, imaginação, investigação, interpretação, avaliação, julgamento, identificação, suposição, composição, comparação, análise, cálculo e até metacognição (refletir sobre o pensamento) — é um **trabalho árduo**.

Talvez você esteja dizendo para si mesmo: "Que tolice. Penso o tempo todo. Nunca paro de pensar. Penso enquanto trabalho, enquanto falo, enquanto dirijo. Na realidade, estou pensando enquanto leio estas frases". Veja, com certeza pode lhe parecer que esteja pensando o tempo todo. Contudo, assim como o restante do corpo, o cérebro usa uma variedade de estratégias e truques para minimizar a quantidade de energia de que necessita. E a estratégia mais eficaz do cérebro para preservar a energia cerebral é na realidade não pensar de forma alguma. Na prática, na maior parte do tempo, o cérebro se ocupa com apenas uma dentre três atividades: ou fica disperso, ou reage ou segue padrões desgastados.

Mente de macaco

Comecemos com a estratégia mais comum de esquiva ou fuga ao ato de pensar: a distração. Não faz muito tempo que você está lendo este capítulo, mas se for honesto consigo mesmo provavelmente admitirá que perdeu a concentração várias vezes nas últimas quatrocentas ou mais palavras. Todos nós já tivemos a experiência de estar lendo até mesmo o mais fascinante texto e de repente nos darmos conta de que não fazemos a menor idéia do que acabamos de ler. Diante disso, voltamos ao parágrafo que contém a última linha que de fato nos lembramos e começamos novamente. Isso na maioria das vezes funciona, obviamente, mas não sempre. Já não lhe aconteceu também de chegar ao mesmo ponto em que havia parado na primeira vez e repentinamente notar, mais uma vez, que não faz idéia alguma do que acabou de ler? Para dizer a verdade, você não é o único. Isso ocorre com todos nós.

Os meditadores budistas chamam esse fenômeno de **mente de macaco**. Outros o chamam de mente fugidia, fluxo de consciência, mente tagarela ou simplesmente devaneio. Gosto do termo **mente de macaco** porque traz à mente a imagem de um bando de macacos pulando freneticamente de uma árvore a outra, permanecendo apenas por um momento em um galho–pensamento antes de saltar, aparentemente de modo aleatório, para outro. A mente de macaco é um fato. Nossa mente tem uma mente própria, imensamente difícil de controlar. Seja lendo ou assistindo a uma aula, dirigindo o carro ou andando a pé, ela tende a nos levar para um passeio, em geral a destinos muito distantes daquele que pretendíamos visitar.

Isso não implica que a mente de macaco seja sempre algo ruim. Mais adiante, mostrarei como é possível utilizá-la para produzir idéias criativas e surpreendentemente virtuosas. Mas mente de macaco não é pensamento concentrado. Nesse primeiro caso, é a mente que nos controla, e não nós que a controlamos.

Cérebro reptiliano

A segunda estratégia de esquiva é a **reação instintiva**. Como a mente de macaco, a reação instintiva está profundamente enraizada em nosso ser. Todos nós temos em essência três cérebros. O maior e o que mais se desenvolveu nos últimos tempos é o córtex ou córtice cerebral. Vamos chamá-lo de cérebro humano, por ser uma das características distintivas de nossa espécie e um dos fatores determinantes do ser humano. Entre as funções do córtex cerebral encontram-se o pensamento racional, a análise lógica, a elaboração da fala, o processamento de grande quantidade de dados, o pensamento associativo e a imaginação, a análise, o cálculo e as diversas atividades de pensamento concentrado mencionadas antes. Às vezes, isso é chamado de pensamento de ordem superior. Embora inúmeros animais também tenham estruturas corticais, elas são significativamente menores e menos resistentes do que as nossas. Nosso córtex cerebral tem em torno de 2 milímetros de espessura e é bastante enrugado. Se tivéssemos de aplaná-lo, cobriria uma área equivalente a mais ou menos quatro folhas de papel tamanho carta. Se tivéssemos de aplanar a estrutura cortical de um chimpanzé, equivaleria a uma folha. A de um macaco se encaixaria em um cartão-postal e a de um rato em um selo.¹ O córtex cerebral ou cérebro humano é um "aparelho" extremamente potente. Literatura, arte, arquitetura, cultura, filosofia, medicina, tecnologia, ciência, nada disso existiria sem o trabalho dos bilhões de córtices cerebrais de toda a história humana. Estamos inclinados a pensar que o córtex é a parte do cérebro com a qual pensamos. Todavia, não obstante seu enorme poder e potencial, ao que se revela o córtex cerebral exerce uma influência bem menor sobre a forma como nos comportamos do que tendemos a imaginar.

O tronco cerebral (cérebro primitivo) ou cérebro reptiliano processa e reage a estímulos sensoriais. Luta, foge, alimenta-se, acasala-se ou imobiliza-se.

As duas outras partes do cérebro — as mais primitivas — são o **cérebro límbico** (sistema límbico), algumas vezes chamado de cérebro paleomamífero, e o **tronco cerebral**. O sistema límbico está relacionado principalmente à geração de reações emocionais a estímulos sensoriais: reações como euforia, atração, medo e raiva. O tronco cerebral, uma estrutura muito mais primitiva, processa e reage a estímulos sensoriais. Chamo o tronco cerebral de **cérebro reptiliano** (ou cérebro de jacaré) porque, essencialmente, esse é o único cérebro que o jacaré possui.

Os jacarés não têm muita opção em relação à maneira de reagir aos estímulos sensoriais. Se um novo animal invadir seu território, ele terá um conjunto restrito de comportamentos possíveis. Ele pode lutar, fugir, tentar se alimentar do intruso, tentar se acasalar com ele ou ficar imobilizado. Ele faz tudo isso sem pensar, sem emoção. Essas reações são puramente instintivas. Se o intruso for grande ou intimidador, o jacaré fugirá. Se for um jacaré do mesmo sexo, lutará. Se for um intruso suficientemente pequeno para ser uma presa, o jacaré vai atacá-lo e comê-lo. Se for o período correto e o intruso for do sexo oposto, o jacaré tentará se acasalar. E se o intruso não tiver nenhuma dessas características, o jacaré ficará imobilizado, até que a outra criatura desapareça de sua tela perceptiva ou faça alguma coisa que desencadeie uma das reações já mencionadas. É isso aí — esse é o leque de reações possíveis do cérebro do jacaré, isto é, reptiliano.

Mas o que isso tem a ver conosco? A verdade é que, pelo que se sabe, a maneira como nos relacionamos com o mundo tem a ver, em grande medida, com o nosso cérebro reptiliano. Tendemos primeiramente a reagir (com o cérebro reptiliano), depois a desenvolver uma reação emocional (com o cérebro paleomamífero) e por último a pensar (com o cérebro humano). Mesmo quando nos esquivamos de pensar, a reação básica do cérebro humano em geral não é processar as informações racionalmente, mas racionalizar nossas duas primeiras reações.

Veja como isso funciona. Imagine que esteja indo do trabalho para casa e resolva parar em um supermercado para comprar alguns produtos de última hora. Como você apanhou oito itens ou menos, encaminha-se diretamente para a fila do caixa rápido (com limite de até dez itens). Olha de relance a cesta da pessoa que está à sua frente e, sem tomar uma decisão consciente para tanto, começa a contar o número de itens na cesta dela. Todos nós já fizemos isso em algum momento. Esse é o cérebro reptiliano, essa reação instintiva e reativa a uma possível ameaça — nesse caso, a seu ego, e não a seu corpo — diferente apenas em grau da reação ao intruso no pântano do jacaré.

A partir desse momento, seu cérebro paleomamífero ou emocional assume o comando. Se o cliente à sua frente tiver mais de oito itens na cesta — digamos doze —, é provável que você fique furioso. Nesse caso, sentirá que foi desrespeitado. Sentirá que seu espaço pessoal, seu território físico, foi invadido. O sentimento vem antes do pensamento racional. Um momento depois, seu cérebro cortical, humano, entra em operação e rotula tanto a pessoa quanto sua reação emocional. Que pessoa desatenciosa, insolente, presunçosa, arrogante. Não é de estranhar que você tenha ficado furioso, tendo de suportar tal inconveniência!

Experimentamos essa sequência de processos cerebrais — do cérebro reptiliano ao paleomamífero e depois ao humano — o tempo todo. Não porque sejamos fracos ou insensatos ou estúpidos, mas simplesmente porque as fibras neurais que conectam as diferentes partes do cérebro têm comprimento distinto. Quando nossos sentidos captam um estímulo eletromecânico, seja luz, som ou tato, um sinal é enviado primeiramente ao tronco. Uma fração de segundo depois, fazendo um percurso ligeiramente mais longo, chega ao cérebro límbico e, uma fração de segundo após, atinge as regiões corticais.

É por isso que em situações de emergência somos capazes de reagir sem pensar — e sem sentir. Se algum dia já teve de pisar rapidamente no freio para evitar um acidente, sabe o que estou dizendo: primeiro agimos; em seguida começamos a tremer pela emoção de uma quase-colisão; depois, ficamos revoltados e rotulamos aquilo que quase causou um acidente, seja o estúpido do motorista que não usou a "seta" para virar, uma criança desatenta que tentou atravessar a rua ou nós mesmos por estarmos distraídos. Do mesmo modo que a mente de macaco, o cérebro reptiliano não é ruim. Normalmente ele nos mantém longe dos problemas. Nosso cérebro reptiliano provavelmente já nos salvou a vida um sem-número de vezes.

Porém, quando o que está em pauta é o pensamento concentrado, o cérebro reptiliano, assim como a mente de macaco, pode nos meter em uma enrascada, pois trata as idéias estranhas ou intrusas exatamente da mesma maneira que as criaturas estranhas e invasoras. Ao se deparar com uma nova idéia, o cérebro reptiliano a enxergará como uma ameaça, caso em que lutará contra ou escapará dela, ou como uma presa, caso em que a devorará. Se o cérebro reptiliano reconhecer a idéia intrusa como uma idéia antiga (como um jacaré do sexo oposto), é provável que tente se acasalar com ela, meramente reproduzindo e reforçando essa antiga idéia. E, por último, se a idéia intrusa simplesmente não se encaixar de forma alguma, a reação do cérebro reptiliano será imobilizar-se.

O cérebro reptiliano é poderoso, do mesmo modo que qualquer mecanismo de sobrevivência eficaz deve ser. Ele é responsável pela maioria das decisões que tomamos. Podemos acreditar que pensamos com o córtex, mas com frequência nosso "pensamento com função superior" nada mais é que a racionalização de uma decisão já tomada pelo cérebro reptiliano. Como observou o psicólogo francês Cloutaire Rapaille; "Quando a questão é tomar decisões, o cérebro reptiliano sempre vence".

O elefante agrilhoado

Depois da mente de macaco e do cérebro reptiliano, a terceira estratégia de economia de energia do cérebro é a **padronização**. A mente sistematicamente escolhe seguir os padrões concebidos e muitas vezes desgastados, em vez de gerar novos pensamentos, novas interpretações ou novas formas de fazer as coisas. Os seres humanos são bem mais habilidosos para seguir padrões antigos do que para conceber novos pensamentos. A maior parte dos circuitos neurais do cérebro dedica-se a reconhecer, armazenar e recuperar padrões, incluindo aqueles primeiramente estabelecidos pelas reações do cérebro reptiliano. Isso também é favorável porque o reconhecimento de padrões foi e continua sendo um dos nossos mecanismos de sobrevivência mais importantes. Nossos padrões são como grilhões que sistematicamente nos arrastam e nos atraem para o conhecido, familiar e seguro. Eles mantêm nossa mente sob controle, evitando que sejamos levados pela imaginação, despropositadamente, e portanto não nos concentremos nas atividades da vida. Não é exagero afirmar que, sem essa notável capacidade de reconhecer padrões, os seres humanos talvez estivessem saltando de árvore em árvore. Veja alguns exemplos das vantagens da padronização.

Há bons motivos para acreditarmos que uma das ferramentas de sobrevivência mais importantes do cérebro humano é prever o futuro. Quando nos deparamos com uma situação, uma das primeiras reações de nosso cérebro é tentar determinar o que é mais provável ocorrer em seguida. Imagine-se dirigindo em uma estrada do interior. A estrada em que você se encontra é a preferencial. Nas diversas estradas secundárias que a cruzam, há um sinal de pare. Quando você está para passar por um dos cruzamentos, observa que um carro se aproxima velozmente do sinal de pare. Sua reação natural teria sido diminuir a velocidade, acelerar para ultrapassar o mais rápido possível o cruzamento ou então se desviar do outro carro. Isso porque sua mente teria tentado prever o futuro. Para prever que dali a pouco seu carro e o outro tentariam ocupar o mesmo espaço simultaneamente, sua mente recorreria a padrões de velocidade (seus e da pessoa que está no outro carro), direcionamento, condições da estrada, fotografias ou histórias de carros que sofreram colisões laterais, a seu conhecimento sobre como se comporta quando se aproxima de um sinal de pare, talvez até a uma experiência anterior de não ter visto um sinal de pare, e a um punhado de outras coisas.

Nossa mente tem uma mente própria, imensamente difícil de controlar.

O que sua mente possivelmente não faria seria calcular os vetores de ambos os carros, discutir com ela mesma os motivos que estavam levando o outro carro a não diminuir a velocidade ou pensar que o valor do seguro de seu automóvel poderia subir. Você simplesmente teria reagido a um padrão que indicava um futuro indesejável, e o faria o mais rápido que pudesse. Mesmo que viesse a saber que o outro motorista costumava usar o freio apenas na última hora (pelo menos de acordo com as normas que padronizou para si mesmo), sua reação habitual provavelmente seria mais útil do que aquela que calculasse com precisão a velocidade, distância e massa de ambos os carros. Por quê? Porque no momento em que concluísse toda essa análise minuciosa, já teria sido tarde demais!

Alguns anos atrás, na primavera, época de fazer o primeiro corte de grama do ano, ao entrar na edícula de nossa casa em Toronto, apertei o interruptor e nada. A lâmpada provavelmente não havia resistido ao frio do inverno. Ao examinar o local, vi uma cobra no canto da parede. Minha reação foi pura e simplesmente de um cérebro reptiliano: não lutei, não escapei, mas fiquei paralisado. Pelo menos a maior parte do meu corpo ficou. Meu coração saltou instantaneamente e minhas pupilas dilataram-se bem mais rápido do que o normal em resposta à liberação involuntária de adrenalina e noradrenalina desencadeada pela percepção de emergência do cérebro reptiliano. Só depois de tudo isso é que percebi minha reação seguinte: a emoção do medo. Visto que meus olhos ficaram arregalados para se adaptar à penumbra (não sei se isso levou meio segundo ou meio minuto), percebi que não se tratava de uma cobra, mas de uma mangueira de jardim.

É bem possível que você já tenha tido experiências semelhantes, talvez não com uma mangueira de jardim. Mas provavelmente já viu figuras indistintas na escuridão, como animais ou pessoas, ou ouviu sons inofensivos e os interpretou como algo malévolo. Shakespeare nos relembra desse fenômeno em *Sonho de uma Noite de Verão*: "Ou na escuridão, entre medos imaginários/Como é fácil confundir um arbusto com um urso!". Existe algo mais assustador do que uma sombra? Uma cor assustadora? Uma textura assustadora? Evidentemente, não. Contudo, não vi formas nem cores nem texturas. Vi uma cobra. Meu cérebro instantaneamente reuniu formas, cores e texturas, comparando-as com os padrões armazenados em seu banco de dados, e fez vir à tona uma cobra. E fez isso de uma maneira quase que instantânea. A sequência foi estímulo, reconhecimento de um padrão, reação física autônoma, emoção do medo, indicação ou representação do medo. Se meu cérebro tivesse optado por usar o modo analítico, não teria me dado tempo para reagir apropriadamente. Do ponto de vista de sobrevivência, a agilidade é mais importante do que a precisão. A ferramenta de sobrevivência do meu cérebro não se preocupou em saber se a cobra era macho ou fêmea, se estava viva ou se estava morta.

Do ponto de vista de sobrevivência, tudo o que interessou ao meu cérebro foi a **cobra**. Uma das principais vantagens da padronização é que ela pode produzir reações quase instantâneas. Em vez de analisar laboriosamente as situações, o cérebro simplesmente lança mão de correlações estreitas. Se a correspondência for próxima o suficiente, a reação padronizada entra em ação. Nenhum pensamento é necessário. Nosso cérebro está programado para sacrificar a precisão em favor da agilidade. Para a sobrevivência, isso é deveras favorável.

Além disso, a padronização é demasiadamente prática. Vejamos o que ocorre quando nos vestimos de manhã. Tanto no caso dos homens quanto das mulheres, vestir de 10 a 11 peças por dia para ir ao trabalho é praticamente normal. Supondo que já tivéssemos deixado nossas roupas esquematizadas (já tivéssemos decidido que roupa vestir), a tarefa seguinte seria vestir cada uma das peças. Em se considerando 10 peças de roupa, teríamos exatamente 3.628.800 diferentes opções para decidir que peça vestir em primeiro lugar, em segundo e assim por diante. No caso de 11 peças, nossas opções se ampliariam para cerca de 40 milhões. Mesmo se eliminássemos as opções incabíveis, como vestir as meias sobre os sapatos (por falar nisso, as crianças pequenas que não aprenderam padrões para se vestir ainda não eliminaram essas opções), ainda assim haveria mais de 15.000 sequências cabíveis para nos vestirmos. Para tomar todas essas decisões de forma consciente, seriam necessários vários dias. Todavia, uma vez que escolhemos o que vestir, não tomamos nenhuma outra decisão com relação ao ato de nos vestirmos. Fazemos isso automaticamente. Seguimos nosso padrão para isso e, com raras exceções, fazemos isso da mesma maneira todos os dias da vida. Nesse caso, nossos padrões economizaram tempo e energia e nos permitiram dar prosseguimento à nossa vida.

A padronização é também conveniente para a aprendizagem e recordação. Faça a seguinte experiência: cite os meses do ano o mais rápido que puder. Provavelmente você foi capaz de fazer isso em menos de cinco segundos. Agora, relacione os meses novamente, mas desta vez alfabeticamente. Quando existe um padrão, não há nenhum problema. Sem ele, é praticamente como se estivéssemos lidando com esses dados pela primeira vez. Então, seria razoável perguntar: estamos nos recordando dos dados ou do padrão?

Quando o que está em pauta é aprendizagem e recordação, os padrões podem ser mais importantes do que os dados. A padronização é, sem dúvida, conveniente, altamente eficaz e se difunde com facilidade. Valemo-nos da padronização toda vez que escovamos os dentes, fazemos a barba, nos arrumamos, penteamos o cabelo, dirigimos o carro para ir ao trabalho, enfiamos a mão no bolso para apanhar uma moeda, examinamos a hora no relógio ou acionamos as teclas do telefone. Você está empregando a padronização exatamente agora, à medida que lê as palavras desta página. A padronização é utilizada pelos atletas, para desenvolver e executar jogadas; pelos mágicos, para envolver e extasiar seu público; e pelos diretores de cinema hollywoodianos, para tornar as cenas mais tensas, românticas ou divertidas. A padronização explica por que falamos baixinho nas bibliotecas, por que cantamos *Feliz Aniversário* e por que choramos no final de A *Felicidade não se Compra*. A padronização nos ajuda a dar sentido ao mundo à nossa volta.

Contudo, a capacidade do cérebro de preencher os espaços em branco para que as coisas nos façam sentido tem lá suas desvantagens. Pelo fato de em geral enxergarmos mais claramente os padrões do que os dados, todos os dias tomamos decisões na vida com base no passado, em nossos padrões, e em seguida no que está na frente de nosso nariz.

Em seu livro, *Como a Mente Funciona (How the Mind Works)*, o linguista Steven Pinker nos oferece um exemplo maravilhoso a esse respeito. Ele conta uma história simples, de três sentenças: "Janie ouviu a música do carrinho de sorvete. Desceu correndo as escadas para pegar seu porquinho. Ela o sacudiu até que saísse de lá algum dinheiro."[2]

Por si sós, essas três sentenças não dizem muita coisa. Entretanto, por causa de nossos padrões, sem pensar de forma consciente sobre isso, construímos um significado para essa história que faça sentido. Você provavelmente faz idéia da idade de Janie. É pouco provável que a imagine como alguém na casa dos trinta; com certeza você supõe que ela tenha entre 9 e 10 anos de idade. É pouco provável que acredite que tenha saído uma nota de dinheiro do porquinho quando ela o sacudiu; você provavelmente ouviu o barulho de moedas. E com certeza você não pressupõe que ela quisesse o dinheiro para investir em ações da Enron. Nenhum desses significados está presente nas três sentenças originais da história. Porém, em virtude de seus padrões, você infunde na história um significado — o **seu** significado.

Por isso, embora a padronização normalmente seja algo bom — ela preserva a energia do pensamento, prevê o futuro, dá conta rapidamente das tarefas cotidianas, facilita a aprendizagem e nos ajuda a entender o mundo —, do ponto de vista do pensamento, ela pode ser um problema. Comumente, a padronização nos leva a presumir coisas que na verdade não existem em um dado lugar ou situação, como minha visão da cobra ou como quando imaginamos que Janie tem 10 anos de idade. Ou como nossa provável interpretação da ilusão de ótica a seguir, de Oliver Selfridge.[3]

THE CHT

É praticamente impossível não enxergar isso como THE CAT [O GATO].

O caractere do meio em cada conjunto não é nem H nem A. É um híbrido de ambas as letras e é idêntico em ambos os conjuntos. No entanto, é praticamente impossível a um leitor de língua inglesa não enxergar a aglomeração de formas como THE CAT. Nenhum leitor deste livro, com certo referencial da língua inglesa, conseguirá olhar para essas formas e dizer: "Não faço a menor idéia do significado disso". E poucas pessoas conseguirão se forçar a ver a forma de ambas as letras como uma única letra — por exemplo, THE CHT.

Observe como a padronização consegue também evitar que enxerguemos o que de fato existe em um determinado lugar/situação. Dentre as inúmeras descobertas que a NASA fez quando começou a mandar pessoas ao espaço foi que as canetas dos astronautas não funcionavam bem por causa da ausência de gravidade. A tinta não fluía apropriadamente. Você pode simular esse efeito em casa. Tente escrever com a caneta inclinada, com a ponta voltada para cima. Em pouco tempo, a tinta deixa de fluir e a caneta pára de escrever. Para solucionar esse problema, a NASA reuniu várias equipes de engenheiros mecânicos, químicos e de hidrodinâmica, permitindo que se infundissem no problema, e gastou milhões de dólares em pesquisas e protótipos para desenvolver o que passou a ser chamado de *space pen* ou caneta pressurizada. Essa caneta funcionou perfeitamente bem. Quando não havia gravidade, quando se escrevia de cabeça para baixo aqui na terra e até mesmo debaixo d'água — um verdadeiro milagre tecnológico. Nossos arqui-rivais naquela época, os soviéticos, também conseguiram solucionar esse mesmo problema, mas de uma maneira bem mais barata e, há bons motivos para acreditarmos, bem mais eficaz: **eles forneciam lápis aos astronautas**! Os cientistas da NASA estavam se valendo de padrões enraizados na alta tecnologia. A despeito do fato de vários dos engenheiros que estavam tentando solucionar o problema terem provavelmente usado lápis, eles não conseguiram ver que em suas mãos havia uma solução imediata, barata, atraente e confiável, que não envolvia praticamente nenhuma tecnologia. Eles enxergaram o problema perguntando-se de que maneira poderiam fazer com que uma caneta escrevesse quando não houvesse gravidade, e não simplesmente se perguntando de que modo poderiam escrever na ausência de gravidade.

> *Não obstante seu enorme poder e potencial, ao que se revela, o córtex cerebral exerce uma influência bem menor sobre a forma como nos comportamos do que tendemos a imaginar.*

No final da década de 1960, três cientistas que trabalhavam em um laboratório de pesquisas em Lausanne, Suíça, propuseram uma atraente solução para a cronometragem precisa de experimentos laboratoriais. Eles usaram pulsos eletrônicos, cristais de quartzo e tubos de Nixie (os precursores dos modernos mostradores digitais), tudo isso disposto em um compartimento do tamanho de um forno de microondas. Demonstram então sua descoberta à diretoria, que ficou encantada com os resultados. O tal instrumento era barato, preciso e, pelo fato de não conter nenhuma peça móvel, era altamente confiável em inúmeras condições ambientais, como flutuações de temperatura e pressão, vibração, poeira e uso prolongado. Contudo, ninguém — nem os cientistas, nem os gerentes e tampouco os diretores — enxergou essa invenção iluminadamente como um possível relógio. Isso simplesmente não se encaixava no padrão de relógio desses indivíduos. Não era pequeno o suficiente para ser um relógio. Não tinha ponteiros, nenhum mostrador, nenhum botão serrilhado para ajustar a hora. Nunca lhes ocorreu que aquela peça de equipamento de laboratório poderia ser também um relógio.

Porém, duas empresas de eletrônicos, uma no Japão e outra nos EUA, não estavam obstruídos pelo conceito suíço do que deveria ser um relógio. No prazo de dez anos, a Seiko e a Texas Instruments transformaram o mercado internacional de relógios. Em meados da década de 1970, a predominância suíça no mercado de relógios de pulso implodiu. De 75%, passou a deter 25% do mercado mundial. E sua lucratividade anual em âmbito global passou de 85% para 10%. Inúmeras marcas domésticas desapareceram e milhares de artesãos de relógios suíços perderam o emprego. Tudo isso por causa do pensamento-padrão dos suíços.

Will Rogers percebeu perfeitamente os perigos da padronização quando disse: "Não é o que não sabemos que nos prejudica, mas o que temos certeza de que é verdade e de fato não é".

É difícil mudar padrões. Alguns anos atrás, minha mulher, Franca, julgou que havia conseguido mudar um padrão em relação ao local em que ficava nossa gaveta de talheres, na cozinha. Parecia que toda vez que um de nós queria pegar algo na gaveta, outra pessoa estava na frente. Suportamos essa pequena inconveniência durante anos, mas um dia Franca resolveu fazer uma mudança. Sem dúvida nenhuma, a gaveta ficou bem melhor naquele novo lugar: central, fácil de alcançar e sem tanto congestionamento. Funcionou perfeitamente, exceto por um fator. Durante meses, toda vez que queríamos um talher, habitualmente abríamos a gaveta antiga. E sempre que isso ocorria, dávamos risada, e só então nos dirigíamos à nova gaveta. O padrão de abrir a gaveta antiga era tão persistente que resolvemos afixar um papel para recordar quantas vezes havíamos tentado abrir a gaveta errada. Mesmo com esse lembrete, ainda assim procurávamos a gaveta antiga na maioria das vezes. Foi necessário um ano para quebrarmos nossos velhos padrões. Porém, ainda hoje, quase dez anos depois, se eu estiver muito distraído, procuro a gaveta antiga. Você provavelmente já passou por experiências semelhantes.

Por que é difícil mudar um padrão? Se pensássemos com todos esses maravilhosos e complexos neurocircuitos presentes em nosso cérebro, seríamos capazes de nos adaptar a uma simples mudança. Conseguimos aprender padrões de uma maneira suficientemente rápida. Por que demoramos tanto tempo para desaprendê-los?

Há vários anos, eu e Franca passamos algum tempo em Sedona, Arizona, um dos lugares verdadeiramente mágicos do planeta. A área ao redor de Sedona é conhecida como Zona da Rocha Vermelha (Red Rock Country) por suas ricas e desgastadas formações rochosas de cor vermelha, quase liquefeitas, que parecem brotar organicamente do fundo do vale. As rochas vermelhas são extremamente frágeis. Se as esfregarmos com a mão, transformam-se em partículas de poeira, e isso ocorre constantemente na superfície erodida.

Benny Bennington, um guia da região, nos levou a inúmeras caminhadas para bem longe da povoação, das estradas, dos postes telefônicos e de qualquer outro sinal de civilização. Em uma dessas caminhadas, paramos para almoçar em uma extensão ligeiramente inclinada de rocha lisa. Não muito longe de onde nos sentamos, uma pequena corrente de água havia esculpido um canal na rocha.

Perguntei a Benny quanto tempo teria sido necessário para formar aquele canal. Ele fez uma estimativa aproximada de centenas a milhares de anos. Ao longo dos anos, toda vez que chovia, os contornos da rocha certamente forçaram a água a escoar pelo mesmo canal. A água não tinha outra opção. Ano após ano, chuvas e chuvas desceram por esse canal, alargando-o e aprofundando-o levemente toda vez que por lá passavam. O processo de erosão gradativa começou bem antes de o homem pôr os pés ali e continuaria ainda por muito mais tempo.

Alguns dias depois, percorremos cerca de 145 quilômetros ao norte e despontamos à margem do Grand Canyon. Os mesmos processos naturais que formaram nosso pequeno canal na rocha vermelha cuidaram de esculpir aquela garganta de 1,6 mil metros de profundidade que estávamos para descer. No caso do Grand Canyon, o rio Colorado tem feito esse trabalho já há milhões de anos.

De repente me ocorreu que estávamos contemplando uma imagem que poderia representar o cérebro humano. Do mesmo modo que o Colorado escavou seu canal através da rocha, criando um inevitável trajeto de 1,6 mil metros de profundidade para as suas águas, igualmente as milhares de sequências repetidas de estímulo–resposta criaram padrões de pensamento quase indestrutíveis em nossa mente. Estímulo–resposta. Estímulo–resposta. Estímulo–resposta. Até que seja praticamente impossível a qualquer coisa semelhante a esse estímulo inicial produzir a resposta padronizada. Essa nossa tamanha dificuldade de quebrar padrões existe porque não os aprendemos uma única vez; aprendemos e depois os reaprendemos milhares de vezes. Criamos vias neurais tão intensas, tão profundas e tão refratárias que é quase impraticável pensarmos fora delas. Nossos canais são tão profundos que nem sequer conseguimos mais enxergá-lo. Como o rio Colorado, nossos pensamentos estão aprisionados em canais criados por nós mesmos.

Nossos padrões representam o que de fato somos. Nós os amamos como amamos nossa própria vida. Afinal de contas, passamos uma vida inteira cultivando esses padrões. Não é de estranhar que eles sejam tão difíceis de quebrar! Porém, que universo de possibilidades se abriria se conseguíssemos.

A IKEA, fenômeno dos móveis suecos desmontáveis, elevou as vendas e os lucros de suas lojas quase que da noite para o dia quebrando um padrão. O conceito inicial da IKEA em relação às suas lojas era oferecer aos clientes um supermercado de móveis. Os clientes entravam, pegavam o carrinho de compras e passeavam pelo labirinto de corredores cuidadosamente construídos, selecionando a mercadoria que atendesse às suas necessidades. Em seguida, moviam os carrinhos cheios até a borda para o caixa, ao estilo dos supermercados, para pagar a conta. O sistema funcionou surpreendentemente bem, transformando a IKEA na maior e mais lucrativa empresa de móveis do mundo.

Ingvar Kamprad — fundador e proprietário da IKEA, que emprestou suas iniciais IK à marca — queria encontrar um meio de aumentar ainda mais as vendas e os lucros, sem ter de investir significativamente para isso. Desafiou então seu pessoal a reexaminar o modelo (ou padrão) de supermercado e verificar se seria possível aprimorá-lo. Ao observar os clientes nos supermercados convencionais, sua equipe percebeu algo curioso. Em geral, os clientes costumavam pegar uma cesta, ir até os corredores nos quais tinham algum produto de seu interesse, jogar na cesta uma caixa de leite, ovos, cereais e talvez alguns outros produtos de consumo e em seguida ir para a fila do caixa. Nesse percurso, podiam até hesitar a alguma compra por impulso — um pacote de biscoitos ou uma caixa de refrigerantes em promoção — e passar ao largo. Por quê? Porque as cestas já estavam cheias. E por que isso ocorria? Porque os supermercados colocavam cestas e carrinhos apenas na entrada das lojas. O que aconteceria, perguntou-se o pessoal da IKEA, se colocássemos cestas, carrinhos e sacolas em toda a loja, para que as pessoas sempre tenham espaço para as compras por impulso?

Os seres humanos são bem mais habilidosos para seguir padrões antigos do que para conceber novos pensamentos.

Ao quebrar um padrão, praticamente da noite para o dia a IKEA aumentou de modo substancial as vendas e os lucros nas lojas, sem incorrer quase em nenhum custo. Por que os supermercados convencionais não adotaram essa estratégia simples e comprovada? Como disse, os padrões são persuasivos. São difíceis de quebrar ainda que o benefício disso seja óbvio. Como observou John Kenneth Galbraith, "Diante da opção de mudar a própria mente ou demonstrar que não há necessidade de fazê-lo, quase todo mundo se põe a trabalhar na demonstração".

Como a distração da mente de macaco e a reação instantânea do cérebro reptiliano, o efeito "agrilhoante" de seguirmos padrões desgastados, pode ser um obstáculo expressivo ao pensamento. Na Índia, os tratadores e condutores de elefantes, conhecidos como *mahouts*, impedem que os filhotes se afastem acorrentando uma de suas patas a uma estaca firmemente fincada na terra. Por mais que tentem, os jovens elefantes não são fortes o bastante para quebrar os grilhões ou derrubá-los, e assim, livrar-se da estaca. Tentar fazer isso não é apenas inútil, mas desconfortável, pois a corrente aperta a pata dos "pequeninos". Em pouco tempo, eles desistem. Já adultos, os elefantes são mantidos no lugar presos a uma corda de cânhamo entrelaçado (mais barata e mais conveniente que uma corrente) amarrada a uma estaca enfiada na terra com apenas algumas marteladas. Os elefantes já crescidos podem remover facilmente seus grilhões, mas não o fazem. Eles mantêm um padrão profundamente arraigado que lhes indica que escapar é impossível. No caso dos elefantes, esse padrão tornou-se mais persuasivo do que os fatos.

Este livro nos ensina a livrar-se da mente de macaco, domesticar o cérebro reptiliano e desagrilhoar o elefante.

PARTE 2

PENSAMENTO PRODUTIVO EM
PRINCÍPIO

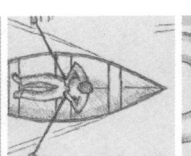

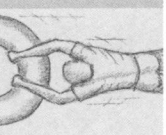

CAPÍTULO 3

Kaizen versus Tenkaizen

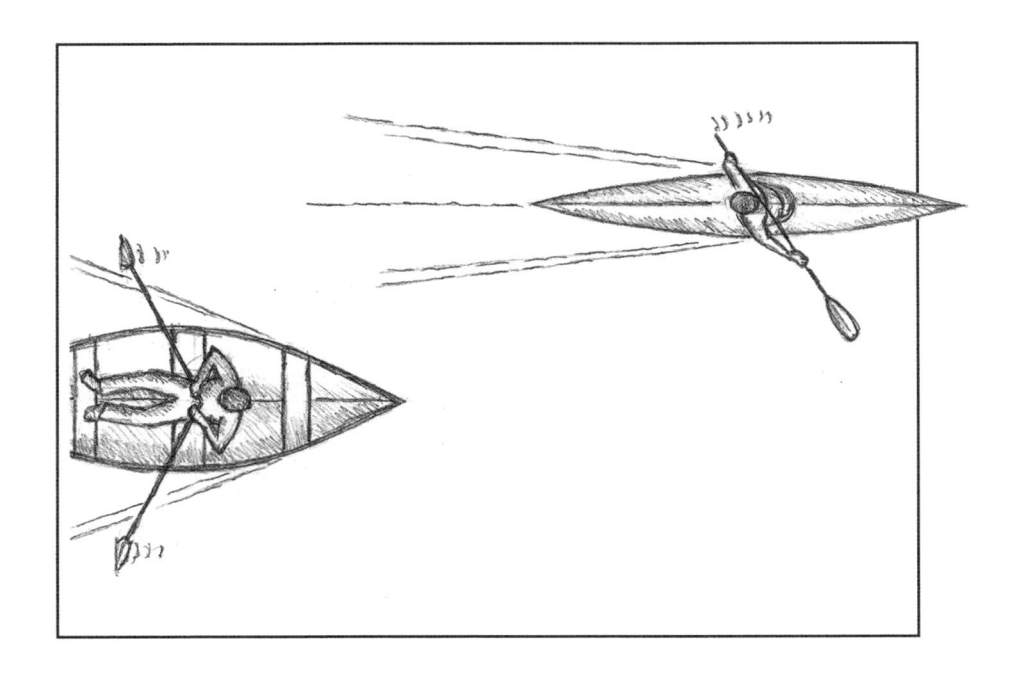

"O bom é inimigo do ótimo."
Jim Collins

Pensamento reprodutivo e pensamento produtivo

O pensamento reprodutivo é uma forma de refinar o que já se conhece; seu desígnio é conseguir eficiência. O **pensamento produtivo** é uma maneira de gerar o novo; seu desígnio é obter *insight* ou percepção súbita.

Na infância, você provavelmente deve ter tido um *thaumatrope*. Calma, *thaumatrope* não é uma doença infantil; é um brinquedo que se popularizou pela primeira vez na Inglaterra vitoriana. Ele consiste em um disco mais ou menos do tamanho de um pequeno prato de papel ilustrado em ambas as faces. O disco normalmente tem um pino em ambos os lados para que possamos girá-los com ambas as mãos para a frente e para trás. As imagens em cada face do disco são diferentes, mas complementares. Se conseguirmos um movimento giratório suficientemente rápido, as duas imagens se fundem ou se sobrepõem. O *thaumatrope* da era vitoriana costumava ter um pássaro em uma face e uma gaiola vazia na outra. Ao girar o disco, via-se o pássaro dentro da gaiola. É um efeito simples, mas fascinante. Embora na realidade não exista a imagem de um pássaro dentro da gaiola, conseguimos enxergar essa composição com a mesma nitidez de um objeto real. Vemos a imagem de algo que não existe ali, naquele lugar.

Conquanto, entre os teóricos, ainda se discuta a respeito desse mecanismo,[1] esse fenômeno visual básico é o mesmo e feliz acaso neurofísico que nos permite ver movimento em uma série progressiva de desenhos em um livro animado (*flip book*), interpretar 24 imagens fixas por segundo em um filme como se estivessem em movimento e perceber movimento em sinais eletrônicos. Esse fenômeno curioso e ao mesmo tempo profícuo também estimulou o desenvolvimento de uma escola de psicologia que transformou o modo como enxergamos o mundo.

Em 1910, já no trem que o levaria de Viena a Frankfurt, o jovem cientista Max Wertheimer, enquanto divagava e olhava para o interior do vagão, observou que os reflexos que partiam das janelas do trem criavam um padrão de luz intermitente na poltrona à sua frente. Dois pontos distintos de luz alternavam, isto é, interrompiam e recomeçavam. Quando ocorria uma sincronização exata, os lampejos davam a ilusão de não serem duas luzes distintas, mas uma única luz movendo-se para a frente e para trás. Na época, Wertheimer estudava um conceito heterodoxo ainda embrionário conhecido por *gestalt*, que propunha que a maneira como as pessoas percebem o todo é diferente do modo como percebem suas partes. O que Wertheimer descobriu nessa viagem era uma demonstração convincente da premissa básica da *gestalt*, segundo a qual o que percebemos não é simplesmente a soma das partes que estimulam nossos sentidos, mas algo diferente — que de certa forma agimos sobre os estímulos exatamente como eles agem sobre nós.

Nos vários anos que se seguiram, Wertheimer e seus colegas Wolfgang Köhler e Kurt Koffka conceberam uma estrutura que viria a se difundir como teoria da *gestalt*,[2] cujos princípios foram aplicados na psicoterapia, filosofia, ética e até em teoria política. Os conceitos de Wertheimer sobre novas formas de pensar e resolver problemas, que evoluíram em parte por meio das várias e famosas conversas que ele travou com Albert Einstein a respeito do desenvolvimento da teoria da relatividade, foram publicados postumamente no livro de Wertheimer intitulado *Productive Thinking [Pensamento Produtivo]*. O argumento essencial de Wertheimer é que, para pensarmos eficazmente, precisamos enxergar os problemas em seu todo e não como a soma de suas partes. Para Wertheimer, a resolução de problemas é uma consequência do pensamento reprodutivo, isto é, da resolução de problemas com base naquilo que já conhecemos, ou do pensamento produtivo, ou seja, da resolução de problemas com novos *insights*.[3]

As idéias presentes neste livro estão fundamentadas em inúmeros pioneiros do campo de investigação do pensamento: Wertheimer, Guilford, Torrance, Parnes, Osborn[4] e vários outros. Espero que essa remodelação do pensamento produtivo em uma estrutura objetiva, prática e metódica, construída para percebermos e agirmos sobre os desafios da vida, tanto na vida profissional quanto na pessoal, ajude-o a pensar melhor, trabalhar melhor e, essencialmente, a se sair melhor em todos os aspectos de sua vida.

Pensamento reprodutivo

O pensamento reprodutivo está relacionado basicamente a repetir o passado: fazer o que já fizemos antes e pensar o que já pensamos antes. Podemos visualizar o pensamento reprodutivo como uma séria contínua. Em uma extremidade, encontra-se a repetição automática, no meio a sistematização consciente e na outra extremidade a melhoria incremental ou pensamento *kaizen*.

Comecemos com a forma mais crua do pensamento reprodutivo — o não-pensamento reativo do cérebro reptiliano ou do elefante agrilhoado —, na qual um determinado estímulo produz uma reação fixa e previsível. A forma como escovamos os dentes todas as manhãs, da maneira como abrimos a tampa da pasta de dente e usamos as cerdas da escova à extensão, intensidade e forma como escovamos — tudo isso é feito com o menor esforço possível de nosso poder cerebral ou capacidade mental.

Esses padrões não se restringem aos hábitos pessoais. Eles podem se tornar ainda mais potentes quanto transmitidos de uma pessoa para outra. Ellen Langer, em seu livro *Mindfulness [Consciência Plena]* nos conta a história de como aprendeu com sua mãe a preparar um assado. Quando ainda menina, costumava vê-la cortar um pequeno pedaço na ponta da carne antes de colocá-la na fôrma de assar. Quando adulta, Langer seguiu esse mesmo costume, até que um dia quis saber por que a mãe cortava a carne daquele jeito. Ao lhe perguntar o motivo, a mãe lhe respondeu que não fazia a menor idéia; também havia aprendido isso com a própria mãe. Langer, portanto, fez a mesma pergunta à avó, que lhe disse que logo no início de sua vida de casada a única fôrma de que dispunha não era suficientemente grande para abrigar uma peça de carne de tamanho normal. Por isso, costumava cortar a ponta para que a peça coubesse na fôrma. Mas lhe explicou também que não demorou muito para que comprasse fôrmas maiores e que desde então havia parado de fazer isso. Ainda assim, tanto Langer quanto sua mãe durante longos anos seguiram esse costume automaticamente.[5] Antes, o pensamento que estimulava esse ato tinha importância, mas com o tempo as circunstâncias mudaram. Em vez de sumir, o pensamento fossilizou, tornando-se um costume sem sentido.

O kaizen tem suas limitações. Seja lá qual for a magnitude da mudança incremental, nenhuma transformará uma calculadora em uma planilha eletrônica.

Incontáveis foram minhas experiências com organizações cujos métodos foram totalmente embasados em idéias fossilizadas. Essas organizações se valem do princípio "é assim que costumamos fazer as coisas por aqui", não porque as pessoas se mostrem sistematicamente contra as novas idéias, mas porque as idéias antigas parecem muito naturais. Afinal de contas, se elas continuam funcionando, mais ou menos, por que contestá-las? Por que tendemos a reservar uma hora para as nossas reuniões mesmo sabendo que a maioria provavelmente não chegará nem perto de durar 60 minutos e outras talvez exijam muito mais? Seria a reunião de uma hora o equivalente cronológico da fôrma da avó de Langer? Por que a tomada do computador fica atrás da mesa e não sobre a mesa? Por que ela fica à altura dos pés e não à altura das mãos? Por que enviamos *e-mails* com cópia carbono (cc) a tantas pessoas? Por que somos incluídos em tantos *e-mails* com cópia carbono? Afinal de contas, por que empregamos o termo cc? Em seu escritório, por acaso, ainda existe aquele antigo papel carbono? Quando vamos visitar uma pessoa qualquer no local em que trabalha, porque as recepcionistas ou os seguranças nos pedem para sentar? Será que parecemos cansados? Ou não querem que fiquemos circulando em volta da mesa? Nas grandes empresas (a menos que seja Google, Apple ou coisa parecida), todas as salas de reunião comuns são provavelmente minissalas com mesa e cadeiras ao redor. Por quê? Será que planejam oferecer um jantar? Pensando bem, por que todas as salas de reunião seguem o modelo das salas de jantar residenciais? Por que a primeira sequência do teclado do telefone é 1, 2, 3 e a primeira sequência das calculadoras é 7, 8, 9? Porque as empresas telefônicas quanto as empresas de calculadora dizem: "É assim que costumamos fazer as coisas por aqui".

Dê uma olhada ao redor de sua casa ou do ambiente em que trabalha. Veja se consegue identificar quantas coisas você, sua família ou seus colegas de trabalho fazem de acordo com o nível básico do pensamento reprodutivo. Talvez isso seja mais difícil de fazer do que você imagina. Esses padrões reprodutivos fossilizados são tão intensos e parecem tão "legítimos" que normalmente nem percebemos que existem. Experimente fazer este rápido teste. Aposto que ao colocar a fatia de pão na torradeira você sempre põe o pão com a extremidade "inferior" virada para baixo. Por quê? Na verdade, o pão não tem lado inferior. Se um lado do pão está para cima ou para baixo não faz nenhuma diferença quando o torramos, mas simplesmente parece natural colocá-lo com o lado inferior para baixo. Por que não torrar a fatia de pão lateralmente? Talvez fosse mais fácil tirá-la da torradeira depois de pronta.

Há inúmeros exemplos semelhantes em sua vida. Por que você faz as coisas da maneira que faz? O que aconteceria se decidisse mudá-las? Quais novas perspectivas poderiam ser obtidas? Eis um lugar fácil para ser usado como ponto de partida: se você vive com uma ou mais pessoas, pense nos lugares em que se senta à mesa para comer. Provavelmente você se senta todas as vezes no mesmo lugar. Mude. Você se surpreenderá com as diferentes perspectivas que terá. Há probabilidade de você falar mais sobre assuntos diferentes. Quanto mais pessoas morarem em sua casa, mais oportunidades haverá para trocar de lugar. Observe o que ocorre quando se senta no lugar de seu filho ou de sua filha. Observe o que ocorre quando ele ou ela se senta em seu lugar.

Até o momento, descrevi somente a forma mais básica de pensamento reprodutivo, um estilo de pensamento inferior ao horizonte de consciência que nos impele a reagir aos estímulos com reações previsíveis. Essas idéias fossilizadas podem nos poupar tempo e energia, mas também nos levar a repetir padrões não particularmente convenientes ou não mais lógicos.

No segundo nível do pensamento reprodutivo, reproduzimos **conscientemente** pensamentos e comportamentos aprendidos para atingir resultados previsíveis. Os contadores desenvolveram procedimentos avançados para registrar e analisar dados financeiros. Os profissionais de *marketing* seguem uma lista de atividades para se certificarem de que de fato compreendem e abordam eficazmente os segmentos de mercado que lhes interessam. Os médicos interrogam seus pacientes sobre possíveis sintomas com uma precisão quase programática para que assim possam chegar ao âmago da questão. As donas de casa habilidosas, ao fazerem sua lista de compras, anotam os itens de acordo com a sequência dos corredores para economizar tempo no supermercado. Em geral, repetimos conscientemente os padrões porque nos parece sensato assim proceder. Isso nos torna mais eficientes, mais **proficientes** e menos propensos a passar por cima de etapas fundamentais. Esse nível superior do pensamento reprodutivo é um ativo maravilhoso. Ele arregimenta metodologias e abordagens comprovadas para conceber processos rápidos, eficientes e isentos de defeitos.

Uma das indisposições humanas mais comuns é a hérnia abdominal, provocada pelo enfraquecimento dos músculos que revestem a parede abdominal. Quando isso ocorre, estruturas do abdômen formam uma protuberância na parede muscular. Se não for tratada, essa doença pode causar sérias complicações e até a morte.[6] Todavia, é relativamente fácil diagnosticar as hérnias, e existem técnicas cirúrgicas eficazes para solucionar esse problema desde o final do século XIX. Normalmente, para solucioná-las, é necessário empurrar para dentro a protuberância e remendar a parede abdominal ou suturá-la. A cirurgia dura cerca de 90 minutos e exige anestesia geral, custando em torno de cinco mil dólares. A média de insucessos nos hospitais norte-americanos é de 10% a 15%, decorridos cinco anos, o que exige novo procedimento cirúrgico.

No Canadá, existe um pequeno hospital ao norte de Toronto, especializado em tratamento e cirurgias de hérnia. É o Shouldice Hernia Centre. Seu fundador, Edward Shouldice, desenvolveu uma técnica cirúrgica exclusiva para corrigir essa doença durante a Segunda Guerra Mundial, e a partir dessa época as hérnias passaram a ser a atividade exclusiva do Shouldice Centre. Esse centro só lida com isso. Seus dez cirurgiões trabalham em tempo integral e executam mais de 7,5 mil herniorrafias por ano. Suponho que se chegássemos lá e pedíssemos um *band-aid*, para colocarmos em um dedo cortado, eles nos enviariam a algum outro lugar. No Shouldice, uma cirurgia de hérnia não dura 90 minutos, mas 45. O paciente recebe anestesia local (podemos de fato conversar com os cirurgiões enquanto eles realizam a cirurgia). O custo médio é aproximadamente 50% inferior ao dos hospitais comuns e menos de 1% dos pacientes do Shouldice sofre reincidência após a operação. Cada um dos cirurgiões do Shouldice realiza de 600 a 800 procedimentos cirúrgicos por ano, mais do que a maioria dos cirurgiões gerais executa ao longo de sua carreira. Quando o assunto é herniorrafia, eles são os gênios do pensamento reprodutivo. Conseguem prognosticar às pressas anomalias e complicações, conseguem fazer às vezes um do outro assim que solicitados e é quase certo que alguns deles entrem noite adentro para finalizar uma cirurgia. O Shouldice Hernia Centre representa esse segundo nível do pensamento reprodutivo, seguindo deliberadamente padrões comprovados, no mais alto grau de excelência possível.[7,8,9]

O terceiro nível do pensamento reprodutivo é o pensamento *kaizen*: seguir conscientemente padrões comprovados e bem estabelecidos e, ao mesmo tempo, procurar alternativas para aprimorá-los. O termo *kaizen* provém do japonês.

Seu significado literal é **"mudança para melhor"** (*kai* = "mudança", *zen* = "para melhor"). O *kaizen* tem sido a mola-mestra e o brado de convocação de uma variedade de movimentos relacionados à produtividade e à qualidade nos EUA e em outros modernos países industriais: melhoria contínua da qualidade (MCQ), gerenciamento pela qualidade total (GQT), círculos de qualidade e Seis Sigma, dentre outros. A Toyota e a General Electric são famosas por aplicarem esses conceitos. Paradoxalmente, *kaizen* é a forma mais conveniente de pensamento reprodutivo, porque se concentra na monitoração contínua e no aprimoramento de processos, produtos e procedimentos, e a mais perigosa, porque sob o pretexto de mudança incremental passa a ilusão de inovação.

> *O pensamento reprodutivo pode dar feitio e adaptar algo irremediavelmente obsoleto como um chicote.* Somente o pensamento produtivo consegue imaginar um carro.*

O *kaizen* caracteriza-se pelo princípio da mudança incremental (melhoria contínua), sustentando que a cada dia um processo pode se tornar um pouco melhor do que era no dia anterior. Os benefícios oferecidos por essa filosofia foram consideráveis. Ele foi usado para tornar as linhas de produção mais confiáveis, para diminuir erros médicos e acelerar o tempo de resposta em situações emergenciais. O *kaizen*, contudo, tem suas limitações. Seja lá qual for a magnitude da mudança incremental, nenhuma transformará uma calculadora em uma planilha eletrônica.

Apresentamos aqui uma forma de visualizar o tipo de mudança incremental — e suas limitações — representadas pelo pensamento *kaizen*. Imagine-se tendo nas mãos uma excelente gravura de *Mona Lisa*, de Leonardo da Vinci, colocando-a em uma avançada copiadora colorida e pressionando o botão. O resultado será uma versão muito boa, mas ligeiramente inferior à original. Agora, faça uma cópia dessa cópia, uma cópia dessa última cópia e assim por diante. Cada nova versão sairá um pouco menos fiel à última. Digamos que você faça isso centenas de vezes. Sua versão final permanecerá reconhecível, mas as cores não serão mais as mesmas e a imagem ficará indistinta e perderá a magia.

Agora, pegue essas centenas de cópias e examine-as no sentido inverso. À medida que virar as páginas, perceberá que cada uma é uma melhoria da

---

* O termo no original é *buggy whip*, que significa chicote, antes usado nas carroças. Visto que as carroças foram substituídas pelos carros, o chicote tornou-se símbolo do obsoletismo e é usado na língua inglesa com essa conotação. Daí a comparação entre chicote e carro para mostrar a evolução da carroça ao automóvel. (N. da T.)

última; cada imagem é incrementalmente melhor do que a anterior. Ao final, terá uma imagem praticamente indistinguível da pintura de Leonardo: quase uma perfeição. Porém, por mais bonita que seja, nunca será outra coisa senão *Mona Lisa*. Não importa a quantidade de páginas em sua sequência, ela nunca se transformará em um Picasso.

Todos os níveis do pensamento reprodutivo — repetição automática, sistematização consciente e melhoria incremental ou contínua — podem ser um ativo de enorme importância. Muitas organizações que se centraram nesse tipo de pensamento, particularmente no *kaizen*, prosperaram. Todavia, o pensamento reprodutivo, sozinho, não consegue dar conta de tudo. Ele pode ser excelente para uma produção que busca zero defeito, mas nunca produzirá uma **mudança revolucionária**. Como escreveu Nicholas Negroponte, fundador do Media Lab, do Instituto de Tecnologia de Massachusetts (MIT), "O incrementalismo é o pior inimigo da inovação".

Pensamento produtivo

O pensamento produtivo é radicalmente diferente. O pensamento reprodutivo pode dar feitio e adaptar algo irremediavelmente obsoleto como um chicote. Somente o pensamento produtivo consegue imaginar um carro.

O pensamento produtivo é o tipo de pensamento que pavimenta o caminho para novas idéias e mudanças revolucionárias. Nas palavras de Wertheimer, é o pensamento pungente e revelador, e não o pensamento histórico. O pensamento produtivo é fundamental para enfrentar os desafios dos ambientes e dos mercados em constante transformação, para diferenciar produtos e serviços, para antever e desenvolver novos *insights* e processos e crescer. Anteriormente, neste capítulo, afirmei que a melhor forma de pensamento reprodutivo é o pensamento *kaizen*. No trabalho que realizo com meus clientes, amplio essa metáfora japonesa e represento o pensamento produtivo como pensamento *tenkaizen*, um neologismo de minha autoria, com um pedido de desculpas aos linguistas japoneses. Tenkaizen é uma palavra composta formada por *ten*, que significa "direito" ou "tradição", kai, que significa "mudança", e *zen*, que significa "para melhor". Em outras palavras, podemos interpretar *tenkaizen* como "revolução — ou mudança radical — benéfica ou produtiva".[9] *Tenkaizen* é virar as coisas de cabeça para baixo. Não é reproduzir o antigo, mas produzir o novo.[10]

O pensamento produtivo ou *tenkaizen* transforma não apenas o que fazemos, mas também a maneira como enxergamos o mundo. É uma forma tanto de lidar com a mudança quanto de criar a mudança.

Em 1997, Reed Hastings fundou a Netflix, fundamentado na idéia básica de que poderia oferecer um serviço de aluguel de DVDs pela Internet por meio do qual as pessoas pudessem solicitar pelo *site* da Netflix o filme que desejassem assistir, para que então a empresa o enviasse pelo correio. O modelo de negócio original da Netflix era praticamente idêntico ao modelo varejista vigente desde os primórdios da atividade de aluguel de vídeos, cujas precursoras foram as lojinhas de bairro dirigidas pelos membros da família, com a exceção de que não possuía nenhuma loja física, isto é, de cimento e tijolo. Hastings cobrava dos clientes 4 dólares pelo aluguel e mais 2 dólares de serviço postal e aplicava multas quando havia atraso na entrega dos DVDs. A única diferença significativa entre a Netflix *on-line* e a Blockbuster dos centros comerciais era o canal de distribuição.

Portanto, em 1999, Hastings teve uma idéia *tenkaizen*. O que aconteceria se, em vez de alugar filmes, alugasse **recursos para as pessoas assistirem aos filmes**? Os clientes não mais precisariam alugar discos individuais. Poderia fazer uma assinatura que incluísse vários níveis de serviço. Desse modo, ficariam com os filmes pelo tempo que desejassem. Assim que um assinante devolvesse um disco, a Netflix enviaria outro DVD com base em uma lista de títulos previamente selecionada pelo cliente. Não haveria taxas de aluguel de discos individuais, nem taxas postais, nem multas. Não se tratava de uma mudança incremental, mas de uma forma totalmente nova de enxergar o relacionamento com os clientes. No prazo de três anos, a Netflix já estava operando com lucros. Enviava pelo correio aproximadamente 200 mil DVDs por dia a quase um milhão de assinantes. Por volta de 2007, a Netflix já se encontrava entre as empresas ponto-com mais bem-sucedidas, com uma distribuição de 1,5 milhão de títulos por dia para mais de 6,5 milhões de assinantes. Seu sucesso desovou dezenas de imitadores ao redor do mundo e transformou a forma de fazer negócios de concorrentes como a Blockbuster e a Hollywood Video.[11]

Examine outro exemplo do poder do pensamento *tenkaizen*, este proveniente do universo científico.

Em setembro de 2005, um grupo de cientistas sociais europeus e norte-americanos lançaram uma nova e inusitada publicação, a que chamaram de *Journal of Spurious Correlations*, abreviadamente *JSpurC*. Sua incumbência era servir como tribuna livre para divulgar resultados impublicáveis; em outras palavras, estudos e experimentos que não haviam conseguido provar coisa alguma. Por que publicar os resultados de experimentos fracassados? Primeiramente, a publicação de resultados nulos pode ajudar a identificar erros metodológicos e melhorar futuras investigações. Em segundo lugar, pode servir como advertência e possibilitar que os pesquisadores em um determinado campo de estudo analisem o que não funcionou, para que, desse modo, não repitam esses procedimentos. Praticamente todos nós reconhecemos o valor de aprender com nossos próprios erros; por que não dar aos cientistas a oportunidade de aprender com os erros de seus colegas? Em terceiro lugar, o atual sistema de publicação de periódicos promove um fenômeno conhecido como viés de publicação, o que pode distorcer sensivelmente nossa percepção do que é verdade e do que não é. Se, por exemplo, um estudo isolado, realizado por pesquisadores respeitáveis, encontrar uma correlação indiscutível entre homossexualidade e suicídio, há uma boa possibilidade de essa investigação ser publicada. É provável que existam dezenas de estudos realizados por cientistas igualmente respeitáveis que não conseguiram demonstrar essa mesma correlação. Porém, pelo fato de os resultados de seus estudos terem sido nulos, a tendência é não serem publicados. Consequentemente, a despeito da preponderância de evidências contraditórias, as constatações do estudo publicado podem se tornar a verdade universalmente conhecida.[12] Segundo David Lehrer, um dos fundadores do *JSpurC*, "Tudo o que pensamos que sabemos pode estar errado. Os resultados corretos podem estar guardados na gaveta das pessoas porque elas não conseguem publicá-los".[13]

Esses dois casos não constituem meras extensões incrementais do pensamento vigente. Idéias tradicionais foram viradas de cabeça para baixo tanto pelo *JSpurC* quanto pela Netflix. Ambos são exemplos de *tenkaizen*: "revolução produtiva" ou "boa revolução".

Os elementos do pensamento produtivo

O pensamento produtivo é composto por duas habilidades de raciocínio distintas: o **pensamento criativo** e o **pensamento crítico**. Este é o princípio universal do pensamento produtivo: o pensamento criativo tem de ser apartado do pensamento crítico. Nossa postura habitual é não distinguir essas duas habilidades; ao contrário, tendemos a sobrepô-las. Tente se lembrar da última vez em que tentou solucionar um problema ou que tenha proposto uma nova abordagem. Provavelmente você deve ter seguido uma sequência de raciocínio mais ou menos assim:

Hum... já sei. Vou.... Não, é muito caro. Bom, o que aconteceria se tentasse... Não, nunca conseguiria executar isso a tempo. Então, que tal... Não, muito arriscado. Eu poderia sempre.... Pode esquecer. Os caras criticariam e conseguiriam provar em dois segundos que está tudo errado. É, talvez não haja mesmo um caminho melhor.

Este é o princípio universal do pensamento produtivo: o pensamento criativo tem de ser apartado do pensamento crítico.

Quando tentamos pensar de maneira criativa para gerar idéias e, simultaneamente, pensar de maneira crítica para julgá-las, acabamos por sabotar qualquer possibilidade de sucesso. É como tentar dirigir com um pé no acelerador e outro no freio: não chegamos a lugar nenhum e, provavelmente, exaurimos algo nesse processo.

O pensamento criativo tem três características essenciais. Primeiramente, ele é gerativo (produtivo); em outras palavras, sua função primordial é conseguir extrair algo de onde parece nada existir ou criar algo do nada. As idéias surgem de maneira distinta para diferentes pessoas: por meio de devaneios, de investigações e testes de idéias irreais ou impraticáveis apenas em caráter experimental, de indagações do tipo "o que aconteceria se...", de analogias incomuns ou simplesmente de ponderações. Independentemente do meio que empreendermos para gerá-las, as novas idéias são, na melhor das hipóteses, nebulosas e frágeis. Elas nascem apenas parcialmente formadas e são efêmeras. Um segundo é o bastante para nos esquecermos até de que tivemos uma determinada idéia. Tente se lembrar da última vez em que estava no banho e lhe veio à mente a idéia mais extraordinária do mundo e momentos depois ela já havia desaparecido pelo ralo.

Essas novas e frágeis idéias ganham existência em virtude da segunda característica da modalidade de pensamento criativo: ele é acrítico (tolerante). Não podemos criar e julgar ao mesmo tempo. Nossas idéias semiformadas não conseguem sobreviver ao ataque furioso de nosso intelecto. Quantas vezes você já criticou suas idéias a ponto de sufocá-las?

A terceira característica do pensamento criativo brota diretamente das duas primeiras: ele é expansivo. Quando geramos idéias e permitimos que elas vivam, adiando para isso o julgamento, a tendência é obtermos mais idéias. O pensamento criativo, portanto, é **gerativo**, **acrítico** e **expansivo**. Em vigor, quando estamos pensando criativamente, estamos relacionando nossas idéias. Estamos criando um longo rol de idéias.

O pensamento crítico é *yang*, ao passo que o pensamento criativo é *yin* (o *yin yang* advém da filosofia chinesa e é uma representação do princípio da dualidade, onde duas forças complementares compõem tudo que existe, e de seu equilíbrio surgem todo movimento e mutação). O pensamento crítico também tem três características fundamentais, cada uma delas um contraponto das características do pensamento criativo. Primeiramente, o pensamento crítico é **analítico**: ele sonda, contesta e testa. Quando pensamos criticamente, examinamos em profundidade o que está em pauta; mergulhamos bem abaixo da superfície e trazemos à tona as nuanças. Buscamos compreender, procuramos encontrar ordem e então descobrimos significados. Em segundo lugar, o pensamento crítico é apreciativo. Sua função é nos ajudar a determinar se as idéias atendem ou não aos critérios para, desse modo, prosperarem ou mesmo serem examinadas mais a fundo. O pensamento crítico nos possibilita comparar idéias com normas e critérios predeterminados. Em terceiro lugar, o pensamento crítico é **seletivo**. Ele delimita as idéias geradas pelo pensamento criativo, peneirando e filtrandoas para produzir algumas mais manejáveis. Usamos o pensamento crítico para identificarmos as idéias com maior potencial de aprimoramento e, a partir daí, encontrarmos aquelas com o maior potencial de sucesso. O pensamento crítico, portanto, é **analítico**, **apreciativo** e **seletivo**. Em vigor, quando estamos pensando criticamente, estamos fazendo opções, decidindo.

No pensamento produtivo, distinguimos o pensamento criativo e o pensamento crítico. É um processo em que, num primeiro momento, adiamos as apreciações críticas, para gerarmos e relacionarmos o máximo de idéias que conseguirmos, e, num segundo momento, retornamos a essas relações para fazermos opções, agora apreciando as idéias com base em critérios de sucesso preestabelecidos: relacionamos e fazemos opções. Como você terá oportunidade de ver a partir do Capítulo 6, *Pensamento Produtivo Estruturado*, o processo de pensamento produtivo global é constituído por seis etapas distintas, desde a investigação da necessidade de um novo pensamento ao desenvolvimento de um plano de ação. Cada um desses estágios compreende etapas de pensamento criativo e pensamento crítico.

A dinâmica do pensamento produtivo é a alternância contínua do pensamento criativo com o pensamento crítico. Imagine um par de remos de caiaque. Um comporta o pensamento criativo, o outro o pensamento crítico. Se usássemos sempre o remo criativo, ficaríamos a girar em círculo. Se usássemos sempre o remo crítico, ficaríamos a girar em círculo, mas no sentido contrário. A solução é alternar ambos: criativo, crítico, criativo, crítico. Desse modo, desenvolvemos um enorme ímpeto ou *momentum* de avanço. Assim, podemos alcançar o *tenkaizen*.

O monstro embaixo da cama

Até agora, descrevi as diferenças observáveis entre pensamento reprodutivo e pensamento produtivo. Em essência, o pensamento reprodutivo repete padrões antigos e, na melhor das hipóteses, tenta melhorá-los incrementalmente. O pensamento produtivo tenta introduzir idéias novas e estimulantes e separa na prática o pensamento criativo e o crítico para isso. Há, entretanto, outra diferença fundamental entre essas duas modalidades de pensamento.

O pensamento reprodutivo é extremamente valioso quando as consequências do insucesso são grandes. Não queremos que um piloto de avião, que está para fazer a aterrissagem, fique se perguntando: "Hum, o que poderia acontecer se tentasse dessa forma?". Queremos que ele faça o que aprendeu a fazer: calcular e reagir a toda e qualquer eventualidade como se tivesse feito isso milhares de vezes antes. Na realidade, quanto mais ele tiver feito isso antes, mais contentes ficaremos por ele ser o comandante.

O pensamento produtivo é diferente. Ele é mais conveniente quando as consequências do insucesso são pequenas. As idéias custam pouco. As idéias malsucedidas não são muito caras. Mesmo nas fases iniciais, o risco é relativamente baixo. É por isso que primeiramente fazemos o protótipo: para delimitar o risco. Na verdade, no pensamento produtivo, é com frequência conveniente *tentar* errar, para identificar o que talvez não funcione, num momento em que as consequências do insucesso são mínimas. É exatamente isso que significa experimentação. Quanto mais erramos, mais aprendemos. Como Thomas Edison afirmou uma vez: "Eu não errei. Simplesmente encontrei dez mil caminhos que não darão certo".

Como somos crias dos padrões, quase todos nós dedicamos mais tempo ao pensamento reprodutivo do que ao pensamento produtivo. Em consequência disso, tendemos a enxergar o mundo através das lentes da experiência do pensamento reprodutivo: entendemos o erro como algo indesejável. Evitamos o pensamento arriscado porque ele pode ser desastroso. Quando estamos para aterrissar, queremos que o piloto da aeronave ponha em prática cada "bocadinho" de habilidade do pensamento reprodutivo que ele desenvolveu até então — para que aterrisse como uma pluma. As experimentações cabem apenas nos simuladores, não nas pistas de decolagem. No pensamento reprodutivo, os enganos adquirem muitas formas: falência de pacientes, acidentes aéreos, paralisação das linhas de produção, escassez das cadeias de abastecimento e perdas financeiras de grandes proporções.

E aqui lhe apresento o monstro que se encontra embaixo da cama: evitamos o risco no ambiente do pensamento produtivo como se estivéssemos atuando no ambiente do pensamento reprodutivo. Estamos condicionados a evitar o risco precisamente porque a maior parte de nossa formação e preparação ou treinamento foi direcionada a afiar nossas habilidades de pensamento reprodutivo. **Queremos** cabines e salas de operações entediantes. A forma como nos relacionamos com as novas idéias é sempre matizada pela baixa tolerância ao risco. Tendemos a nos esquivar da direção potencialmente arriscada que pode tornar o pensamento produtivo tão frutífero. E é difícil mudar. Na seção *Catana de Masamune*, no Capítulo 11, você terá oportunidade de ver como parte do modelo do pensamento produtivo é concebida para "irmos ao encalço das falhas" e aumentarmos as probabilidades de sucesso.

"Quando se deparar com uma bifurcação na estrada, siga essa direção." Yogi Berra

De vez em quando, ouvimos de nossos clientes algumas perguntas do tipo: "Eu consegui entender esse negócio de revolução produtiva, mas será que precisamos sempre de uma revolução? Será que não existem empresas e indústrias que conseguem simplesmente se sair bem ou até mais do que isso apenas se concentrando no *kaizen* e não no *tenkaizen*? Afinal de contas, uma mudança radical pode ser extremamente arriscada".

Se o ambiente em que você se encontra vive em constante transformação, faz sentido desenvolver uma postura tenkaizen *ou de "revolução produtiva".*

Não há dúvida a esse respeito. Sempre haverá uma alternativa. As organizações e os indivíduos podem continuar a fazer as coisas da forma como se habituaram — e talvez as realizem extremamente bem, fazendo melhorias incrementais ao longo do percurso — ou, de outro modo, podem descobrir abordagens novas e melhores para atender aos clientes e a si mesmos. No decorrer de mais de três mil anos, as economias, as tecnologias e as estruturas sociais mudaram muito pouco no Egito antigo. Se você se proclamasse um defensor da "revolução produtiva" nesse tipo de ambiente, é bem provável que seria aniquilado. Em contraposição, se o ambiente em que você está trabalhando passa por mudanças constantes e significativas, talvez seja sensato se esforçar pelo menos um pouco para desenvolver uma postura *tenkaizen* e ganhar domínio nas habilidades do pensamento produtivo. A figura a seguir faz uma representação básica dessa relação. Quanto maior o número de mudanças que enfrentamos ou almejamos gerar, mais adequado se torna o pensamento produtivo.

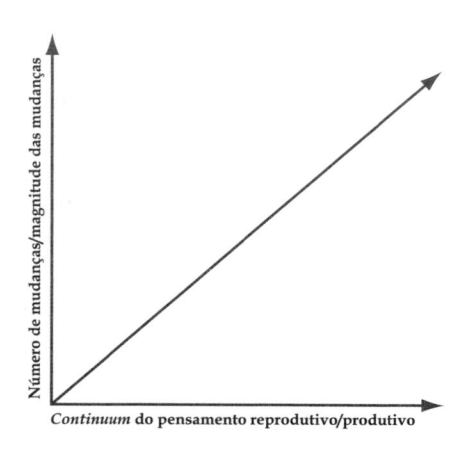

Continuum do pensamento reprodutivo/produtivo

Quanto mais mudanças encaramos, mais necessitamos do pensamento produtivo.

Mesmo nos ambientes mais estáveis, virar as coisas de cabeça para baixo — vale dizer, mudá-las radicalmente — algumas vezes pode produzir resultados incríveis. Por exemplo, as seguradoras com as quais lidei, tanto como cliente quanto como consultor, em si, não são especialmente *tenkaizen*, pelo menos a maioria. Mais do que qualquer outra coisa, o setor de seguros valoriza a estabilidade. Alguns anos atrás, um dos meus clientes, uma enorme companhia de seguros mútuos — a que chamarei aqui de Fundamental Life — apresentou o seguinte desafio. Por lei, as companhias de seguros mútuos são obrigadas a enviar demonstrações periódicas aos titulares descrevendo a natureza de seus investimentos, taxas de retorno, fatores de risco e assim por diante. Uma demonstração trimestral comum tem 24 páginas impressas em um corpo de letra minúsculo. Visto que a Fundamental tem vários milhões de clientes, as despesas operacionais decorrentes da produção e do envio pelo correio dessas demonstrações são significativas — chegam a centenas de milhões de dólares por ano. Os atuais regulamentos exigem que essas demonstrações sejam impressas em papel e enviadas individualmente aos titulares das apólices: soluções que utilizam a Web ou *e-mails* não são permitidas. Para aumentar ainda mais a frustração dessa companhia, sondagens realizadas com os clientes revelaram que a maioria dos titulares das apólices não lê esses relatórios. A alta direção da Fundamental desejava encontrar um meio de reduzir os custos dessas demonstrações obrigatórias e, ao mesmo tempo, satisfazer esses compromissos legais. Uma equipe interfuncional, representativa da direção, do atendimento ao cliente, do jurídico e de outras áreas, já estava tentando solucionar esse problema havia dois anos, mas até então nenhum resultado substancial havia sido obtido; o problema permanecia incurável.

Quando eu e meus colegas na ***think*^{X}** fomos levados para lá, reunimos uma pequena subdivisão dessa equipe interfuncional e examinamos rapidamente com os membros dessa equipe uma versão bem mais dinâmica do MPP, usando uma abordagem a que chamamos de *Galeforce (Força do Vendaval)* (consulte a página 239).

Pedimos aos membros da equipe para que mantivesse o problema bem vivo na mente. Quais perguntas eles poderiam levantar que os conduziriam para o lado **oposto** da solução do problema? As sugestões foram variadas: "Como poderíamos fechar os olhos para esse problema?"; "Como poderíamos tornar esse problema ainda pior?"; "Como poderíamos quebrar essa lei?" ou "Como poderíamos desamparar os clientes?". Essa última pergunta deu passagem para a idéia de deixar que os clientes se arranjassem sozinhos, o que, por sua vez, levou à idéia de possibilitar que os clientes elaborassem suas próprias demonstrações. Por lei, as demonstrações não podiam ser **enviadas** *on-line*, mas nada impedia os clientes de escolher e filtrar as informações que desejavam receber, usando uma ferramenta *on-line*. Se os clientes recebessem apenas as informações que houvessem selecionado, a correspondência média diminuiria de 24 para 6 páginas, uma enorme possibilidade de economia, comparativamente à abordagem de "tamanho único".

Em menos de 12 horas a sessão do Galeforce trouxe à tona uma possível solução. Ainda era necessário despender diversos dias para calcular de que forma essa abordagem poderia ser implementada, quais exigências regulamentares tinham de ser conciliadas e com que recursos eles bancariam um projeto piloto. Para testar o conceito, um projeto piloto em escala foi implementado em uma única região geográfica. O *feedback* dos clientes foi positivo, e os obstáculos regulamentares foram transpostos. Os resultados do piloto propunham que a empresa poderia economizar até US$ 12 milhões por *mailing* (envio pelo correio). Essa solução simples, para um problema complexo, talvez a princípio não pareça revolucionária, mas essa iniciativa da Fundamental foi tomada dois anos antes do Fórum Econômico Mundial de Davos de 2007, ocasião em que o conceito de soluções orientadas ao cliente foi marcado como a futura tendência no âmbito das inovações. Para a Fundamental, o fato de os clientes poderem conceber e estruturar suas próprias demonstrações informativas era inquestionavelmente *tenkaizen*. A economia de custos e a maior satisfação dos clientes é uma prova de que valeu a pena, e isso tudo representa para a empresa uma nova vantagem de *marketing*. Se os clientes optarem por não usar a Internet, ainda assim poderão receber automaticamente o relatório completo.

O pensamento produtivo não precisa levar anos para gerar idéias que mereçam ser exploradas. É bem provável que algumas delas estão bem na frente do nosso nariz.

O pensamento produtivo — esse admirável equilíbrio alternado do pensamento criativo e do pensamento crítico — pode transformar o mundo. E já o fez. Imagine um *thaumatrope*. Uma face representada como o sol: amarelo, radiante, criativo; a outra, como o mar: azul, profundo, contemplativo. O sol e o mar ficam apartados, um em cada lado do disco. Contudo, quando giramos o disco, criamos algo completamente novo, que não é sol nem mar, não é amarelo nem azul. **É verde!**

CAPÍTULO 4

Estender-se no problema

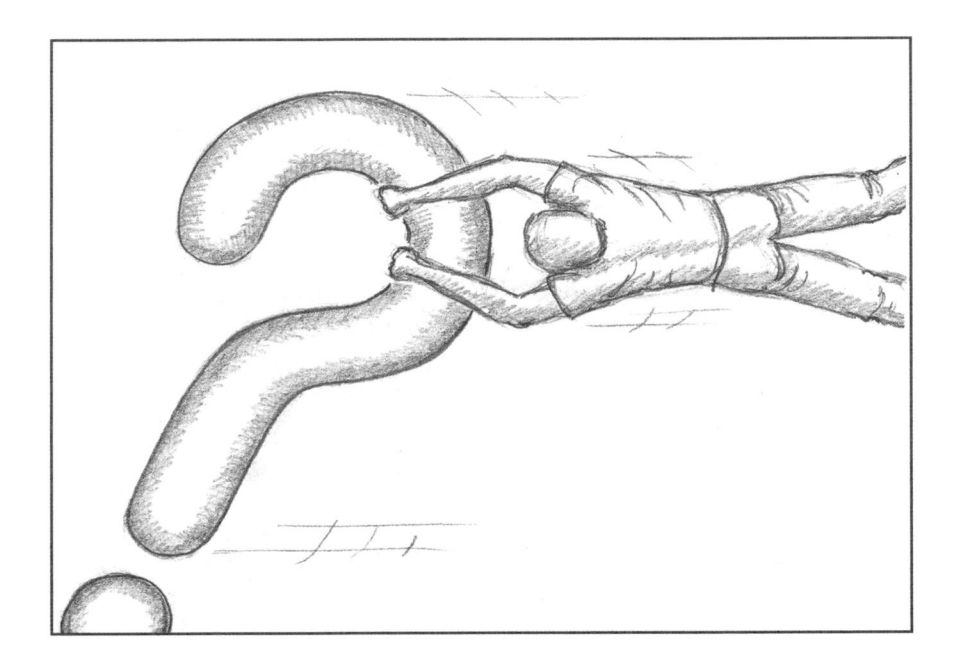

*"Os computadores são inúteis!
Eles conseguem nos dar apenas respostas."*
Pablo Picasso

No pensamento produtivo não podemos nos lançar às respostas, mas hesitar. Devemos continuar a fazer novas perguntas mesmo quando as respostas às anteriores pareçam evidentes, extremamente óbvias, notadamente corretas. Uma das características dos pensadores produtivos é a capacidade de conter o próprio ímpeto de se precipitar a responder, o ímpeto de querer saber. Eles têm consciência de que **concordar** com uma resposta pode ser a mesma coisa que se **conformar** com uma resposta.

Estender-se no problema significa aceitar a **ambiguidade**. Aceitar a ambiguidade significa estar aberto às possibilidades.

Minha mãe detestava o inverno. Todos os anos, em seu aniversário, 7 de janeiro, ela costumava pegar o calendário e marcá-lo regressivamente a partir de 21 de março, e anunciar: "Só faltam 73 dias para a primavera!". Então, todas as manhãs, ela fazia um xis no dia e anunciava a nova contagem com uma alegria cada vez maior. Para minha mãe, a chegada da primavera representava o degelo do inverno, nova vegetação e clima agradável. O único problema com a expectativa de minha mãe era que vivíamos em Nova York e, como todo mundo que já viveu no noroeste dos EUA sabe, 21 de março não é uma data que alguém possa garantir que fará bom tempo. Algumas de nossas maiores nevascas ocorreram em março. Mas isso não importunava minha mãe. Para ela, a resposta à pergunta "Quando é que o tempo vai melhorar?" era 21 de março. Essa resposta eliminou apenas um pouco a ambiguidade de sua vida.

Todos nós temos o hábito de supor que os rótulos e as classificações que atribuímos às coisas são tais e quais as coisas em si mesmas. Mesmo sabendo que o tempo não mudará milagrosamente apenas porque o calendário muda do inverno para a primavera, o **conceito** de primavera, a categoria que criamos para isso em nossa mente, tem um poder impressionante. Nós associamos a primavera com uma temperatura mais quente, flores germinando e odores refrescantes. Inversamente, o fato de ainda não ser primavera é uma maneira de explicar o tempo ruim e as ruas lamacentas.

Nós, seres humanos, estamos a todo tempo procurando respostas que possam estirpar a ambiguidade de nossa vida. Para alguns de nós, "Ela é de virgem" é uma resposta à pergunta: "Por que fulana tem essa compulsão por organização?". Para outros, "As coisas ruins sempre vêm acompanhadas, uma atrás da outra" é a resposta à pergunta: "Por que fulano arrebentou seu carro depois de perder o emprego e terminar com a namorada?". E para alguns outros, "Por causa da conspiração judia internacional" é a resposta à pergunta "Por que minha vida não é como gostaria que fosse?". (No caso dessa última, podemos substituir por uma série quase infinita de respostas diferentes, incluindo os muçulmanos extremistas, os comunistas, os capitalistas, os senhores das drogas colombianos, os senhores feudais, os fundamentalistas, os artistas do *hip-hop*, os homossexuais, os brancos, os negros, os imigrantes, neoconservadores, os anarquistas, os americanos ou o papa, dependendo de suas preferências.)

> *Estender-se no problema significa aceitar a ambiguidade. Aceitar a ambiguidade significa estar aberto às possibilidades.*

A questão não é que todas essas respostas sejam simplistas, embora na realidade sejam. Ou que não dêem uma explicação adequada, embora de fato não dêem. Ou mesmo que não estimulem falsas convicções, embora na verdade estimulem. O problema real é que elas nos fazem parar de pensar.

Paradoxalmente, o ímpeto de querer saber talvez seja um dos obstáculos que mais ameaçam o pensamento produtivo. As pessoas que "sabem" podem nos dizer todas as coisas que não podem ser feitas e por que não podem ser feitas. As pessoas que "sabem" não necessitam aprender porque já têm as respostas. As pessoas que "sabem" estão preenchidas — ou talvez simplesmente consumadas. Na maioria dos casos, as pessoas que "sabem" são também pessoas que "não sabem". Contudo, esperteza ou "intenção de saber tudo" não é a mesma coisa que conhecimento. A esperteza é selada; nada consegue penetrá-la. O conhecimento é manifesto. A esperteza considera o desafio uma ameaça. O conhecimento considera o desafio uma oportunidade. A esperteza é uma porta levadiça que nos ajuda a ter a sensação de proteção. O conhecimento é uma estrada que nos conduz a novos horizontes.[1]

No pensamento produtivo, não devemos nos precipitar nas respostas, mas hesitar, continuar fazendo perguntas mesmo quando as respostas nos pareçam óbvias. George Bernard Shaw fez a seguinte observação: "Nenhuma pergunta é tão difícil de responder quanto aquela cuja resposta é óbvia". Estender-se na ambiguidade de não ter resposta alguma força-nos a pensar em possibilidades alternativas. O brilhante físico inglês David Bohm reproduziu Shaw ao dizer: "Estender-se na ambivalência dá ao criador acesso a [...] nuanças normalmente obscurecidas por nossos padrões de pensamento polarizados".[2]

Resistir ao ímpeto de querer saber significa prolongar-se na dúvida. Isso é difícil de fazer por dois motivos. Primeiramente, nosso cérebro é fisicamente estruturado e programado para categorizar os estímulos sensoriais provenientes do universo ao nosso redor: ele adapta com esforço, como se usasse uma "calçadeira", o que vemos, ouvimos, cheiramos, tocamos e provamos pelo paladar em padrões reconhecíveis de visão, som, cheiro, tato e sabor. Em segundo lugar, tanto nosso sistema educacional quanto nosso sistema ocupacional tendem a recompensar mais as respostas do que o raciocínio. Biologicamente e socialmente, estamos condicionados a saltar para as conclusões.

Na língua inglesa e em outros idiomas, os neologismos são frequentemente introduzidos quando nenhuma palavra existente transmite de modo adequado um conceito. Um dos meus favoritos é a palavra *mondegreen*, cunhado por Sylvia Wright em um artigo escrito em 1954 na *Harper's Magazine*.[3] Quando criança, Wright escutara a canção folclórica escocesa *The Bonny Earl of Murray [O Belo Conde de Moray]*, que tinha os seguintes versos:

Ye Highlands and Ye Lowlands,
Oh where hae you been?
They hae slain the Earl of Murray,
And Lady Mondegreen.

[Ei vocês das alturas, ei vocês das planuras,
Oh, por onde andaram?
Assassinaram conde de Moray
E lady Mondegreen.]

Ou pelo menos era isso o que Wright pensava. Só anos mais tarde ela se deu conta de que o verso final não tinha nada a ver com uma desafortunada *lady* que morrera por seu lorde, mas com a maneira como os assassinos haviam deixado o corpo do conde: eles o deitaram na relva ("And laid him on the green"). Wright então definiu *mondegreen* como aqueles lapsos auditivos comuns que todos cometemos quando não temos muita certeza de uma palavra ou frase e a interpretamos de um modo que nos faça sentido. Para uma garotinha, a frase "And Lady Mondegreen" era a resposta à pergunta "Como posso compreender essa canção?".

Todos nós temos nossos próprios *mondegreens* — interpretações errôneas ou lapsos do ouvido —, com frequência associados a letras de música abafadas. Gavin Edwards compilou uma infinidade de *mondegreens* em seu livro intitulado *Scuse Me While I Kiss This Guy, and Other Misheard Lyrics [Desculpe-me Enquanto Beijo Este Cara, e Outras Letras Mal-Entendidas]*.[4] O título desse livro é um *mondegreen* de um verso da música *Purple Haze*, de Jimi Hendrix: *Scuse me while I kiss the sky [Desculpe-me, enquanto beijo o firmamento]*. Há algumas clássicas, como *Sweet dreams are made of cheese* (*Sweet dreams are made of these*, do Eurythmics)* e *The girl with colitis goes by* (de *The girl with kaleidoscope eyes*,

---

* "Doces sonhos são feitos de queijo", em vez de "Doces sonhos são feitos disso". (N. da T.)

dos Beatles).* E a minha favorita: *The ants are my friends, and they're blowin' in the wind* (de *The answer, my friends, is blowin' in the wind,* de Bob Dylan).** Uma grande amiga, que se criou em Toronto, lembra do pai e dos irmãos mais velhos torcendo por um time de hóquei chamado Make-Believes.***

Não interpretamos incorretamente frases como essas apenas para sermos espertos ou engraçadinhos. De fato precisamos dar a elas algum significado — ainda que incorreto — porque nossa mente não se sente nem um pouco confortável com o insolúvel. Estamos programados para tentar compreender o mundo.

As primeiras respostas são persistentes. Assim que atribuímos um significado, ficamos quase inevitavelmente atados a ele. Não importa quantas vezes Sylvia Wright tenha escutado aquela letra antes de aprender o verso correto, a imagem de *lady* Mondegreen expulsou a imagem do cadáver do desafortunado Moray em sítio dos comuns mortais.

Nossa mente detesta não poder interpretar, não poder se atracar a respostas. Quando de fato nos atracamos a uma resposta ou interpretação, efetivamente repreendemos todas as demais. Para obter um exemplo simples disso, observe a figura a seguir, que mostra o cubo de Necker, descoberto em 1832 pelo *cristalógrafo* suíço Louis Albert Necker.

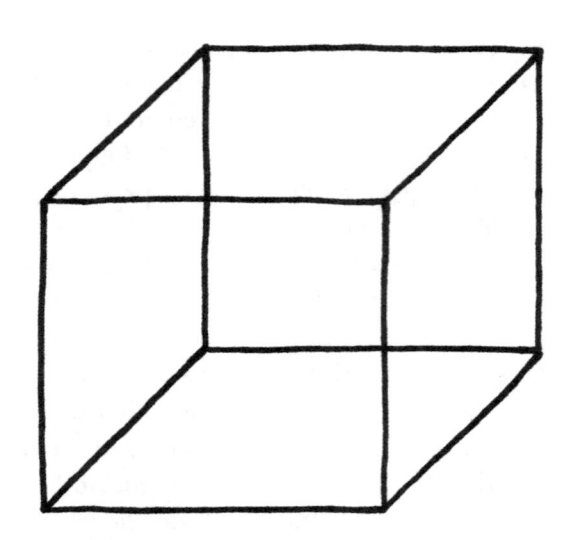

É possível ver o cubo de Necker de duas formas, mas apenas uma de cada vez.

---

* "A garota com colite passa ao lado", em vez de "A garota com olhos de caleidoscópio". (N. da T.)

** "As formigas são minhas amigas, e elas pairam no ar", em vez de "A resposta, meu amigo, paira no ar". (N. da T.)

*** O verdadeiro nome do time é Toronto Mapple Leafs (Folhas de Plátano). O substantivo *make-believe* significa pretenso, faz-de-conta. (N. da T.)

Enquanto desenhava formatos de cristal em uma dissertação que estava a escrever, Necker descobriu que, quando não existe nenhuma pista sobre uma perspectiva, como sombras, solidez ou figuras com dimensão reduzida, a perspectiva do cubo parece alternar ininterruptamente no espaço. A mente resolve a ambiguidade no desenho alternando a interpretação que ela faz do cubo. Podemos ver uma perspectiva (o cubo visto de cima para baixo) ou a outra (o cubo visto de baixo para cima) e mudar de uma para outra. Porém, por mais que tentemos, provavelmente não conseguiremos ver ambas ao mesmo tempo.

A resposta à pergunta "Em que ponto estamos em relação ao cubo?" pode ser acima ou abaixo dele, mas não ambas.

Talvez você considere esses exemplos banais, pois demonstram somente reações reflexivas a ambiguidades visuais e auditivas. Eles apenas ilustram a aversão do cérebro fisicamente estruturado e programado a determinadas ambiguidades elementares. As ilusões auditivas e de óptica são simplesmente truques da mente subconsciente. Elas não têm muito a ver com processos de pensamento significativos e premeditados. Todavia, o impulso de simplificar, de concordar com respostas únicas, estende-se para todas as áreas de nosso pensamento.

Valendo-se das estruturas filosóficas de Immanuel Kant e Ludwig Wittgenstein, o psicólogo Walter Mischel demonstrou que tendemos a classificar as pessoas de acordo com certos traços de caráter fundamentais ou protótipos cognitivos, e não a enxergá-las como personalidades complexas, com comportamentos altamente variáveis que dependem das situações em que elas se encontram, de seu estado de ânimo, de sua condição de saúde e assim por diante. Mischel descreve essa nossa tendência a simplificar como uma espécie de "válvula redutora" que nos possibilita compreender o mundo e impor uma uniformidade ou consistência falsa, mas confortante sobre a personalidade das pessoas com as quais interagimos.[5]

Tente se lembrar de alguém que você conheça razoavelmente bem. Agora, imagine como você descreveria essa pessoa a alguma outra. As chances são de que você descreva Jan, Pat ou Adrian como uma pessoa agradável, difícil e brincalhona, respectivamente. Porém, o que ocorre quando Jan se depara com uma situação irritante e começa a gritar com os filhos ou Pat brinca com um cachorrinho e fala como Betty Boop ou Adrian acorda às cinco da manhã para fazer os afazeres domésticos antes de pegar o metrô para o trabalho? Será que essas pessoas continuam agradáveis, difíceis ou brincalhonas? Não tendemos a classificar Jan como uma pessoa que pode ser agradável algumas vezes e um tanto desagradável outras vezes. Supomos que um traço seja dominante, que de fato é agradável, mas ocasionalmente se irrita. Na realidade, todos nós somos bem mais complexos do que normalmente as pessoas nos consideram. As pessoas em geral são divertidas e irritadas, hostis e generosas e afetuosas e implacáveis em algum momento ou outro. Nosso gênio depende em grande medida das circunstâncias com as quais nos deparamos. É difícil ser engraçado quando estamos fazendo nossa declaração de imposto de renda, mas é fácil ser engraçado no dia seguinte, no jantar, enquanto contamos aos amigos sobre nossa impaciência diante da necessidade de cumprir esse compromisso.

A despeito da incalculável complexidade e inconsistência de cada um dos seres humanos que viermos a conhecer algum dia, como Mischel observa, nossa válvula redutora nos compele a pensar em nossos amigos e conhecidos em termos mais simplistas. Nossa vida fica bem mais fácil quando fazemos isso porque, em vez de precisar avaliar cada pessoa que conhecemos em todas as situações em que a virmos, pensamos nela de uma maneira particular e reagimos correspondentemente. Não precisamos requalificá-las o tempo todo. Rotulamos uma pessoa de mentirosa em vez de dizermos que ela mente em determinadas ocasiões. Obviamente, é bem possível que, na maioria das vezes, Jan seja bastante agradável e apenas de vez em quando petulante, mas o provável motivo disso é que Jan sabe controlar muito bem seu ambiente e comporta-se em uma zona de conforto que lhe possibilita ser a pessoa que é mais suscetível a ser. Jan não tem um bom conceito de si particularmente quando está gritando. Por isso, tende a evitar situações que atiçam sua raiva. Portanto, para a maioria de seus amigos, a resposta à pergunta "Quem é Jan?" é "Um cara agradável". (A propósito, antes das duas últimas sentenças, sua resposta à pergunta "Quem é Ian?" teria sido "Uma mulher", não teria? E que gênero você atribuiu a Pat e Adrian?)

> *No pensamento produtivo, não devemos nos precipitar nas respostas, mas hesitar, continuar fazendo perguntas mesmo quando as respostas nos pareçam óbvias.*

Com respeito à caracterização de algum grupo, nossa válvula redutora consegue realmente nos meter em apuros. Como é fácil e deprimente para a maioria dos seres humanos, em especial quando estão tensos, tirar conclusões do tipo: os pobres são..., os ricos são, a alta administração é..., os trabalhadores da produção são..., os velhos são..., os jovens são..., as mulheres são..., os homens são..., os homossexuais são..., os heterossexuais são..., os doentes são..., os saudáveis são...

Mesmo quando pensamos sobre nós mesmos, usamos a válvula redutora para restringir a ambiguidade. Atracamo-nos a autodescrições que não levam em conta nossa própria complexidade ou quanto nossos temperamentos podem variar de um contexto para outro. Aquele velho conselho de que a única pessoa com a qual podemos contar é nós mesmos é aplicável somente quando o *self* (eu) é consistente, e a única maneira de ele ser consistente é sendo inequívoco e absoluto. Em seu livro A *Sociedade da Mente (The Society of Mind)*, Marvin Minsky, co-fundador do Laboratório de Inteligência Artificial do Instituto de Tecnologia de Massachusetts (MIT), afirma o seguinte: "Uma das funções do *self* é impedir que mudemos muito rapidamente".[6] De acordo com Minsky, nossa percepção de self é uma forma de nos mantermos constantes, para que assim possamos confiar em nós mesmos. Se mudássemos nossa mente muito rapidamente, talvez nunca soubéssemos qual seria nosso desejo em seguida e jamais seríamos capazes de concluir alguma coisa. Para darmos um exemplo simplista, se nosso ativo *self* matutino planeja ir ao supermercado após o trabalho para fazer compras para o fim de semana, não queremos que nosso cansado e letárgico *self* vespertino nos diga: "Ah, que droga, vou fazer isso amanhã". Se quisermos ter comida em casa, nosso *self* pós-trabalho tem de nos lembrar dos planos que nosso *self* matutino gostaria que puséssemos em prática. Para o *self* fazer isso, ele presume que existe uma consistência entre ambos, a despeito do fato de serem bem diferentes. Tendo em vista nossa aversão pela ambiguidade, a afirmação do *self* "Sou eu" também se torna a resposta à pergunta "Ei, quem está no comando aqui?".

Dada a nossa dependência quase obsessiva de rótulos e classificações para nos dizer quem somos, não é de surpreender que tantas pessoas tenham passado pelo menos por um teste psicológico ou de tipologia. Segundo estimativas, o setor de definição de perfis psicológicos na América do Norte está avaliado em três bilhões de dólares.[7] Podemos traçar nosso perfil na escola, no trabalho, em um programa de treinamento, em um livro de auto-ajuda, em revistas populares e mesmo em reuniões sociais com o pretexto de fomentar conversas. Seja qual for o grau de profissionalismo na formulação desses instrumentos, invariavelmente nos deparamos com perguntas que não conseguimos responder com precisão. Somos solicitados, por exemplo, a marcar "sim" ou "não" em afirmações como: "Gosto de ficar sozinho", "Gosto de dedicar meu tempo aos meus afazeres" ou "Eu consigo me entender bem e ter um bom relacionamento com as outras pessoas". E nós dizemos a nós mesmos: "É, algumas vezes sim, outras vezes não: depende de como estou me sentindo, se tenho um prazo, quem são essas 'outras' pessoas, o que comi no café-da-manhã e milhões de outras coisas!". Porém, respondemos a essas perguntas porque não existem opções intermediárias. Quando recebemos nossa avaliação, ela indica que nosso tipo psicológico principal é *Highly Rational Sensate* [pessoa com grande percepção racional] e nosso subtipo é *Adaptive Social Striver* [pessoa que se esforça para ter um ajustamento social adaptativo]. De repente, nos esquecemos de que fomos ambivalentes em relação às respostas de várias perguntas, que em outro dia teríamos dado respostas diferentes. Em geral sentimos tanta aversão pela ambiguidade que ficamos até inclinados a nos auto-rotular de "HRS/ASS" [leia-se *horse's ass*, isto é, traseiro do cavalo] ao responder à pergunta "Quem sou eu?".

A ambiguidade é tão perturbadora para a maior parte dos seres humanos que pode até transformar surpresas boas em decepções. Ao sentirmos uma torturante dor abdominal, resolvemos fazer uma visita ao médico. Embora não sejamos hipocondríacos, uma voz indistinta bem lá no fundo da nossa mente, que tentamos ignorar porque não queremos que seja verdade, nos diz: "É câncer". O médico não consegue diagnosticar a tal dor, e nos pede alguns exames. Uma semana depois, somos chamados para saber o resultado. Na sala de espera, aquela pequena voz continua murmurando aos nossos ouvidos. Quando por fim entramos no consultório do médico, ele sorri e nos diz que os exames foram todos negativos. E o que ocorre em seguida? Nosso alívio imediato ("Ufa, não é câncer!") pode dar lugar a uma estranha sensação de desconforto. Ainda não sabemos de onde provém aquela dor esquisita! Deve haver alguma explicação em algum lugar. Talvez **seja** câncer e eles simplesmente não conseguiram detectar. Talvez seja algo pior. Com certeza eles conseguirão encontrar a causa. Sentimo-nos decepcionados por não obtermos uma resposta definitiva.

Incerteza significa aflição. Surpreendentemente, em alguns casos ela é bem mais aflitiva do que a morte. Em 7 de fevereiro de 2002, a polícia da província canadense Colúmbia Britânica pôs fim a um dos casos mais horrendos de assassinato em massa na América do Norte quando foram descobertos restos mortais humanos em uma fazenda de criação de porcos perto da cidade Port Coquitlam. No decorrer dos anos, desapareceram 50 trabalhadores de rua perto de um local próximo a Vancouver, e temia-se que, naturalmente, tivessem sido sequestrados e assassinados. Durante quatro anos, esse mistério permaneceu insolúvel. Famílias e amigos vasculharam incessantemente uma área de crimes e vícios na zona leste de Vancouver para obter notícias dos entes queridos. Lynn Frey, mãe de uma das mulheres que haviam desaparecido, tendo recebido um telefonema da polícia para notificar a descoberta dessa fazenda de criação de porcos, comentou: "Meu coração virou pedra. Espero que não soe insensível. Não sei de que outra forma dizer isso, mas tenho esperança... de que eles encontrem os corpos. Nesses anos todos, sempre tentei manter bem lá no alto minhas esperanças de que poderia encontrá-la, mas infelizmente vi tudo despencar como um elevador em queda. Preciso de um fecho para conseguir tocar minha vida. Quantas vezes uma mãe pode suportar isso?". Para Lynne Frey e incontáveis outros pais cuja dor é aliviada pelo fecho da certeza, até mesmo a resposta "Morto" à pergunta "Cadê meu filho?" pode ser preferível a "Não sei".[8]

Parece não haver dúvida de que, conscientemente ou não, os seres humanos são capazes de fazer qualquer coisa para evitar a ambiguidade do não saber.

E isso é um problema. Porque essa é uma tendência que põe fim à falta de conforto e apaziguação do pensamento produtivo.

Não muito tempo atrás, participei de uma reunião no escritório de um de meus clientes. O objetivo aparente da reunião era fazer a programação de um retiro estratégico que estava para ocorrer e que eu conduziria. Nessa reunião estavam o diretor-executivo, vários de seus subordinados diretos, a gerente de projetos da empresa e duas pessoas da equipe de assistência da ***think*^{X}**. Era minha primeira reunião com o diretor-executivo, cuja reputação era de um homem simpático, lúcido e resoluto. E eu estava ansioso por participar dela.

A gerente de projetos abriu a reunião apresentando todas as pessoas presentes, expondo os objetivos do retiro estratégico e especificando a programação de nosso encontro de planejamento. Em seguida, disse que a primeira coisa que gostaria de fazer seria promover um *brainstorming* sobre a programação do retiro estratégico. Nesse momento, o diretor-executivo entrou na conversa, dizendo: "Não se preocupem. Já pensei em tudo". E a partir daí começou a delinear a programação do retiro da maneira como ele havia visualizado. Esse homem não estava tentando conscientemente pôr fim à conversa. Na verdade, ele evidentemente pensou que estava sendo útil. Entretanto, estava absolutamente convencido de que havia vasculhado todas as alternativas possíveis e de que não havia nada mais a pensar. A cultura da empresa era tal, que ninguém mais na sala questionou sua concepção, exceto, é claro, os de fora — nós, da ***think*^{X}**. Depois de um ligeiro e delicado sapateado, em algum momento conseguimos discutir a programação, mas antes foi preciso estabelecer um rumo, um tom. Em vez de uma boa sessão de pensamento produtivo na qual as pessoas pudessem oferecer idéias úteis e instigantes que provavelmente teriam desviado o retiro de planejamento estratégico daquele mesmo e velho formato que durante anos seguira, a reunião deu lugar a um popular jogo corporativo: "Adivinha o que o chefe está pensando". (Em algum momento de fato ajudamos a transformar tanto o formato quanto os resultados do retiro de planejamento estratégico, mas foram necessárias várias reuniões reservadas com o diretor-executivo para que pudéssemos chegar a esse ponto.)

Incerteza significa aflição. Surpreendentemente, em alguns casos ela é bem mais aflitiva do que a morte.

Visto que o diretor-executivo sentia-se pouco à vontade para se estender no problema, tanto ele quanto seus subordinados diretos sempre caíam na armadilha de pensamento do "satisfatório".* O conceito de satisfatório foi primeiramente proposto na década de 1950 pelo brilhante polímata Herbert Simon, cujo pensamento inovador transpôs os campos da economia, da psicologia cognitiva, da filosofia, da ciência da informação e da tomada de decisões. O satisfatório representa a condição de estarmos nos sentindo tão inquietantes com uma situação sem solução ou problemática — em outras palavras, com a condição de não sabermos — que saltamos para a primeira resposta que nos expurga dessa angústia aflitiva. Assim que nos atracamos a essa resposta, tendemos a nos manter fiéis a ela.

Além dessa nossa tendência natural para o satisfatório, as vantagens sociais do satisfatório são inculcadas em nós e reforçadas praticamente desde o momento em que começamos a nos socializar. Com o satisfatório, sentimos maior facilidade de nos "adaptarmos/encaixarmos". Na escola, nos ensinam que só existe uma única resposta correta. Dois mais dois sempre serão igual a quatro, embora uma de nossas primeiras brincadeiras na escola primária seja provavelmente responder: "Não, é vinte e dois!".

Em algum momento de sua trajetória escolar, talvez você tenha passado pelo Exame de Analogias de Miller.** Vejamos um exemplo comum:

ANDAR está para **PERNA** assim como
a. **PISCAR** está para **OLHOS**
b. **MASTIGAR** está para **BOCA**
c. **CAPA** está para **LIVRO**
d. **VESTIDO** está para **BAINHA**
e. **FALAR** está para **NARIZ**

Qual é a resposta correta? Eu consigo encontrar prós e contras para pelo menos três delas. **piscar:olhos** pode ser uma boa opção. Temos dois olhos e ambos podem piscar individualmente. Mas talvez não. Eles piscam sincronizadamente. Ao passo que, no caso das pernas, uma faz o primeiro movimento, depois

---

* O termo original cunhado pelo economista americano Herbert Simon é *satisficing*, estratégia que contrapõe o satisfatório e a maximização em um processo de tomada de decisão, caso em o que se procura atender são as exigências mínimas satisfatórias para atingir um objetivo, pois na otimização os processos são mais complexos do que os meramente satisfatórios. (N. da T.)

** Originalmente denominado Miller Analogies Test (MAT) e criado por W. S. Miller, esse exame de analogias verbais é usado nos EUA principalmente para admissão escolar. O MAT consiste em 120 perguntas, as quais seguem a fórmula AS : B:: C: D (A está para B assim como C está para D). Um dos termos deve ser completado com uma das quatro opções oferecidas. Por exemplo, em "**Bach** está para (:) a **música** assim como (::) **Monet** está para (:) _____", dentre as quatro opções (a. pintura; b. composição musical; c. literatura; e d. oratória). (N. da T.)

a outra. E que tal **mastigar:boca**? A boca obviamente faz os movimentos de mastigação e, nesse processo, pontos da mandíbula se articulam, mais ou menos como as pernas fazem nas juntas do quadril. Entretanto, a mastigação não nos leva a lugar nenhum. Minha resposta predileta é **falar:nariz**. Falar e andar são verbos. Perna e nariz são partes do corpo. Ambas as palavras têm o mesmo número de letras (tanto uma em relação a outra quanto em relação a **andar e perna**). Se procurássemos a analogia correta do ponto de vista ortográfico, essa seria uma ótima opção. Infelizmente, é provável que perdêssemos pontos ao fazer essa escolha. Quanto mais criativos somos, mais nos debatemos com esses tipos de teste. Para mim, é triste constatar que tantas convenções para testar nossa "inteligência" em geral punam os alunos criativos e corajosos o bastante para **sugerir mais de uma resposta "correta"**.

Parece não haver dúvida de que, conscientemente ou não, os seres humanos são capazes de fazer qualquer coisa para evitar a ambiguidade do não saber.

Além disso, as pessoas podem até passar a mão na nossa cabeça ou nos dar um tapinha nas costas por conseguirmos dar essa resposta correta rapidamente: quanto mais rápido conseguimos responder, mais inteligentes somos. Esse impulso para a singularidade e agilidade permanece vivo em nossa vida adulta. Nos negócios, o gerente bem-sucedido é aquele que é resoluto e sempre tem a resposta correta. Não é de admirar que o diretor-executivo sinta-se pouco à vontade em se estender no problema. Em toda a sua vida, ele foi treinado para acreditar que agir dessa forma é um sinal de fraqueza.

Contudo, estender-se na dúvida, aceitar a ambiguidade, aceitar o não-saber, é uma das habilidades de raciocínio mais poderosas que podemos desenvolver. Quanto mais colocamos algo em dúvida, indagando repetidamente a esse respeito, mais convenientes nossas respostas derradeiras serão. Herbert Simon gostava muito de dizer que as primeiras idéias normalmente não são idéias sob hipótese alguma: elas são um pouco mais que regurgitações dos padrões que já temos. As idéias surgem simplesmente porque residem muito próximo da superfície ou do plano da consciência. Elas pouco têm a ver com o pensamento produtivo. Elas são pura e simplesmente recordadas.

Portanto, indague. Estenda-se em suas indagações o máximo que conseguir. Pergunte por que as coisas são como são. Pergunte como as coisas poderiam ser diferentes. Depois, pergunte por quê e novamente por quê. E uma vez mais. Prolongue-se na dúvida até que consiga ver o imenso panorama de respostas possíveis. Nossa mente é como um baú de tesouros em forma de idéias e inspirações e *insights* (lampejos) que ricocheteiam e ressoam por meio das centenas de bilhões de conexões neurais de que dispomos. Às vezes, precisamos apenas esperar que elas apontem no horizonte.

CAPÍTULO 5

O milagre do terceiro terço

"*A melhor maneira de ter grandes idéias é ter muitas idéias — e em seguida descartar as que não prestam.*"
Linus Pauling

O milagre do terceiro terço 69

Se você algum dia já vestiu uma parca, uma jaqueta para ocasiões especiais ou uma jaqueta de esqui L. L. Bean, Bass Pro ou North Face... Se você algum dia já usou botas Mephisto ou Wolverine em suas caminhadas... Se você algum dia já usou tênis Nike, Adidas, Reebok ou Puma em suas atividades esportivas... Se você algum dia já aqueceu suas mãos com luvas Mountain ou Mitts da Burton... Se algum dia você já se manteve sequinho com uma capa de chuva da Lands' End... Se algum dia você já vestiu Gore-Tex.

Gore-Tex é um maravilhoso tecido cuja parte externa é à prova de vento e de água e cuja parte interna permite que o calor e o vapor da transpiração saiam. Ele é fabricado pela W. L. Gore & Associates, uma das empresas mais inovadoras do mundo, sempre classificada como uma das melhores empresas para se trabalhar nos vários países nos quais ela conduz suas atividades. Fundada por Bill e Vieve Gore em 1958, no porão de sua casa em Newark, Delaware, a W. L. Gore agora fabricam mais de mil produtos. Talvez você já conheça os inovadores produtos médicos da W. L. Gore, como enxertos e próteses vasculares e artérias sintéticas. É bem provável que já tenha ouvido falar de suas revolucionárias cordas Elixir para violão e guitarra. Talvez você saiba que os produtos dessa empresa já estiveram na Lua e aterrissaram em Marte. Contudo, é provável que ainda não conheça a descoberta da W. L. Gore mais surpreendente de todas, capaz de mudar as regras do jogo.

A principal característica da cultura corporativa da W. L. Gore é concentrar-se continuamente no futuro a longo prazo. Em uma entrevista concedida à revista *Wired*, em 2004, Bob Doak, diretor da unidade da W. L. Gore em Dundee, Escócia, disse o seguinte: "É imensa a paciência da Gore em relação ao tempo necessário para acertar e entrar no mercado. Quando existe algum vislumbre de esperança, somos incitados a dar sequência ao projeto e examinar seu potencial para se tornar algo importante".

A tecnologia básica do Gore-Tex foi descoberta por Bob Gore, filho de Bill Gore, em 1969. A primeira fibra de Gore-Tex foi fabricada em 1972. O primeiro pedido comercial desse tecido foi feito apenas em 1976. A despeito das excelentes críticas recebidas, dos inúmeros prêmios da área tecnológica e das aplicações estendidas aos setores médico e aeroespacial, as vendas do tecido Gore-Tex cresceram apenas modestamente a partir de 1989. Foi nessa época que a W. L. Gore introduziu no mercado sua extraordinária descoberta, que nada tinha a ver com tecnologia.

Uma das barreiras comerciais mais significativas enfrentadas pela W. L. Gore foi o fato de o Gore-Tex ser um componente e não um produto acabado. Ninguém compra casacos Gore-Tex de proteção contra o vento; compram-se casacos contra o vento da marca Boathouse. Ninguém compra botas Gore-Tex; compram-se botas da marca Merrell. Quando uma empresa fabrica produtos componentes, não vende diretamente aos consumidores; vende para outras empresas. E, para fazer isso, é necessário persuadir inúmeras pessoas avessas à mudança na cadeia de abastecimento — fabricantes, distribuidores e varejistas — de que pagar um valor extra para usar um determinado produto talvez faça sentido do ponto de vista econômico. Em 1989, a W. L. Gore descobriu como conseguir esse intento. Para convencer seus clientes, persuadiria os consumidores de seus clientes. A W. L. Gore deu um passo extraordinário ao divulgar os benefícios de seu tecido diretamente aos usuários finais. Para isso, criou a promessa de marca e o *slogan*: **Guaranteed to keep you dry**, assegurando ao consumidor a capacidade de impermeabilidade do produto. Quase da noite para o dia, os varejistas começaram a informar que os clientes estavam esvaziando as prateleiras de produtos Gore-Tex. As marcas que não tinham essa garantia viram a demanda por seus produtos despencar. No caso de alguns fabricantes, pegar carona na popularidade do Gore-Tex tornou-se uma questão de sobrevivência. Hoje, o tecido Gore-Tex é usado mundialmente e é o principal responsável pelo sucesso da empresa. Segundo Doak, o Gore-Tex se tornou "algo importante".[1]

Embora seja conhecida primordialmente por sua inovação tecnológica, a W. L. Gore exerce também grande influência sobre o *marketing*. O conceito pioneiro da empresa de se comunicar diretamente com os consumidores e, portanto, de criar uma "estratégia de *marketing* empurrada (*pull*)" para seus produtos foi adotado por centenas de outros fabricantes de produtos componentes, como a Intel, THX, Dolby e McNeil Nutritionals — nesse último caso, para o adoçante Splenda.

A campanha **Guaranteed to keep you dry** é um excelente exemplo de pensamento de terceiro terço.

Brainstorming e colesterol

O *brainstorming* é como o colesterol. Existe o bom e o ruim, e a maioria das pessoas só experimentou o ruim.

O *brainstorming* ruim ocorre mais ou menos assim:
- *Poderíamos reformular a linha de produção... De jeito nenhum! É muito caro. De mais a mais, não teríamos tempo para isso.*
- *Funcionários de meio período? . . . Não, o sindicato acabaria com a nossa raça.*
- *Poderíamos pagar hora extra a quem trabalhasse mais meio turno... Quem arcaria com essas despesas, você? Pode esquecer.*
- *Que tal simplesmente negociar um atraso com o cliente? . . . Só na sua cabeça.*
- *Poderíamos assumir a linha dois e tomar medidas depois para compensar a deficiência da produção... Sim, isso seria possível. Traga-me as especificações o mais rápido possível. OK, reunião encerrada. Já temos o que fazer.*

Parece-lhe familiar? Poderia redigir um capítulo inteiro para abordar o que está errado no exemplo que acabamos de expor, mas apresento uma versão simplificada:
- Não houve nenhuma distinção entre os diferentes tipos de pensamento. O pensamento criativo para gerar idéias foi interrompido friamente pelo pensamento **apreciativo** e **crítico**. As idéias estão sendo exterminadas antes mesmo de serem totalmente enunciadas.
- Essa sessão de forma alguma tem a ver com a geração de novas idéias. Na verdade, é uma versão do deplorável jogo corporativo "**advinha o que o chefe está pensando**". Todos os que estão na sala sabem disso. Portanto, tão logo alguém descubra e diga a palavra secreta do chefe, todos abaixam a cabeça e a reunião chega ao fim.
- Talvez o mais fatal em tudo isso seja que as pessoas que estão participando desse chuvisco mental (***braindrizzle***)* estagnam-se tão logo conseguem trazer à tona "a primeira resposta apropriada", considerando satisfatória a primeira idéia razoável que aparentemente solucionará o problema e conseguirá pôr fim a seu sofrimento.

O brainstorming é como o colesterol. Existe o bom e o ruim, e a maioria das pessoas só experimentou o ruim.

Inúmeras sessões de *brainstorming* acabam como essa — com as primeiras respostas "apropriadas", em geral frágeis.

O *brainstorming* bom é diferente, pois se fundamenta no princípio universal de apartar o pensamento criativo do pensamento crítico para gerar um extenso rol de possibilidades. Alex Osborn, gênio da publicidade que "criou" o conceito de *brainstorming* em 1941,[2] desenvolveu uma relação de quatro regras fundamentais para uma sessão eficaz de *brainstorming*:
- **Todo e qualquer tipo de crítica deve ser descartado.** As avaliações contrárias às idéias devem ser adiadas para um momento posterior.
- **A autonomia de ação e iniciativa é providencial.** Quanto mais disparatada e grosseira a idéia, melhor; é mais fácil domesticar uma idéia do que gerar uma nova.

---

* O termo *braindrizzle* (brain, cérebro/mental + *drizzle*, chuvisco) já tem sido empregado para representar a versão ruim do *brainstorming*, que significa tempestade de idéias ou tempestade mental ou cerebral. (N. da T.)

- **É necessário buscar a maior quantidade possível de idéias.** Quanto mais idéias, maior a probabilidade de haver idéias proveitosas.
- **Deve-se buscar justapor e aprimorar as idéias.** Além de contribuir com suas próprias idéias, os participantes devem dar sugestões sobre como as idéias das demais pessoas podem ser aprimoradas ou como duas ou mais idéias podem ser associadas para gerar outra.[3]

Pesquisas já demonstraram que, no bom *brainstorming* proposto por Osborn, o **primeiro terço** da sessão tende a produzir idéias **triviais** e já pensadas por todo mundo. Essas idéias são pensamentos prematuros que se encontram bem próximos da superfície da consciência. Em geral, não são, em hipótese alguma, idéias novas, mas recordações de idéias anteriores já ouvidas em algum lugar. Basicamente, são pensamentos reprodutivos.

Normalmente, o **segundo terço** de uma sessão de *brainstorming* bom gera idéias que começam a superar as fronteiras. São idéias que frequentemente continuam sendo coagidas pelo que já sabemos, mas são mais do que simples regurgitações do que já ouvimos ou pensamos antes.

O **terceiro terço** é o local em que jazem os diamantes! São as idéias com potencial de ruptura que não raro abrem caminho para soluções inovadoras. São as **analogias inesperadas**. Enquanto no *brainstorming* ruim a tendência é estacionar na primeira idéia razoável e criticar todas as outras idéias a ponto de exterminá-las, no bom *brainstorming* estimula-se a produção de um extenso rol de idéias separando o pensamento criativo do pensamento crítico. O *brainstorming* ruim é binário; as idéias ou são boas ou são ruins. O *brainstorming* bom é recheado de possibilidades. No *brainstorming* ruim, nunca alcançamos o terceiro terço. No *brainstorming* bom, a meta é alcançar o terceiro terço.[4]

Quando as pessoas da W. L. Gore estavam tentando solucionar o enigma do fabricante de componentes, é improvável que a idéia de estabelecer um canal de comunicação direto com os clientes finais tenha surgido no primeiro terço de seu processo de pensamento. Os fatos que se desenrolaram foram os seguintes: temos um produto novo; ele é melhor do que qualquer outro no mercado, mas é um produto tão revolucionário que ainda não existe uma demanda bem-definida para ele. As empresas para as quais precisamos vender já estão comprometidas com outros fornecedores de tecido. Além disso, elas estabeleceram suas linhas de produção. Mudá-las levará tempo e custará dinheiro. O vestuário não é um setor voltado para a tecnologia; é um setor voltado para a moda.

Expomos aqui as idéias que provavelmente vieram à tona no primeiro terço do processo de pensamento da W. L. Gore:
- *Talvez pudéssemos incentivar os compradores corporativos dando-lhes grandes descontos.*

- *Poderíamos aprimorar nossos processos e garantir um tempo de entrega melhor do que o dos demais fornecedores de tecido.*
- *Poderíamos fazer uma excelente argumentação de vendas.*
- *Poderíamos fazer um filme promocional ou um vídeo para mostrar a alta qualidade do nosso tecido.*
- *Poderíamos tentar impressionar nossos clientes divulgando que fornecemos nosso produto à NASA.*

É bastante improvável que a idéia de se comunicar com os usuários finais tenha surgido durante essa fase do processo de pensamento da W. L. Gore. **Por quê?** Porque os fabricantes de componentes não fazem isso. Afinal de contas, quem por acaso ouviu falar em 1989 que a Pratt & Whitney anunciou seus motores a jato aos viajantes de avião? Para que uma empresa como a Magna International, um dos maiores fabricantes de componentes automobilísticos do mundo, promoveria suas maçanetas de porta ou seus compartimentos para cabine de navegação aos compradores de carros? Quem se importa com a empresa que fabrica a tinta para as canetas Bic?

O segundo terço do processo de pensamento da W. L. Gore provavelmente foi um pouco mais interessante e deve ter gerado idéias do tipo:

- *Talvez devêssemos procurar os fabricantes que estejam enfrentando algum problema e precisem de algo novo. Poderíamos criar nossas próprias linhas de roupas para demonstrar o que é possível fazer?*
- *Que tal nos esquecermos totalmente do mercado varejista e nos concentrarmos em vestuários técnicos no setor industrial? Talvez pudéssemos focalizar uma área de especialidade, como o esqui.*

Essas idéias são mais interessantes. Elas fogem da tendência natural de examinar custos e desempenho da cadeia de abastecimento. Aliás, talvez valha a pena explorar algumas delas.

As sessões de *brainstorming* bom, entretanto, não terminam no segundo terço. Elas vão mais além, ultrapassando o ponto em que os participantes começam a pensar: "É isso mesmo, somos impermeáveis e respiráveis. Isso é tudo o que temos". É precisamente na etapa de "somos impermeáveis e respiráveis" que ocorre a mágica, porque a essa altura as idéias anteriores já foram expulsas. É exatamente a frustração do esgotamento de idéias que possibilita o desenvolvimento das idéias do terceiro terço.

Para estimular os grupos a atingir o terceiro terço, eu e meus colegas na *think*^{X} empregamos as palavras **mais** e **outro(a)**.* De que **outra** forma poderíamos solucionar esse problema? Quem **mais** poderia participar? De onde **mais** a solu-

---

* No idioma inglês, o autor tem a felicidade de usar um único vocábulo para isso, *else* (*what else, who else, where else, how else...*). (N. da T.)

ção poderia partir? Em que [**mais**] ainda não pensamos a respeito? Esses termos são alguns dos mais eficazes no vocabulário do pensamento produtivo. Explicarei mais detalhadamente o poder produtivo de **mais** e **outro** no Capítulo 11.

Assim que todas as idéias "razoáveis" da W. L. Gore se exauriram, o pensamento de terceiro terço ou que utiliza as indagações "de que outra forma..." provavelmente deve ter gerado idéias do tipo:

- *Poderíamos patrocinar uma expedição ao Ártico.*
- *Poderíamos nos envolver com o setor varejista e vender apenas nossos próprios tecidos.*
- *Talvez pudéssemos dar a garantia de compensar quaisquer perdas com as quais os fabricantes tenham de arcar.*
- *Talvez pudéssemos voltar no tempo e obter uma fotografia de um astronauta treinando debaixo d'água e vestindo um traje com a etiqueta Gore-Tex.*
- *Talvez pudéssemos fazer com que o sindicato dos trabalhadores da indústria têxtil incluísse o Gore-Tex nas marcas fabricadas pelo sindicato.*

> O brainstorming ruim é binário; as idéias ou são boas ou são ruins. O brainstorming bom é recheado de possibilidades.

Poderíamos imaginar o que poderia ocorrer aqui. De repente, as idéias que são ligeiramente incomuns começam a estimular outras idéias mais estranhas ainda. Aí entram em campo as analogias. E provavelmente não muito tempo depois de alguém associar a idéia das marcas do sindicato com as garantias dos fabricantes e a possibilidade de a W. L. Gore passar a ser sua própria distribuidora no varejo e criar uma garantia Gore-Tex dentro das lojas.

- *Afinal de contas, os sindicatos conseguem se comunicar com o público comprador, por que não nós?*
- *Afinal de contas, se podemos oferecer a garantia de desempenho na entrega aos nossos compradores diretos, por que não podemos oferecer ao público garantia de desempenho das roupas?*
- *Afinal de contas, se conseguimos nos imaginar com interesses especiais pelo varejo, por que não imaginarmos que os varejistas têm interesses especiais por nós?*

Obviamente, não existe nenhuma garantia de que as idéias do terceiro terço serão geniais ou mesmo boas. Na realidade, é provável que a vasta maioria venha a se mostrar de má qualidade. Porém, é também verdade que maior será nossa possibilidade de gerar idéias brilhantes se percorrermos todo o caminho que nos leva ao terceiro terço, e não simplesmente nos atracarmos à primeira idéia que nos pareça "apropriada".

Suponhamos que estivesse contratando alguém para ser seu assistente particular. Colocaria anúncios, visitaria *sites* de empregos e contrataria os serviços de uma agência de colocação de pessoal. Durante várias semanas de procura, reuniria uma centena de currículos. Ao folheá-los, perceberia que o sexto currículo parece ser muito bom: qualificações adequadas, experiência aplicável à função, excelentes referências, além de bem escrito. Simplesmente pelo fato de ter achado um candidato aparentemente bom, você interromperia sua busca no sexto currículo? Você jogaria fora os 94 currículos não lidos sem os examinar? Claro que não! Poderia haver nessa pilha dez outros currículos tão bons quanto ou melhores escondidos. Você seria louco de fechasse os olhos para eles. Todavia, não é exatamente isso o que ocorre nas sessões de *brainstorming* ruim? Não, não, não, não, não, sim, reunião encerrada. Essa primeira idéia "apropriada" pode se revelar a idéia mais arriscada que um dia já tivemos, se ela nos impedir de gerar a segunda idéia apropriada, a terceira idéia apropriada, a décima idéia apropriada e a centésima idéia apropriada. Ao que me parece, existe um notável grau de arrogância em supor que não haja nenhuma idéia melhor do que aquela que primeiramente nos salta à mente.

O ato de gerarmos um longo rol de idéias descarrega de nossa mente as antigas para que desse modo possamos dar passagem às novas. Dee Hock, fundador do Visa e um dos grandes pioneiros dos negócios modernos, uma vez escreveu o seguinte: "O problema nunca é saber trazer idéias novas e inovadoras à mente, mas saber como expulsar as antigas. Nossa mente é como um prédio abarrotado de mobílias antigas. Se esvaziarmos um cantinho dela, a criatividade instantaneamente preencherá esse espaço".

A idéia de nos esvaziarmos está longe de ser nova. O papel que ela desempenha em várias religiões é preponderante. Os gregos têm uma palavra para isso — *kenosis* ("quenose") —, que significa literalmente "auto-esvaziamento". A sabedoria da liberdade mediante o esvaziamento (*kenosis*) está expressa nas histórias de várias culturas, como no conto zen em que o *sensei* enche a xícara de chá de seu aluno até a borda, deixando-a depois transbordar, para lhe explicar que a mente dele é como a xícara: a menos que esvaziada, não terá espaço para novos conhecimentos e experiências. O conceito de *kenosis* confirma uma das verdades humanas mais básicas: precisamos nos esvaziar para só então conseguirmos novamente nos preencher. Uma professora minha de canto, Jan Simons, adorava ressaltar que nunca devemos tentar inspirar, mas somente expirar. Apenas expirando conseguimos inspirar. Ficamos literalmente inspirados quando inspiramos, mas precisamos primeiro expirar para que de fato fiquemos inspirados.

Como abordamos no capítulo 2, um dos obstáculos mais significativos ao pensamento produtivo é a tendência do cérebro de criar e evocar padrões. Esses pensamentos padronizados nos enjaulam e nos impedem de ser tão criativos quanto poderíamos. Algumas vezes eles se manifestam como "conhecimento", outras como modelos conceituais e às vezes como convicções conscientes ou pressupostas. Entretanto, os padrões são, em grande medida, debilitantes quando nem mesmo conseguimos enxergá-los, quando eles influenciam nosso pensamento sem abusar de nossa consciência. A seguir apresento um breve experimento que você pode usar e que talvez ilustre o poder desses padrões inconscientes.

Capturando alienígenas

Feche os olhos por um momento e imagine que tenha construído um aparelho de transporte que pode transferi-lo para um universo diferente. Em sua primeira jornada, você encontra um alienígena. Tente imaginar que aparência essa criatura tem. Seja o mais criativo que puder. Depois, pegue uma folha de papel e esboce grosseiramente seu companheiro alienígena. Suas habilidades de desenhar não estão em jogo. Você só precisa capturar as características essenciais dessa criatura. Se desenhar por acaso vai refreá-lo, tente imaginar um alienígena e escreva algumas frases para descrever o que está vendo. Faça isso devagar. Não continue lendo o restante deste texto enquanto não conseguir fazer um rápido esboço.

Sua criatura tem olhos? Orelhas? Boca? Tem cabeça? Tem pernas? Alguma outra forma de locomoção? Tem corpo? Cérebro?

A despeito das instruções para imaginar um universo diferente, não apenas um planeta diferente ou uma galáxia diferente, e ser o mais criativo quanto possível, a maioria das pessoas desenharia criaturas que recapitulam os padrões com os quais conviveram durante toda a vida: criaturas que dispõem de vários dos atributos e órgãos físicos convencionais das criaturas terráqueas. Contudo, não há nada que possa impedi-lo de imaginar uma criatura-energia, uma criatura-vapor, uma criatura sem corpo, uma criatura com diversos corpos, uma criatura que existe em várias dimensões e assim por diante. Experimente utilizar este exercício com seus colegas de trabalho ou em casa, com sua família. Você pode se surpreender com o quanto as pessoas em geral são convencionais.

Superar padrões que nem mesmo conseguimos enxergar é difícil. Seria como tentar combater uma ansiedade. Não existe nada ali para golpear, embora seja enorme o seu poder de influenciar a maneira como pensamos e agimos. Mesmo diante da impossibilidade de escapar de nossos padrões, existem caminhos para pensarmos ao largo deles. Um dos melhores, como propõe Hock, é considerar todos os aspectos, lutar pela quantidade, para alcançar o terceiro terço: se conseguirmos esvaziar da mente nossas idéias antigas, automaticamente criaremos condições e espaço para as novas.

Maior será nossa chance de gerar idéias brilhantes se percorrermos todo o caminho que nos leva ao terceiro terço, e não simplesmente nos atracarmos à primeira idéia que nos pareça "apropriada".

Alguns anos atrás, antes da generalização dos celulares, uma companhia telefônica regional enfrentou o seguinte problema. Estava perdendo dinheiro e sendo extremamente criticada pelos clientes em virtude do antiquado plano que aplicava às cabines telefônicas. Durante anos a empresa ofereceu ligações locais gratuitas em suas cabines. Originalmente, esse plano não tinha um custo alto, trazia para a empresa o enaltecimento de oferecer um serviço público e estimulava novos clientes a contratar seus serviços. Entretanto, quando seu sistema já se encontrava totalmente desenvolvido e sua base de assinantes aumentou, o plano das cabines começou a causar problemas. As receitas das chamadas de longa distância ou interurbanas nas cabines praticamente deixaram de existir porque as cabines estavam sendo usadas quase constantemente por pessoas que faziam ligações locais gratuitas mais prolongadas. Conflitos surgiram entre as pessoas que queriam telefonar e aquelas que já estavam nas cabines. Pior do que isso, do ponto de vista de relações públicas, inúmeros foram os incidentes em que os clientes que precisavam fazer chamadas de emergência não conseguiam fazê-las. Políticos e órgãos reguladores ameaçaram exigir que a empresa construísse mais cabines para assegurar capacidade.

É possível imaginar como as sessões de resolução de problemas dessa empresa se desenrolaram. O primeiro terço das idéias provavelmente seguiram mais ou menos esta linha:

- *Teremos de passar a cobrar as chamadas locais.*
- *Ou talvez possamos simplesmente restringir o tempo das chamadas locais.*
- *Poderíamos construir cabines exclusivas para chamadas interurbanas.*
- *Ou então construir estações de chamadas de emergência.*
- *Ou talvez apenas instalar mais cabines de uma forma geral.*

Em essência, não há nada errado nessas idéias, mas elas também não são especialmente boas. Embora possam solucionar o problema tal como apresentado, podem igualmente criar outros problemas no percurso. Passar a cobrar as chamadas provavelmente seria visto como um retrocesso pelos clientes acostumados com as ligações locais gratuitas. As limitações de tempo poderiam ser consideradas sob uma perspectiva semelhante. Construir mais cabines poderia ser caro.

O segundo terço de idéias da empresa talvez tenha incluído algumas possibilidades um pouco mais interessantes:

- *Talvez pudéssemos continuar oferecendo chamadas gratuitas nos cinco primeiros minutos e passar a cobrar os minutos acima.*
- *Talvez as chamadas pudessem ser gratuitas para quem chama da cabine e cobradas de quem recebe.*
- *Talvez, após alguns minutos, pudesse haver apenas uma gravação gentil conscientizando as pessoas sobre o tempo que estão gastando nas chamadas.*
- *Poderíamos aplicar uma taxa móvel: gratuidade no começo, um valor por minuto após três minutos e valores mais altos proporcionais ao tempo que as pessoas mantiverem-se nas chamadas.*

As idéias do segundo terço são mais inovadoras e talvez valha a pena explorar algumas delas. Contudo, nenhuma representa um salto extraordinário; elas continuam cumprindo a função de *band-aid* (esparadrapo).

Por isso, os facilitadores da reunião intensificaram os estímulos. Como sempre ocorre nas sessões de geração de idéias, as frustrações começaram a despontar aí. Os participantes reclamaram, dizendo que já haviam pensado em tudo o que era possível e que não havia nenhuma outra possibilidade. Estavam exauridos. Contudo, os facilitadores pediram mais. A certa altura, um participante disse: **"Por que simplesmente não fazemos com que a permanência nas cabines cause certo desconforto às pessoas?"**.[5] Outras pessoas do grupo acharam que valia a pena ir mais a fundo nessa idéia.

- *Como poderíamos fazer com que as pessoas se sentissem desconfortáveis quando permanecessem por muito tempo na cabine?*

Diversas outras idéias foram sugeridas:

- *Diminuir o tamanho das cabines.*
- *Fechar os respiradouros.*
- *Lançar odores desagradáveis.*

Em algum momento alguém surgiu com a brilhante idéia de usar aparelhos mais pesados! E foi exatamente isso o que a empresa fez. Depois de efetuar testes preliminares para averiguar se o conceito funcionaria na prática, substituíram os aparelhos das cabines por aparelhos bem mais pesados.

A duração das chamadas diminuiu, a capacidade efetiva aumentou, o custo era baixo e as relações públicas da empresa saíram do negativo. **A magia é o terceiro terço!**

Autobrainstorming

Até o momento, tenho me referido ao pensamento do terceiro terço do modo como ele se aplica a trabalhos em grupo. Porém, a importância de chegar ao terceiro terço também se aplica ao pensamento individual e autônomo.

Ao longo do tempo em que venho investigando o universo do pensamento criativo e produtivo, tive a boa sorte de conhecer inúmeras pessoas extraordinárias. Uma delas é um homem chamado Win Wenger. Win passou a vida analisando como poderia ajudar as pessoas a pensar melhor, mais profundamente e mais produtivamente. Grande parte de seu trabalho fundamenta-se no que ele chama de efeito Venturi da mente. A teoria de Win é simples e clara: quanto mais idéias temos, mais idéias obtemos. Esse princípio é bem parecido com o funcionamento do carburador de um motor de automóvel. Da mesma forma que o ar que flui através do tubo de Venturi no carburador cria um vácuo que puxa o combustível para a câmara de combustão do motor, o fluxo de idéias cria um vácuo ou vazio que é preenchido por outras idéias. Em outras palavras, o próprio processo de enunciar idéias cria condições para que novas idéias sejam geradas.

O ato de gerarmos um extenso rol de idéias descarrega de nossa mente as antigas para que desse modo possamos dar passagem às novas.

Win usa uma variedade de ferramentas para demonstrar o poder dessa teoria. A minha predileta é uma variação daquela a que ele chama de **túnel de vento**. É uma maneira extremamente eficaz de ajudar as pessoas a alcançar o terceiro terço. Essa técnica em si é surpreendentemente simples.

Recomendo-lhe com insistência que experimente o exercício túnel do vento sozinho ou com alguém de sua confiança. Não é uma tarefa fácil. Como os participantes da história da companhia telefônica, você constatará sua frustração quando se vir exaurido de idéias para expressar oralmente ou escrever. Você se sentirá tentado a parar antes de alcançar sua meta. Contudo, se conseguir persistir no processo, verá o quanto essa técnica de pensamento é assustadoramente eficaz. Você ficará impressionado com a quantidade de idéias que efetivamente obterá e com seu potencial de criatividade.

Túnel de vento: assoprando e irrompendo em sua mente novas idéias

Você precisará de algum tipo de gravador ou de lápis e papel. Para começar, faça uma pergunta relacionada a um determinado problema que deseja solucionar ou uma questão com a qual tenha de lidar. É recomendável anotar a pergunta no papel para que possa examiná-la ao longo do exercício.

Assim que tiver a pergunta em mente, estabeleça uma meta para a quantidade de idéias que gerará ou para o espaço de tempo necessário. Em sua primeira experiência, sugiro que estabeleça 50 idéias ou 5 minutos como limite de tempo. Quando temos pouca experiência, definimos metas mais ambiciosas.

Agora, tendo à sua frente sua pergunta, bem visível, escreva ou fale o mais rápido que puder sobre toda e qualquer coisa que lhe vier à mente em relação a essa pergunta (se estiver escrevendo, use a meta de quantidade de idéias; se estiver falando, use a meta de tempo). Você verá que, ao gerar um dinâmico fluxo de idéias, em pouco tempo esgotará as idéias óbvias e não terá o que dizer nem escrever. Porém, o segredo é não parar, é preencher esse vácuo que você criou. Mesmo se as idéias que estão saindo de sua mente lhe parecerem um total contrasenso, continue produzindo.

Enquanto estiver cavando e procurando mais e mais coisas para dizer ou escrever, constatará que o ato de continuar, de não parar, necessariamente calará seu sensor crítico. Sem apreciações críticas, as idéias geradas vão se distanciar cada vez mais do pensamento convencional e "aceitável" próprio do primeiro terço. É nessa busca por mais que seu pensamento vai se tornar verdadeiramente criativo e original. Quanto mais você falar ou escrever, maior será a probabilidade de experimentar a emoção de alcançar uma brilhante idéia de terceiro terço. Algumas pessoas acham mais fácil fazer o exercício túnel do vento contando com uma pessoa não para ajudá-la no fluxo de idéias, mas simplesmente para examinar e redigir as idéias geradas.

A capacidade de abrir caminho, avançar e alcançar o terceiro terço é tal qual a capacidade de gerar pensamentos avançados, que rompem barreiras. Quanto mais nos impulsionarmos contrariamente ao convencional, mais surpreendentes serão as idéias que poderemos gerar. Como Win Wenger afirmou; "Quanto mais idéias temos, mais idéias obtemos". Embora possivelmente seja árduo superar os obstáculos das idéias do primeiro e segundo terço, uma vez que experimentar o milagre do terceiro terço na empresa em que trabalha, em sua vida profissional ou em sua vida pessoal, ficará ávido por se dar o tempo necessário e desfrutar do esforço suplementar de perguntar **de que outra forma...**, para assim avançar ainda mais, com ímpeto. Como um cliente que trabalha para o governo britânico uma vez disse: "Esqueça o terceiro terço; vou batalhar pelo quarto trimestre, ou melhor, pelo quarto quarto!".*

Independentemente do campo em que trabalha, descobrirá que suas idéias mais tardias tendem a ser melhores do que as mais prematuras. Imagine o fluxo de idéias como a água que sai pela torneira. Para obter uma água mais fria e mais clara, você precisa deixar a torneira aberta por um tempo para se livrar dos sedimentos que se formam na tubulação. O ato criativo é antes um ato "quenótico", a coragem de nos esvaziarmos para só então podermos nos preencher com o novo.

---

* A frase original é *Forget about the third third; I'm going for the fourth quarter!*, em referência ao quarto trimestre contábil. (N. da T.)

PARTE 3

O PENSAMENTO PRODUTIVO NA
TEORIA

1ª Etapa: O que está havendo?
2ª Etapa: O que é sucesso?
3ª Etapa: Qual é a pergunta?
4ª Etapa: Gerar respostas
5ª Etapa: Forjar a solução
6ª Etapa: Alinhar recursos

CAPÍTULO 6

Pensamento produtivo estruturado

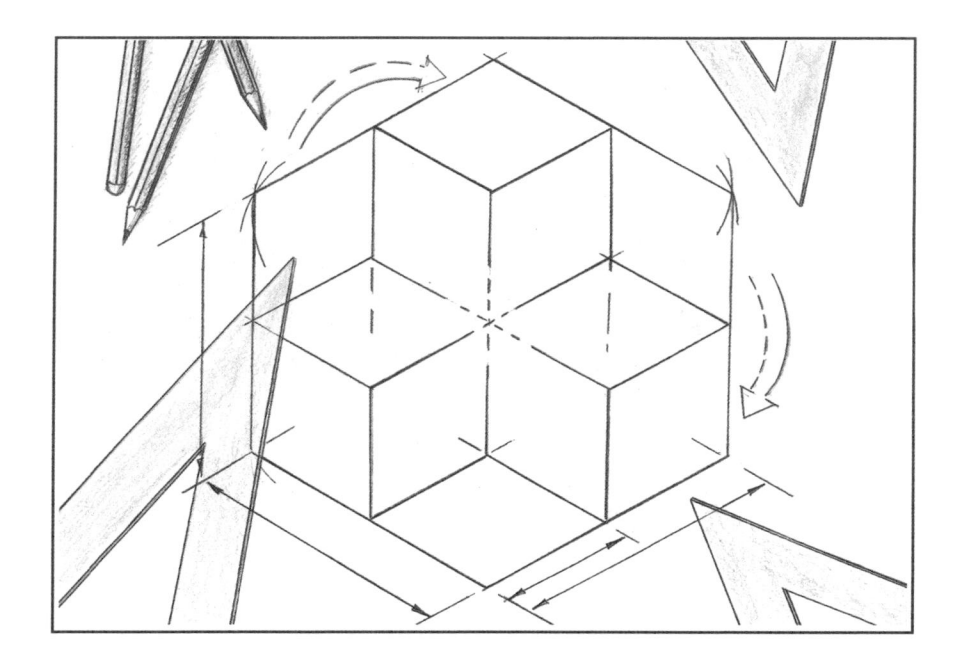

"A criatividade não é uma fuga ao pensamento disciplinado. É uma fuga que utiliza o pensamento disciplinado."
Jerry Hirschberg

Tente imaginar a situação a seguir. Você está pleiteando a possibilidade de aceitar um cargo extremamente atraente em uma nova empresa. Você já conheceu inúmeras das pessoas com as quais provavelmente trabalhará; as conversas já passaram da fase preliminar, e as coisas estão começando a ganhar um ar sério. Seu provável chefe e vários de seus subordinados diretos — seus futuros colegas de trabalho — gostariam que você participasse de um jantar informal para que possam conhecê-lo melhor. Como diriam os caçadores, eles estão te espreitando.

A equipe executiva reservou uma mesa no restaurante ao qual costuma levar os clientes para distraí-los. Eles lhe pediram para se vestir casualmente, e você escolheu vestir uma blusa de seda branca de gola rolê e uma jaqueta esportiva por cima. O restaurante é aconchegante, caro e impecável, e serve descontraidamente comida italiana com vários pratos, acompanhada de muito vinho e, ao final, cafezinho. O bate-papo corre solto. Quando o garçom circunda a mesa para pegar os pedidos, você aceita a indicação de seu chefe, escolhendo um *spaghetti alla puttanesca*. Até aí, tudo bem.

No momento em que o espaguete é servido, tendo todos já tomado um pouco de vinho, a conversa começa a ficar mais aquecida e agradável. Você tem consciência de que ainda é a principal atração do grupo, mas todos já estavam suficientemente descontraídos para você poder baixar a guarda. Você enrola uma modesta porção de espaguete no garfo e, ao sugar o fio de macarrão remanescente, ele chicoteia e salpica uma gota vermelha do molho *puttanesca*. Você praticamente consegue ver em câmara lenta aquela gotícula arqueando-se no ar e aterrissando exatamente no meio de sua blusa de seda.

Ficaria surpreso se qualquer pessoa que esteja lendo este livro precisasse mais do que uma fração de segundo para completar a seguinte frase: "Óleo e água...".

Qualquer pessoa que algum dia tenha deixado respingar algum molho de salada, sujado a manga da camisa com manteiga ou deixado pingar sorvete na roupa sabe que óleo e água não se misturam. O eco de "óleo e água não se misturam" repercute em praticamente todos nós. Você aprendeu isso em casa, aprendeu novamente na aula de química e reaprendeu toda vez que manchou a roupa de gordura depois de usar as mãos para comer batata frita. Você **sabe** que óleo e água não se misturam.

Ou pelo menos você pensa que sabe. Aposto que mesmo depois de todo esse aprendizado e reforço, no mínimo uma vez na vida, ao encontrar uma mancha de molho de espaguete recentemente depositado em sua roupa, você fez o que quase todos um dia já fizeram: pegou o guardanapo de pano, molhou a ponta em seu copo de água e o passou levemente na mancha. Aposto até que, quando sua mão estava a meio caminho entre o copo e a mancha, você não tinha a menor dúvida de que isso não funcionaria, embora sua mão tenha seguido adiante. A água transferiu-se esplendidamente do guardanapo para a sua blusa, mas o único efeito que provocou na mancha foi espalhá-la. Em vez de remover a mancha, você a tornou ainda maior.

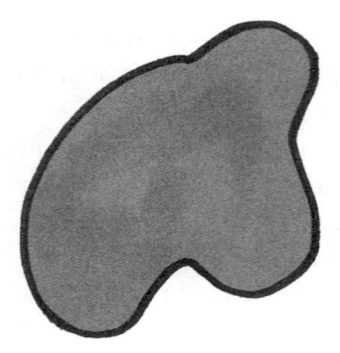

Qual é o problema aqui?

Todos nós já tivemos a experiência de propor uma "solução" que não fez absolutamente nada para solucionar o problema ou o tornou ainda pior. Algumas vezes, isso se aplica a problemas grandes e complexos, como quando precisamos de uma solução para reconfigurar um programa de *marketing*, outras vezes a um problema comparativamente insignificante, como uma mancha em uma camisa. É por isso que, para reagir a problemas tanto grandes quanto pequenos, todos os seres humanos, em todas as culturas, gêneros, idades e raças, adotam essencialmente a mesma postura imperfeita para solucionar um problema:
- Percebem o problema.
- Escolhem uma solução.
- Tomam alguma providência.

É isso aí. Três etapas. Perceber o problema. Escolher uma solução. Tomar alguma providência. Simples, mas nem sempre muito eficaz. O problema em nossa abordagem de resolução de problemas é que normalmente não lidamos com nenhuma dessas etapas de uma maneira especialmente habilidosa. Não nos damos o tempo ou as ferramentas para cumprir bem nenhuma uma dessas etapas.

Tente se lembrar da última vez em que teve de enfrentar uma situação desse tipo, em que tenha manchado a roupa com molho de espaguete. É bem provável que sua percepção do problema tenha sido bastante limitada. Se você for semelhante à maioria dos seres humanos, provavelmente deve ter saltado logo para a conclusão de que o problema em si era a mancha de molho em sua

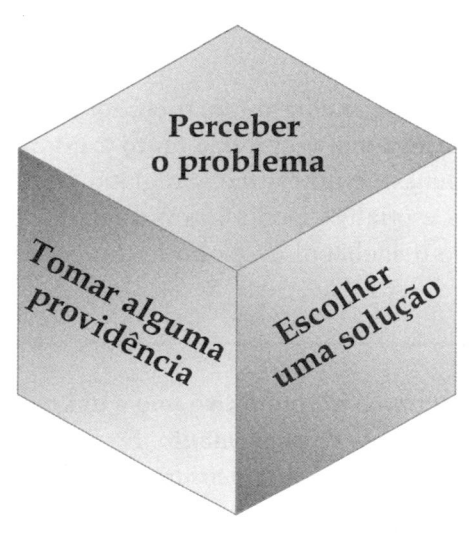

Nosso processo natural de resolução de problemas.

roupa. Mas na verdade talvez não tenha sido esse o problema real. E se o problema real fosse sua relação com a outra pessoa? Ou a percepção da outra pessoa sobre sua astúcia? Ou a necessidade de se manter concentrado na conserva? Se tivesse se dado tempo para perceber o problema mais nitidamente, é bem possível que começasse a pensar em abordagens diferentes para resolvê-lo. Talvez usar um guardanapo não fizesse nenhum sentido.

Além de ter agido com base em uma percepção limitada do problema, é quase certo que você não escolheu sua solução dentre uma série de alternativas. Provavelmente fez a primeira coisa que lhe veio à mente: **molhar a ponta do guardanapo na água**. Contudo, com uma clara percepção do problema real, você teria gerado uma série de soluções possíveis. Se o problema fosse sua relação com a outra pessoa, talvez a melhor solução tivesse sido fazer uma piada sobre isso. Se o problema fosse demonstrar sua astúcia, bastaria puxar o cachecol ou a gravata para disfarçar. E mesmo que concluísse que o problema era mesmo a mancha em sua blusa de gola rolê, pedir ajuda ou um conselho ao garçom certamente teria sido bem mais eficaz do que molhar a ponta do guardanapo na água, visto que vários restaurantes costumam ter produtos apropriados para situações desse tipo.

Mesmo que você tivesse se convencido de que sua análise do problema e a respectiva solução foram corretas, a aplicação deixou a desejar. O efeito imediato de esfregar ligeiramente a mancha da blusa de seda com um guardanapo umedecido é que o tecido absorve a água e fica transparente. Daí, além da mancha, se você for uma mulher, o sutiã fica à mostra. Muito bem!

Se seus colegas no jantar não tiverem notado a mancha, com certeza notarão esse episódio.

Em vez de reagir de modo automático, teria sido muito melhor usar um processo disciplinado que recorresse tanto a estratégias do pensamento criativo quanto do pensamento crítico. Treinando-se a pensar de uma maneira mais produtiva e criativa, poderia ser capaz de reagir a isso com uma brincadeira, puxando o cachecol ou pedindo um conselho ou um tira-manchas ao garçom.

> *O pensamento produtivo não é um mero conjunto de ferramentas de pensamento. É um sistema de referência ou mecanismo para pensarmos melhor.*

O bom de tudo isso é que o MPP baseia-se em nosso processo natural de resolução de problemas de três etapas — perceber o problema, escolher uma solução, tomar alguma providência — e o transforma em um mecanismo de seis etapas abrangente e recorrente para pensarmos melhor. Em poucas palavras, o pensamento produtivo é uma maneira de gerar e propor soluções mais eficazes. Ele nos permite esquivar da reação automática, irrefletida, e gerar soluções criativas, convenientes e frutíferas. Com o pensamento produtivo, podemos aprender a conceber mais e melhores opções, com maior constância e em quase todas as situações, tanto para lidarmos com problemas simples como uma mancha de espaguete quanto para criarmos estratégias de negócios maduras. O pensamento produtivo nos dá mais tempo e mais instrumentos para percebermos o problema corretamente, escolher a melhor solução com base em um amplo espectro de possibilidades e tomar a providência que ofereça a maior probabilidade de êxito. O pensamento produtivo não é um mero conjunto de ferramentas de pensamento. É sistema de referência ou mecanismo para pensarmos melhor.

Costumo usar com bastante frequência uma analogia para descrever esse modelo — um cabide para casacos. O cabide nos oferece espaço, estrutura e estabilidade; nós, os casacos. Da mesma forma, o MPP oferece uma estrutura disciplinada para lidarmos com os problemas que associa, equilibra e coordena o pensamento criativo e o pensamento crítico. Esse modelo pode ser usado com uma ampla variedade de instrumentos — por exemplo, a ferramenta DRIVE, uma maneira extremamente eficaz de estabelecer critérios para obter sucesso, e a ferramenta C^5, uma técnica para extrair o verdadeiro tesouro de nosso extenso rol de idéias (consulte as páginas 136–137 e 156 para obter mais informações sobre essas duas ferramentas). Nos vários capítulos restantes, vou lhe apresentar algumas ferramentas que talvez até impressionem por sua simplicidade e competência. Sinta-se à vontade para usar qualquer uma delas.

Você perceberá que o pensamento produtivo é um processo prático e fácil de aprender e que pode ajudá-lo a pensar com maior clareza, a pensar mais criativamente e a planejar mais eficazmente. Ele está fundamentado em mais de cinquenta anos de pesquisas e experimentações em metodologias competentes de resolução de problemas.

Neste capítulo e nos demais, você notará que o MPP tem seu próprio vocabulário. Há três motivos para isso.

1. Em várias circunstâncias, os significados de palavras antes familiares tornaram-se indistintos de acordo com a forma pela qual são empregadas nos dias de hoje. O vocabulário do pensamento produtivo é preciso e claro. Ao usá-lo em um trabalho em grupo, seus colegas saberão exatamente o que você quer dizer. Comunicar-se melhor significa pensar melhor.
2. Algumas vezes, nenhum termo já existente consegue descrever com adequação o conceito ou a ferramenta do pensamento produtivo. Por exemplo, não existe nenhum termo para o conceito **perguntas catalisadoras** (*catalytic questions*) do pensamento produtivo, que na verdade são perguntas estratégicas que precisamos responder para atingirmos nosso objetivo ou meta, ou para **soluções potencializadas** (*powered-up solutions*), que são as idéias por nós criadas que passam por um teste de resistência e por um crivo e mostram-se impenetráveis a qualquer tipo de ameaça.
3. A linguagem é um poderoso facilitador para a concretização de mudanças culturais. Quando desejamos mudar a opinião das pessoas sobre alguma questão, é conveniente lhes oferecer novas maneiras de falar a esse respeito. Quando elas começam a mencionar seus **anseios** (*itches*),* que defino como as aflições que impulsionam o desejo de mudança, ou a seus **futuros imaginados** ou **figurados** (*imagined future*), que defino como visões suficientemente convincentes e tentadoras de um futuro para nos motivar a agir, elas na verdade começam a pensar distintamente acerca dos problemas que enfrentam.

---

* Como o autor está falando sobre o poder da linguagem, vale ressaltar que *itch*, em inglês, significa comichão, coceira, cobiça, desejo veemente, ânsia etc. Para representar o sentido de ânsia, desejo veemente, tentação, impulso etc., preferimos usar anseio e, em vários momentos, comichão. Pelo fato de comichão ser uma palavra feminina, às vezes não fica sonora na frase, embora seu significado seja em certos contextos deste livro mais adequado do que anseio. (N. da T.)

O pensamento produtivo em resumo

O MPP consiste em seis etapas entrelaçadas, as quais são descritas em detalhes do Capítulo 7 ao Capítulo 12. Cada uma das etapas engloba uma variedade de ferramentas e técnicas.

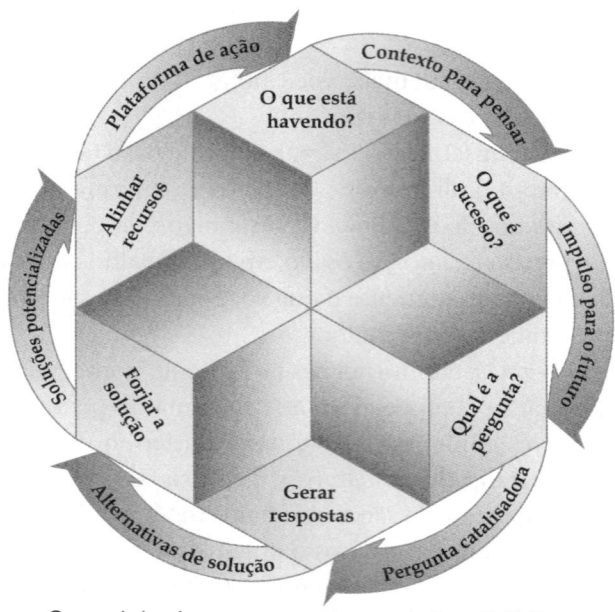

O modelo de pensamento produtivo (MPP).

Neste capítulo, apresento uma breve visão das seis etapas empregando um exemplo simples. Suponhamos que você seja um executivo da JetWays Airlines. Nessa situação hipotética, a JetWays é uma empresa de transporte regional extremamente próspera que atua principalmente no segmento de viagens de negócios. Essa companhia aérea tomou a decisão de expandir suas operações em nível nacional e está buscando soluções para se diferenciar da concorrência. Uma de suas propostas é **melhorar a experiência dos passageiros que viajam nas poltronas centrais** dos aviões da JetWays. Você e sua equipe foram incumbidos de conceber e propor opções inovadoras para concretizar esse intento. Eu inseri em itálico as soluções que você provavelmente dará à medida que avançar em seu trabalho nas várias etapas do processo.

1º Etapa: O que está havendo?

A etapa "O que está havendo?" Compõe-se de uma série de cinco perguntas cuja função é ajudá-lo a examinar o problema de forma global. Em geral, essa é a parte mais demorada do processo. As cinco perguntas são as seguintes:

1. **Qual é o anseio?** Aqui, relacionamos exatamente o que precisa ser corrigido ou aprimorado, as aflições que nos estão impulsionando a agir. Nesse caso, faríamos a pergunta "O que há de errado com as poltronas centrais?" para gerar um extenso rol com todos os possíveis *anseios (ou comichões)*. Em seguida, selecionaríamos aqueles que expressam mais claramente o problema.
   • *As poltronas centrais são desconfortáveis.*
   • *As poltronas centrais provocam claustrofobia.*
   • *Existe a probabilidade de algum líquido respingar nos passageiros que se sentam nas poltronas centrais.*
   • *As pessoas não se sentem prestigiadas quando se sentam nas poltronas centrais.*
2. **Qual é o impacto?** Aqui, examinamos como esse problema poderia abalar as pessoas e a companhia aérea. Por que essa questão é preocupante? Por que é importante? Novamente, devemos primeiro gerar um extenso rol e, em seguida, selecionar os itens mais importantes.
   Para o passageiro:
   • *Sempre preciso trabalhar enquanto viajo e isso é difícil na poltrona do meio.*
   • *Não me sinto bem disposto depois do pouso.*
   Para a companhia aérea:
   • *Os passageiros que viajam nas poltronas centrais podem ficar irritados.*
   • *Se nossas poltronas centrais fossem melhores do que as da concorrência, poderíamos ter mais passageiros.*
3. **Quais são as informações?** Aqui, examinamos as informações disponíveis a respeito do problema e as informações que necessitamos para conseguir compreendê-lo a fundo. Por exemplo, talvez fosse interessante saber quais seriam as possíveis causas do problema, que outros efeitos poderia haver, se outras hipóteses ainda não foram levantadas, dentre outras coisas. Novamente, devemos relacionar e fazer opções.
   • *Tradicionalmente, para maximizar os lucros, as empresas aéreas tentaram maximizar os assentos.*
   • *As companhias aéreas precisam atingir determinados fatores de ocupação para obterem lucro.*
   • *O peso das poltronas influi no consumo de combustível.*
4. **Quem está envolvido?** Essa pergunta examina quem são as partes **interessadas** (os *stakeholders*) e o que pode estar em jogo para cada um deles.

Quem é afetado pelo *anseio*?
Quem pode estar contribuindo para isso?
Quem pode se beneficiar se tudo permanecer como está?
Quem pode se beneficiar se as coisas mudarem?
Aqui também, relacionamos todos os possíveis interessados e, em seguida, escolhemos os mais importantes.

A própria companhia aérea, uma das partes interessadas com respeito aos lucros; os passageiros, uma das partes interessadas com respeito ao conforto ou à possibilidade de trabalhar enquanto viajam; a tripulação da cabine, uma das partes interessadas em relação à possibilidade de ter de lidar com passageiros irritados; os agentes de viagens, uma das partes interessadas com respeito ao relacionamento com os clientes; os órgãos reguladores, uma das partes interessadas com respeito à segurança.

5. **Qual é a visão?** Aqui, há uma mudança de foco do que é para o que poderia ser. Essa pergunta nos convida a visar um **futuro almejado** (*target future*) convincente e persuasivo. No vocabulário do pensamento produtivo, futuro almejado é a meta que desejamos alcançar. Para conseguir enunciá-lo, é necessário elaborar um extenso rol de possíveis **futuros almejados** e, em seguida, escolher o mais convincente. O futuro almejado de John F. Kennedy, em 1962, era que o homem pousasse com segurança na Lua até o final da década de 1960. O da JetWays poderia ser: **desmontar a concorrência oferecendo poltronas centrais tão boas que os passageiros passam a pedir para viajar nelas**.

Na etapa "O que está havendo?", obtemos uma visão abrangente do problema e a enunciação ou declaração de um futuro almejado convincente. O enunciado básico sobre o futuro almejado é o germe da etapa seguinte, na qual refinamos nossa visão e estabelecemos critérios concretos para termos sucesso.

2º Etapa: O que é sucesso?

O ponto de partida da etapa "O que é sucesso?" É o enunciado básico do futuro almejado desenvolvido na etapa anterior. A presente etapa amplia a primeira, transformando nossa visão em uma imagem sólida do futuro no qual o problema já está resolvido. A partir daqui, é necessário esquematizar uma série de critérios concretos como referencial comparativo para testar as idéias que concebemos para atingirmos o futuro almejado. "O que é sucesso?" Compõe-se de duas subetapas.

1. Primeiramente, imaginamos como seria a vida nesse futuro almejado. O que seria diferente do presente? No caso da JetWays, qual seria a sensação de voar em um avião da companhia, o que os passageiros pensariam a respeito da JetWays, qual seria a sensação de trabalhar para essa empresa e como a concorrência reagiria?
   • A companhia aérea JetWays é líder no mercado.
   • Nossas poltronas centrais são tão populares que a primeira opção dos passageiros sempre é a JetWays.
   • Vestir o uniforme da JetWays nos diferencia como membros de uma nata desse setor.
   • A concorrência está sempre tentando nos imitar, mas estamos sempre um passo à frente.
2. Em segundo, usando uma poderosa ferramenta denominada DRIVE, estabelecemos critérios de sucesso específicos e observáveis. Assim que desenvolvermos nossas idéias para gerarmos uma solução (na "4ª Etapa: Gerar respostas"), avaliamos nossas idéias com base nos critérios estabelecidos.
   Será que essa solução resolverá o problema?
   Será que abrirá caminho para o futuro almejado?
   O que é necessário consumar?
   O que é necessário evitar?
   Que fatores limitadores é preciso respeitar?
   Que indicador ou sistema métrico é necessário usar?
   Para conseguir o critério de sucesso mais importante, devemos gerar um extenso rol de critérios possíveis e, em seguida, escolher os mais significativos.
   Nossa solução tem de nos diferenciar dos concorrentes.
   Ela precisa gerar mais negócios.
   Ela tem de nos tornar a companhia aérea preferencial.
   Ela não pode ser facilmente copiada.
   Ela não pode dar margem a problemas com relação a regulamentações de segurança. Ela deve manter nossos fatores de ocupação.
   Ela deve obter 15% de retorno sobre o investimento.

Na etapa "O que é sucesso?", obtemos um conjunto bem-definido de critérios de sucesso e uma visão de futuro suficientemente convincente que nos impele a manter o desejo de progredir e ter êxito.

> Podemos aumentar nossas oportunidades de gerar idéias criativas e eficazes em praticamente qualquer circunstância — tanto em situações irrelevantes quanto em situações decisivas.

3º Etapa: Qual é a pergunta?

"Qual é a pergunta?" É uma etapa central do processo de pensamento produtivo porque sua função é definir as perguntas básicas cujas respostas são fundamentais para chegarmos ao nosso futuro almejado. Nós as chamamos de **perguntas catalisadoras** porque elas estimulam a mudança, isto é, catalisam-na. Embora essa parte do processo seja análoga às fases de definição de problemas de alguns outros modelos de resolução, esta etapa emprega uma abordagem exclusiva: o problema deve ser formulado como pergunta. Isso é indispensável porque os enunciados dos problemas normalmente não têm efeito e não desencadeiam ações. As perguntas-problema, entretanto, pedem e provocam respostas. Os enunciados dos problemas não têm nenhum vigor; simplesmente ficam ali, em repouso. Por exemplo, o enunciado: "Nosso orçamento não é suficiente" nada mais é que uma opinião a respeito de uma circunstância. Ele não nos conduz a lugar algum. Em contraposição, a pergunta: "Como poderíamos aumentar nosso orçamento?" Automaticamente nos convida a buscar respostas.

No caso da JetWays, nosso ponto de partida poderia ser elaborar um extenso rol de possíveis perguntas-problema. Por exemplo:

- *Como poderíamos associar as poltronas centrais da JetWays com as necessidades de nossos clientes?*
- *Como poderíamos fazer as pessoas pensarem de modo diferente a respeito das poltronas centrais da JetWays?*
- *Como poderíamos eliminar definitivamente as poltronas centrais?*

Depois de gerar esse rol de possíveis perguntas, o passo seguinte é estreitar o foco e escolher uma ou mais para serem utilizadas como **perguntas catalisadoras**, que são perguntas estratégicas primordiais que, se bem respondidas, têm o potencial de resolver o problema e abrir caminho e nos conduzir ao futuro almejado definido na primeira etapa. Por exemplo, uma possível pergunta seria: **como poderíamos mudar a percepção das pessoas sobre as poltronas centrais da JetWays?**

4ª Etapa: Gerar respostas

"Gerar respostas" é a fase de geração de idéias do MPP. Nesta etapa, elaboramos uma longa lista de possíveis respostas às **perguntas catalisadoras**, que são as perguntas estratégicas primordiais enunciadas na terceira etapa. Agora, é necessário selecionar as respostas mais promissoras para explorá-las e desenvolvê-las mais a fundo. Em vigor, essas idéias propostas à solução são embriônicas. Na verdade, a essa altura, nenhuma delas constitui ainda a solução. O resultado desta etapa é um pequeno conjunto que engloba as idéias mais promissoras e interessantes, as quais, uma vez totalmente desenvolvidas, podem mostrar caminhos convenientes para resolver o problema em questão e alcançar o futuro almejado.

Vejamos alguns exemplos:
- *Instalar as poltronas centrais em trilhos para que possam deslizar para frente e para trás e gerando mais espaço.*
- *Virar as poltronas do meio ao contrário.*
- *Abaixar o preço das poltronas centrais.*
- *Chamá-las de trono.*
- *Passar o controle do console de entretenimento para as poltronas centrais.*
- *Definir as poltronas centrais como escritórios aéreos.*

5ª Etapa: Forjar a solução

A etapa "Forjar a solução", fase em que tomamos as idéias embrionárias mais promissoras da etapa anterior e as transformamos em soluções sólidas e resistentes, contém duas subetapas:

1. Primeiramente, devemos avaliar o potencial das idéias mais promissoras selecionadas na quarta etapa, "Gerar respostas", e compará-las com os **critérios de sucesso** desenvolvidos na segunda etapa:
   - *Abaixar o preço das poltronas centrais talvez aumente as vendas, mas isso poderia ser copiado pela concorrência.*
   - *Virar as poltronas centrais ao contrário poderia aumentar o conforto, mas também gerar uma preocupação com relação à segurança.*
   - *O conceito de escritório aéreo é original e poderia atrair os viajantes executivos.*
2. Em segundo lugar, depois de selecionar a idéia que mais atenda aos **critérios de sucesso**, precisamos submetê-la a um teste de resistência, aprimorá-la e refiná-la para criarmos uma solução sólida:
   Criaremos o escritório aéreo da JetWays, que conterá poltronas personalizadas, com iluminação e divisórias para proteger a privacidade. Para ganhar espaço para isso, removeremos todas as outras poltronas centrais. Aprimoraremos esse serviço lançando o Clube de Escritórios Aéreos. Faremos uma parceria com uma

renomada empresa de móveis para escritório. Usaremos essa parceria para criar uma marca exclusiva que nos ajude a permanecer à frente da concorrência.

6ª Etapa: Alinhar recursos

Na etapa de alinhamento dos recursos identificamos as medidas (ações ou providências) e os recursos necessários para implementar as soluções definidas na quinta etapa. Nela, também atribuímos cada medida a uma pessoa responsável por sua concretização. Visto que o nível de aprofundamento e detalhamento da etapa de alinhamento de recursos é considerável, ela é uma das mais demoradas e engloba seis subetapas.

1. Relação das medidas necessárias para concretizar as soluções:
   - *Fazer um levantamento no mercado para averiguar o interesse pela idéia de escritório aéreo.*
   - *Elaborar o protótipo.*
   - *Testar o protótipo.*
   - *Investigar os regulamentos de segurança.*
2. Identificação das pessoas que podem nos ajudar e daquelas que possivelmente representarão um obstáculo. Precisamos encontrar caminhos para criar alianças sólidas com possíveis apoiadores e neutralizar as preocupações dos resistores:
   - *Entrar em contato com uma empresa de **design** de móveis de renome para propor um empreendimento conjunto.*
   - *Redigir o **business case*** para elaborar o orçamento.*
   - *Investigar se existem outras preocupações regulamentares quanto à segurança e desenvolver um documento detalhado.*
3. Atribuição de cada medida a um responsável por sua concretização:
   - *Estabelecer contato com fornecedores de móveis (Carlos).*
   - *Redigir o **business case** (Rae).*
   - *Processo regulamentar (Terri).*
4. Ordenação das medidas:
   - *Recrutar uma equipe piloto.*
   - *Contratar uma empresa de pesquisa.*
   - *Conduzir estudo de viabilidade e custos.*

---

* Plano de negócios ou análise de possíveis oportunidades de mercado em uma categoria de produto ou serviço e preparação e apresentação de projetos estratégicos. Por exemplo, a atualização de um *software* poderia melhorar seu desempenho, mas um *business case* procura agregar valor ao negócio, procurando o que pode melhorar a satisfação do cliente. (N. da T.).

5. Identificação de outras medidas necessárias para adquirirmos ou disponibilizarmos os recursos para cada medida e atribuição de responsabilidades de acordo com a pertinência:
   - Programar e estabelecer uma ligação com as unidades de teste de cabines (Bob).
   - Investigar, selecionar e gerenciar **designers** (Alison).
   - Exigências legais para produzir rígidos contratos de confidencialidade (Stan).
6. Identificação e documentação dos resultados observáveis de cada medida:
   Saberemos quando o teste de mercado inicial estará concluído quando recebermos o relatório. Etapa de decisão avançar/não avançar se houver 70% de aceitação inicial. **Business case** concluído, depois de aprovado por JR. Taxa de 15% de retorno mínimo sobre o investimento.

O resultado da etapa "Alinhar recursos" é um plano de ação realista que conta com pessoas comprometidas e responsáveis por concretizar cada fase e cujo objetivo é implementar a solução, resolver o problema original e alcançar o futuro almejado.

Tomada dois do spaghetti alla puttanesca

De repente, você se vê no meio de um importante jantar de negócios com uma gota de molho de tomate no meio de sua camisa de seda. Na tomada um, você encarou o problema assim:

Droga! Uma mancha de molho nessa camisa caríssima! Que azar! Eles vão pensar que sou um porco. Preciso limpá-la já!

Na tomada dois, usando o MPP, você pode ver o problema de um ponto de vista diferente. Isso de forma alguma tem a ver com sua roupa. Tem a ver com sua capacidade de lidar bem ou não com a situação. Em vez de se concentrar em sua camisa, atente-se para o que é importante. Você produz e propõe uma solução que realmente funciona.

A história do *spaghetti alla puttanesca* não é uma ficção. Ocorreu de fato com uma amiga. Sua solução à la pensamento produtivo? Primeiro, ela tentou ser espirituosa: "O tempo realmente voa quando estamos nos divertindo. Parece que o molho também! Com licença, me dêem só um segundo, vou ver se consigo fazer um golpe de mágica". Ela foi ao banheiro, tirou a jaqueta, depois a camisa, vestiu-a novamente com a mancha virada para as costas e colocou a jaqueta. Voltou à mesa em menos de dois minutos e disse: "Sorte! Mas espero não fazer isso novamente. Dizem que os mágicos nunca devem repetir um truque". Ela conseguiu o emprego.

Naturalmente, essa é uma história trivial. Talvez, diante dessa situação, cheguemos à conclusão de que a mancha não é de forma alguma algo assim tão desastroso ou talvez simplesmente perguntemos ao garçom se ele tem algum tira-manchas para nos emprestar. Podemos abordar essa situação de incontáveis maneiras. O importante aqui é que seja possível aumentar as possibilidades de gerarmos idéias criativas e eficazes em praticamente qualquer circunstância, tanto nas irrelevantes quanto nas decisivas. Podemos aprender a pensar mais produtivamente, mais criativamente e mais auspiciosamente.

Nos capítulos subsequentes, você encontrará explicações detalhadas sobre cada etapa do MPP, bem como estudos de caso para ilustrar como as etapas funcionam. A cada capítulo, apresentamos uma orientação resumida: um esquema de tópicos do procedimento da etapa e seus devidos resultados.

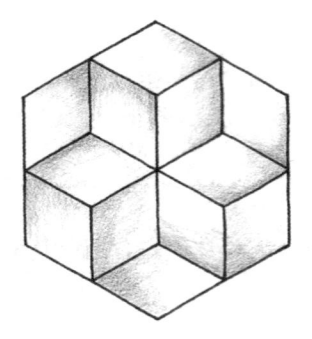

CAPÍTULO 7

Etapa 1: O que está havendo?

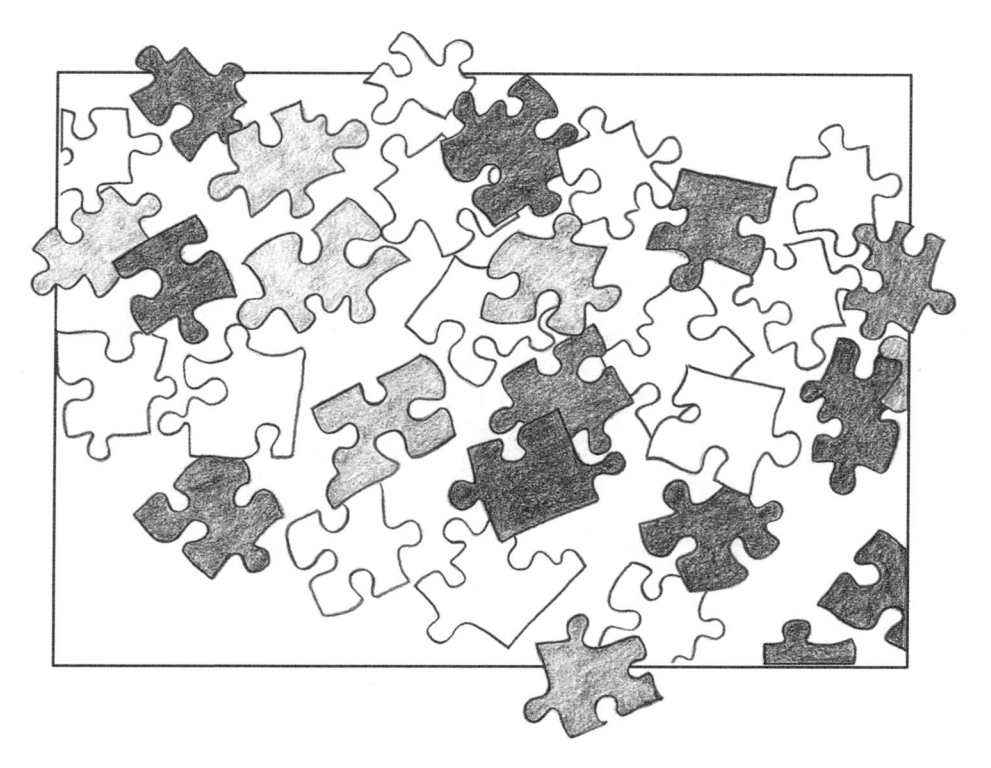

1ª Etapa: O que está havendo?
2ª Etapa: O que é sucesso?
3ª Etapa: Qual é a pergunta?
4ª Etapa: Gerar respostas
5ª Etapa: Forjar a solução
6ª Etapa: Alinhar recursos

"O descontentamento é o primeiro passo na evolução de um homem ou de uma nação".
Oscar Wilde (1854-1900)

1ª Etapa: O que está havendo?

Quebra-cabeças, investigações e possibilidades

A data exata não foi documentada, mas imagino que tenha sido em um dia frio e seco de janeiro. A luz estava perfeita para tirar fotografias. Um bem-sucedido físico e inventor de 34 anos de idade decidiu levar a família ao Novo México para passar alguns dias de férias. Ele precisava de tempo para pensar. Enquanto trabalhava para o Conselho de Pesquisas para a Defesa Nacional (National Defense Research Committee — NDRC), sua empresa desenvolveu uma variedade de tecnologias para as forças aliadas que lutavam na Europa, incluindo óculos de visão noturna e um dispositivo óptico estereoscópico que podia revelar posições inimigas camufladas por meio de fotografias aéreas. Sua empresa havia se saído bem, mas a guerra em algum momento terminaria. O que fazer a partir daí? Ele precisava divisar o que seus 1.250 funcionários fariam depois que esse trabalho para a defesa nacional chegasse ao fim. O ar fresco do sopé das montanhas de Sangre de Cristo talvez fosse absolutamente perfeito para estimular idéias novas e originais.

O inventor e sua família passearam o dia todo. E ele aproveitou para tirar fotografias da paisagem, de Helen, sua mulher, e de Jennifer, sua filha de 3 anos de idade. Quando voltaram ao hotel em que estavam hospedados, Jennifer pediu para ver as fotografias, particularmente aquelas em que ela aparecia. Ele disse à filha que teria de enviar o filme ao laboratório para revelar as fotos e que só dali a alguns dias elas ficariam prontas. Na história que contaria tempos depois, o inventor não entrou em detalhes sobre essa conversa com a filha, mas qualquer pessoa que já tenha convivido com uma criança de 3 anos de idade sabe o que provavelmente ocorreu em seguida.

— Mas papai... eu quero ver as fotos.
— Eu sei, querida, mas elas ainda não estão prontas.
— Eu quero ver as fotos!
— Jennifer, assim que conseguirmos levar o filme ao laboratório...
— Eu quero ver as fotos **agora**!

Depois de tentar várias vezes explicar por que era impossível mostrar as fotos, a maioria dos pais certamente teria reconhecido a inutilidade de argumentar com uma criança de 3 anos de idade e teria tentado mudar de assunto. Mas não Edwin Land.

Fotografias que pudéssemos mostrar aos nossos filhos instantaneamente — talvez houvesse algo aí e ele explorasse essa idéia quando voltasse a seu laboratório em Massachusetts. E foi exatamente o que fez. Precisamente três anos depois, em 21 de fevereiro de 1947, Land surpreendeu a platéia da Sociedade Americana de Óptica ao demonstrar um processo de uma única etapa para produzir fotografias instantâneas em 60 segundos. Até o Dia de Ação de Graças, em 1948, a empresa de Land, a Polaroid Corporation, já havia fabricado suas primeiras 60 câmeras Land e vendido todas em um único dia à loja de departamentos Jordan Marsh, em Boston. Em 1950, a Polaroid já fabricava um milhão de filmes por ano e vendia câmeras e acessórios por meio de seus mais de quatro mil revendedores nos EUA. Por 89,95 dólares (em 2007, isso equivalia a mais de 800 dólares), a câmera que nos transportava "do instantâneo à impressão em 60 segundos" estava escoando como água das prateleiras.

Ao descrever o processo que ele empregara para criar sua moderna câmera e filme, Land escreveu o seguinte: "Sempre começamos com uma fantasia. Parte da técnica da fantasia é visualizar algo perfeito. Em seguida, com experimentos, partimos da fantasia para a realidade, talhando os componentes".

Contudo, até mesmo antes da fantasia, sempre há um anseio, uma comichão: a irritação ou provocação que precisa ser acalmada, o cenário que está em desequilíbrio, o descontentamento que nos convida a agir. Nessa noite de inverno, em Santa Fé, Land tinha dois anseios: encontrar uma saída para a sua empresa prosperar em uma economia em tempos de paz e satisfazer o desejo da filha de ver suas fotos instantaneamente. Esses dois anseios se uniram para dar vida a algo revolucionário.

O problema dos problemas

Um dos problemas dos problemas é que eles normalmente se iniciam com uma **confusão**. Grande parte das pessoas, especialmente os executivos, não gosta de confusão. Porém, se as coisas não fossem complicadas ou não se complicassem, não haveria descontentamento e, para início de conversa, o pensamento produtivo não teria nenhuma serventia. A confusão tem lugar quando começamos a nos dar conta do quanto as coisas poderiam ser melhores: mais rápidas, mais baratas, mais rentáveis ou simplesmente diferentes!

Os problemas são, em verdade, um quebra-cabeça desmontado. Tente se lembrar da última vez em que tentou montar um quebra-cabeça. Depois de desembalá-lo, qual foi a primeira coisa que você fez?

Muitas pessoas dizem que, para começar, tentam encontrar todas as peças das extremidades e, em seguida, distinguir os quatro cantos. Outros dizem que a estratégia mais eficaz é primeiramente classificar as peças em grupo segundo a cor. A primeira coisa que uma amiga minha faz é contar todas as peças. Afinal de contas, justifica ela, se estiver faltando alguma peça, que sentido faz começar a montá-lo?

Contudo, se observamos os quebra-cabeças, veremos que, independentemente do que as pessoas **alegam** fazer, a primeira coisa que elas **realmente** fazem é abrir a caixa e despejar todas as peças e virar para cima as que estão ao contrário. Em outras palavras, a primeira coisa que os montadores de quebra-cabeças em geral fazem é dar uma boa examinada em toda aquela confusão e só então começar a classificar e ordenar as peças tendo por base as extremidades, os cantos, os grupos de cores e assim por diante.

É exatamente para isso que a primeira etapa do MPP foi concebida. "O que está havendo?" compõe-se de uma série de perguntas cujo propósito é nos permitir compreender o problema de modo abrangente, seu impacto, o que sabemos e precisamos saber sobre sua dinâmica e suas causas, quem exerce influência sobre ele e quem ele pode afetar e como seria o futuro se esse problema fosse resolvido.

Se as coisas não fossem complicadas ou não se complicassem, não haveria descontentamento e, para início de conversa, o pensamento produtivo não teria nenhuma serventia.

"O que está havendo?" compõe-se de cinco subetapas, todas em forma de questões:

1. *Qual é o anseio?* Qual é o descontentamento, a aflição que nos compele a querer mudar?
2. *Qual é o impacto?* Qual o efeito desse anseio? Por que ele é importante?
3. *Quais são as informações?* O que sabemos sobre esse anseio, sobre suas causas? O que mais provavelmente precisaremos saber?
4. *Quem está envolvido?* Quem são os interessados (*stakeholders*), aqueles que talvez sejam afetados por esse anseio e aqueles que talvez o influenciem?
5. *Qual é a visão?* Qual é nossa visão do futuro no qual o problema é resolvido?

O resultado de "O que está havendo?" é um contexto abrangente para que possamos refletir mais a fundo.

1ª Subetapa: Qual é o anseio?

Nossos anseios são persuasivos. Eles nos provocam desconforto e nos fazem procurar alívio. Normalmente, não conseguimos identificar o problema. Algumas vezes, tampouco temos consciência de que existe um problema. Contudo, algo nos diz que as coisas estão fora do prumo. Sabemos que elas poderiam melhorar e nos dar maior satisfação. Começamos então a sentir uma comichão.

Os dicionários definem a palavra **comichão** (*itch*) como um prurido ou uma irritação peculiar que provoca o desejo de coçar ou friccionar a pele. O termo comichão também pode ser definido como o desejo de fazer alguma coisa ou de obter algo, uma ânsia perturbadora e desesperada. Nossa vida está cheia de comichões, e essa sensação nos desperta a vontade de coçar, de relegar esse prurido ao passado.

Ao longo de toda a história, os seres humanos realizaram feitos maravilhosos ao reagir a essas tentações. A história da imigração européia para as Américas é um exemplo de unhas e garras querendo pôr fim aos pruridos, do momento em que Cristóvão Colombo se depara com os nativos aruaques na ilha por ele cunhada de San Salvador à colônia puritana separatista em Plymouth, Massachusetts, às ondas de imigrantes irlandeses, alemães, judeus e russos que então se seguiram. Todos esses acontecimentos foram tentativas de eliminar esses pruridos: comichões pelo comércio, comichões pela liberdade, comichões por uma vida melhor.

A primeira subetapa de "O que está havendo?" é identificar, portanto, nosso anseio, nossa comichão. Aqui, investigamos, antes de mais nada, a necessidade de idéias novas. O que está errado, o que poderia ficar melhor, o que está em desequilíbrio, o que precisa ser aprimorado?

Às vezes, nossas comichões são óbvias, como a preocupação de Edwin Land quanto ao futuro de sua empresa. Todavia, existe sempre o risco de saltarmos para o primeiro anseio que nos vem à mente. Não podemos começar a resolver nosso quebra-cabeça distinguindo uma única peça. Temos de despejar todas as peças para que possamos ver o que temos à nossa frente. Para nós, é fácil pressupor que sabemos do que se trata o problema simplesmente porque nossos padrões de pensamento nos levam a conclusões **"óbvias"** (e possivelmente incorretas). Se relacionarmos extensivamente nossos possíveis anseios, maior será a probabilidade de compreendermos o problema real com o qual teremos de lidar, e não algo que não alcança o âmago da questão.

• • •

Mesmo quando estamos trabalhando com clientes que têm certeza de que sabem qual é seu anseio, costumo estimulá-los a pensar divergentemente nesta etapa — em outras palavras, a elaborar um extenso rol de seus possíveis anseios. Como o médico que deseja ter certeza de que prescreveu o tratamento correto, é indispensável conhecer não apenas os sintomas presentes, mas a doença por trás deles.

Comece a investigar o seu problema relacionando o máximo de anseios que puder. Não há necessidade de justificar nenhum deles, nem de defini-los nitidamente. Tampouco eles devem ter uma importância especial. O que você está procurando nesse momento é nada mais nada menos que uma ampla relação de possibilidades.

Não analise. Não fale com ninguém a respeito. Apenas relacione. Nesta etapa inicial, tentar se aprofundar mais do que isso é como tentar redigir a versão final de um livro ou de um plano de negócios na primeira tentativa. As atividades se tornam tão hercúleas e intimidantes que temos dificuldade até de começar, quanto mais de acertar.

Uma das principais barreiras ao pensamento produtivo é o impulso quase compulsivo da maioria das organizações empresariais de acertar. Estamos invariavelmente tão preocupados em obter a resposta "correta", em determinar o problema "correto" ou em encontrar a causa "correta" que agimos como um ator que se encouraça por ter medo de representar em público. Já frequentei inúmeros dos supostos encontros de resolução de problemas nos quais ninguém apresenta nenhuma idéia por medo de que possa propor algo errado.

Se isso não bastasse, podemos ficar de tal maneira determinados a identificar um "grande" problema, a causa "básica" ou a preocupação "seminal" que subestimamos todas as questões aparentemente mundanas que, se tratadas, poderiam diminuir logo no início esse nosso prurido.

Nesta etapa, dispa-se da túnica de juiz, abandone o martelo e se dê a permissão de cometer desacato total ao tribunal. Simplesmente se expresse, dê vazão. É produtivo, pois mantém a bola de idéias rolando, e é divertido. Faça perguntas que comecem a eliminar possíveis anseios, como as seguintes:

- *O que está me incomodando?*
- *O que está fora do prumo?*
- *O que precisa ser resolvido?*
- *O que poderia ser melhorado?*
- *O que eu gostaria que mudasse?*
- *O que eu gostaria de ver de uma perspectiva diferente?*
- *Quais desafios estou enfrentando?*
- *O que gostaria que funcionasse melhor?*
- *Se minha inquietação fosse encontrar um slogan para uma camiseta, o que ele expressaria?*

Procure anseios implícitos e igualmente explícitos. Por acaso algum pressupõe outro? Em seu rol existe um anseio abrangente que possa conter inúmeros outros? Há algum anseio que esteja encoberto, que ainda não tenha denominado porque é muito aflitivo, muito desconcertante e politicamente incorreto ao extremo?

Ao relacionar seus anseios, seu objetivo não é ser organizado nem esperto nem luminoso. Você está na verdade despejando sobre a mesa o máximo de anseios a seu alcance, da mesma forma que as peças do quebra-cabeça, para que possa examiná-los. Tendo feito isso, poderá começar a perceber quais repercutem em você, quais parecem mais importantes e quais realmente deseja enfrentar.

> O extenso rol de anseios de Edwin Land talvez tivesse uma fisionomia semelhante a esta:
> - Não há como manter 1.250 funcionários aos níveis de produção praticados antes da guerra.
> - Estamos tão concentrados nos empreendimentos de defesa nacional que prejudicamos outras iniciativas de pesquisa e desenvolvimento.
> - Não conseguimos transformar nossos produtos de defesa em coisas que possam ser úteis para os consumidores.
> - Há anos não pensamos sobre produtos de consumo.
> - O nível de expansão da empresa foi tal que não podemos mantê-la apenas com a atividade que desenvolvíamos antes da guerra.
> - Os produtos que de fato dispomos talvez estejam obsoletos.
> - Perdemos a capacidade de desenvolver produtos de consumo.
> - Não temos uma abordagem racional para redimensionar e enxugar a empresa.
> - Não temos um plano para procurar concorrer a contratos governamentais.
> - Precisamos começar a pensar sem demora em oportunidades para novos produtos.
> - Precisamos começar a considerar outras oportunidades para fecharmos contratos governamentais.
> - Precisamos retomar nossas atividades inventivas.
> - Não me sinto mais desafiado.
> - Costumávamos sempre inventar alguma coisa; não estamos inventando mais nada.
> - Precisamos descobrir de que modo podemos nos conectar novamente com o que as pessoas de fato desejam.

Depois de relacionar todas os anseios possíveis, a etapa seguinte é reduzir essa lista, para encontrar aqueles que nos parecem mais importantes. Quando nosso rol de anseios é extenso, uma das melhores maneiras de filtrá-los é primeiramente agrupar ou agregar os itens da lista. Seguindo um procedimento em grande medida idêntico ao de um quebra-cabeça, é necessário classificar os anseios em grupos temáticos. Desse modo, podemos visualizar a constelação de anseios que estão nos impulsionando.

Edwin Land deve ter reunido 15 sentenças sobre seus possíveis anseios nos seguintes agrupamentos:

Anseios relacionados às novas circunstâncias empresariais
- Não há como manter 1.250 funcionários aos níveis de produção praticados antes da guerra.
- O nível de expansão da empresa foi tal que não podemos mantê-la apenas com a atividade que desenvolvíamos antes da guerra.
- Os produtos que de fato dispomos talvez estejam obsoletos.
- Não temos uma abordagem racional para redimensionar e enxugar a empresa.

Anseios relacionados a clientes governamentais
- Não conseguimos transformar nossos produtos de defesa em coisas que possam ser úteis para os consumidores.
- Não temos um plano para procurar concorrer a contratos governamentais.
- Precisamos começar a considerar outras oportunidades para fecharmos contratos governamentais.

Anseios relacionados a quanto já mudamos
- Estamos tão concentrados nos empreendimentos de defesa nacional que prejudicamos outras iniciativas de pesquisa e desenvolvimento.
- Há anos não pensamos sobre produtos de consumo.
- Perdemos a capacidade de desenvolver produtos de consumo.
- Costumávamos sempre inventar alguma coisa; não estamos inventando mais nada.

Anseios relacionados às raízes da empresa
- Precisamos descobrir de que modo podemos nos conectar novamente com o que as pessoas de fato desejam.
- Não me sinto mais desafiado.
- Precisamos retomar nossas atividades inventivas.
- Precisamos começar a pensar sem demora em oportunidades para novos produtos.

Ao agruparmos nossa relação de anseios, conseguimos obter uma perspectiva mais nítida do problema como um todo. Se primeiramente relacionamos e em seguida organizamos variadas formas de expressar esses anseios, nossos vários e diferentes pensamentos, algumas vezes até conflitantes, passam a fazer sentido. Em vez de pontos distintos em um firmamento desconhecido e inexplorado, os anseios começam a formar constelações, algumas luminosas e proeminentes, outras mais indistintas e menos significativas. Após alguns poucos minutos de meditação, a indagação "**Como a empresa poderá se manter depois que os contratos com a defesa nacional expirarem?**" Levantada a princípio torna-se uma expressão bem mais valiosa sobre o que de fato está ocorrendo. Agrupar nossa relação de anseios é como ter de escalar uma montanha ao topo a fim de nos orientarmos e visualizarmos nossos ângulos de direção, para só depois seguirmos adiante para o rumo escolhido. No cume, podemos enxergar muito mais do que conseguimos distinguir ao sopé da montanha.

> O processo de divergir para inventariar e convergir para tomar decisões é o cerne do modelo de pensamento produtivo (MPP).

Agora alcançamos uma posição em que podemos fazer algumas opções significativas. Que anseio ou agrupamento específico de anseios nos transmite maior firmeza?
Qual ressoa mais profundamente e mais forte dentro de nós?
Qual aflora e se torna mais proeminente?
Qual teríamos maior satisfação em sanar?
O que provavelmente sentiríamos se esse anseio *não* fosse sanado?
Se Land tivesse de fato feito esses agrupamentos, talvez identificasse seu problema real com a sentença "**Perdi a sintonia com a alegria e o prazer de inventar para o mercado de consumo**". Esse era seu verdadeiro anseio. Se pudesse saná-lo, todas as outras coisas se encaixariam.
Nesta primeira subetapa de "O que está havendo?", espero que você possa perceber a importância de usar como ponto de partida o **pensamento divergente e criativo** — em outras palavras, **inventariar** —, seguido do pensamento convergente e crítico — em outras palavras, **tomar decisões**. Esse processo de divergir para inventariar e convergir para tomar decisões é o cerne do MPP.

2ª Subetapa: Qual é o impacto?

A etapa seguinte para descobrir o que está havendo é enfatizar o impacto desse anseio. Para isso, precisamos levantar uma série de perguntas básicas. Repetindo, nesse processo é essencial elaborarmos um extenso rol e, em se-

guida, escolhermos. O segredo é gerar o máximo de idéias possível. Para termos uma dimensão do impacto de nossos anseios, devemos fazer perguntas como as seguintes:
- *O que está me perturbando nessa situação?*
- *Seria isso uma prioridade? Se sim, por quê?*
- *O que estou pressentindo?*
- *Por que escolhi aquele anseio ou aquele grupo de anseios?*
- *O que torna meus anseios importantes para mim?*
- *Como eles me afetam?*
- *De que outra forma eles me afetam?*

Land talvez expressasse os impactos por ele percebidos desta maneira:
- *Não tenho mais aquela satisfação de fazer as coisas que amo fazer.*
- *Não estar em sintonia com os consumidores é também uma ameaça à lucratividade da empresa.*
- *Isso é indispensável porque inventar sempre foi à alma da Polaroid.*
- *Se eu não conseguir encontrar uma forma de reconectar a empresa com suas raízes, talvez ela perca sua razão de existir.*

Primeiro, precisamos procurar identificar o óbvio. Depois, enxergar além dele.
- Quando pensamos sobre nossos anseios, como nos sentimos em relação a eles?
- Como nos sentimos em relação a nós mesmos?
- Que emoções podemos explicitar?
- Que outros problemas nos fazem sentir a mesma coisa?
- Será que existe alguma relação entre esses problemas? Se sim, qual seria?

Depois de gerarmos um extenso rol de impactos, é o momento de escolher os mais significativos para nós, aqueles que nos passam maior firmeza. A lista final de impactos, agora abreviada, deve nos oferecer uma boa percepção sobre o motivo por que nosso anseio nos é valioso. Quanto mais nitidamente virmos os impactos e as ramificações de nossos anseios, mais propensos ficaremos a deixar brotar o vigor e a paixão necessários para saná-los.

3ª Subetapa: Quais são as informações?

Tendo já escolhido o anseio e compreendido a importância que ele tem para nós, a etapa seguinte consiste em enunciar o que já sabemos sobre ele e o que ainda necessitamos descobrir. Para tornar esse processo mais fácil, gostaria de apresentar uma ferramenta de pensamento extremamente eficaz, denominada

KnoWonder.* Essa ferramenta nos permite gerar rapidamente pontos de vista práticos sobre qualquer problema que desejarmos investigar.

Sua utilização é aparentemente simples. Pegue uma grande folha de papel. Quanto maior, melhor. Uma folha de *flip-chart* é ideal. Trace uma linha vertical no centro da folha, dividindo-a ao meio. Na parte superior, designe a coluna da esquerda como "Sei" ou "Sabemos" e a da direita como "Desejo Saber" ou "Desejamos Saber".

Sei	Desejo Saber

Comece pela coluna da esquerda, usando o pensamento divergente e criativo, relacione todas as coisas que você conheça sobre seu anseio. Se não tiver mais nenhuma idéia, tente procurar sugestões e pistas fazendo perguntas específicas:

- *Que recursos concorrem para isso: dinheiro, energia, matéria-prima?*
- *O que pode estar provocando essa situação?*
- *Por que tenho esse anseio?*
- *O que o estaria perpetuando?*
- *Será que outras pessoas ou organizações experimentam anseios semelhantes?*
- *Quem?*
- *Por quê?*
- *Como reagiram a isso?*
- *Por que teriam reagido dessa forma?*
- *Será que já tentei sanar esse anseio antes?*
- *O que experimentei para conseguir isso?*
- *O que outras pessoas experimentaram?*
- *O que ocorreu?*
- *O que funcionou?*
- *O que não funcionou?*
- *Que obstáculos surgiram no caminho?*

Quando esgotar suas forças e não conseguir mais relacionar o que sabe, comece a trabalhar no outro lado da folha. O que você sabe sobre esse anseio e a

---

* O significado do nome composto atribuído à ferramenta KnoWonder poderia ser "desejo de saber", mas os termos à parte têm o significado de **sei** (*know*) e **desejo saber** (*wonder*). Preferimos, contudo, manter *KnoWonder* para não perder a originalidade. (N. da T.)

situação circundante? Relacione todas as coisas que não saiba e gostaria de saber a esse respeito. Escreva tudo que lhe vier à mente. Você ficará tentado a pensar que não vale a pena registrar uma determinada coisa que deseja saber simplesmente porque acredita que seria difícil ou mesmo impossível encontrar a resposta. A essa altura, entretanto, as respostas não são tão importantes quanto as perguntas. **O que você deseja saber sobre seu anseio?** Procure esgotar as possibilidades.

Agora, examine sua lista e use o pensamento convergente e crítico para selecionar os itens — aqueles que você sabe e aqueles que precisa descobrir — mais importantes para compreender amplamente seu anseio.

No momento em que finalizar esse exercício, ainda que ele seja breve, provavelmente terá uma relação consistente das coisas que conhece e das coisas que não conhece acerca de seu anseio. Você construiu uma plataforma de informações valiosa para usar como sustentáculo.

Um dos aspectos mais marcantes do MPP e de suas ferramentas é a possibilidade de tornarem nosso pensamento visível. Podemos não apenas enxergar os resultados que obtemos, mas compará-los com o raciocínio e as perspectivas de outras pessoas. No trabalho que desenvolvemos com nossos clientes, com frequência usamos a ferramenta *KnoWonder* para examinar em que ponto as pessoas que integram as equipes de trabalho concordam e em que pontos elas divergem com relação aos "fatos" que circundam um problema.

4ª Subetapa: Quem está envolvido?

A forma como enxergamos as coisas depende do ponto em que estamos: de nosso ponto de vista. Uma máquina pode representar uma ferramenta de melhoria da produtividade para um executivo, uma maneira de expressar uma linguagem de programação para um programador, uma garantia adicional para um banqueiro ou uma ameaça ao trabalho para um sindicato. Tudo depende de nosso ponto de vista.

Até aqui, você examinou seu anseio fundamentado em seu ponto de vista. Agora, precisa mudar sua perspectiva. É improvável que você seja a única pessoa a ser afetada por seu anseio ou a única pessoa a exercer influência sobre ele. Quem mais está envolvido ou é afetado por ele? Em outras palavras, quem são os interessados e o que está em jogo para cada um deles?

Repetindo, nosso ponto de partida é gerar um rol extenso de interessados. Relacione todas as pessoas ou grupos que possam ter influência sobre a questão em pauta. Relacione todas as pessoas ou grupos que possam ser afetados pelo problema. Relacione o que está em jogo ou poderia estar em jogo para cada um.

Como eles são afetados por esse anseio?
O que eles podem ganhar se as coisas permanecerem como estão?
O que eles podem ganhar se as coisas mudarem?
Como eles descreveriam esse anseio?

De que modo eles enxergariam esse anseio?
Da mesma forma que você?
De uma maneira um pouco diferente?
De uma forma completamente divergente do seu ponto de vista?

Em seguida, pergunte a si mesmo quem *mais* poderia ser afetado por esse anseio.

O que poderia estar em jogo para essas pessoas?

O extenso rol de Edwin Land dos interessados e dos fatores que poderiam estar em jogo para cada um deles talvez contemplasse os seguintes traços:

- **Funcionários da Polaroid**. Para muitos deles, o que pode estar em jogo é o próprio sustento; se não forem identificados novos mercados, talvez percam o emprego.
- **Acionistas, financistas e credores da empresa**. Investimentos saudáveis é o que estaria em jogo para todos eles; é bem provável que dariam preferência a uma abordagem conservadora, talvez para tentar estender os contratos existentes.
- **Os fornecedores com participação financeira na Polaroid**. Praticamente não há dúvida de que eles prefeririam encontrar um modo de manter seu *status quo*.
- **Minha família**. A segurança financeira seria um problema, mas igualmente o seria reaver aquela sensação de aventura que infundiu a empresa em seus primórdios.
- **Clientes**. Ah, aqui repousa uma grande incógnita. Cada vez mais, os clientes estavam querendo algo novo, algo diferente, mas o que seria isso?
- **Clientes em potencial**. Se ele conseguisse criar um nova categoria, como fez com os óculos escuros especiais que inventara, seria capaz de criar um mercado totalmente novo. Certamente a demanda do consumidor seria reprimida numa economia pós-guerra.
- **O atual cliente da Polaroid na área de segurança e defesa nacional**. Será que haveria alguma restrição quanto ao que ele poderia ou não fazer, tendo em vista que sua empresa passou a ser co-responsável pelo sigilo das informações confidenciais de seu cliente?
- **Possíveis parceiros técnicos**. O desenvolvimento de novos produtos sem dúvida envolveria relações com fornecedores externos. Talvez houvesse meios para dividir os riscos dos investimentos inerentes a qualquer novo empreendimento.
- **Concorrentes em potencial**. Qualquer novo avanço certamente provocaria uma ruptura no mercado, como ocorreu com os

óculos escuros. A empresa precisaria compreender e lidar com as pressões e reações da concorrência.

Como em cada uma das subetapas anteriores de "O que está havendo?", a parte subsequente do processo é examinar seu extenso rol e selecionar os itens mais significativos.

> A lista abreviada de Land provavelmente teria esta aparência:
> • Funcionários da Polaroid
> • Acionistas da empresa
> • Minha família
> • Clientes
> • Clientes em potencial

Do presente para o futuro

Até o momento, todo o trabalho que desenvolvemos nesta etapa do processo de pensamento produtivo se resumiu a tentar responder à pergunta: "O que está havendo?" no presente. Agora, precisamos de uma imagem ou representação do futuro em que nosso problema já está resolvido.

Suponhamos, por exemplo, que você seja responsável por uma equipe cujos membros estão enfrentando dificuldade para se comunicar eficazmente. Depois de ponderar sobre os diferentes aspectos acerca do que está havendo, você converge para uma caracterização mais ou menos assim:

- *O ambiente é improdutivo.*
- *O desempenho é descendente.*
- *Parece que ninguém está sentindo prazer em trabalhar.*
- *As pessoas sempre chegam atrasadas, saem mais cedo e prolongam o horário de almoço.*
- *A falta de confiança instalou-se na equipe e está se autoperpetuando.*
- *As pessoas estão ficando cada vez mais defensivas em relação às informações que detêm.*
- *Essa relutância em compartilhar essas informações só faz exacerbar a situação.*
- *Se as coisas não mudarem em breve, o grupo está predestinado a entrar na espiral da morte, à degeneração.*
- *Temo que essa situação possa afetar minha carreira de alguma maneira.*

Todas elas são afirmações sobre a situação atual. Elas expõem as coisas tal como elas estão, pelo menos do ponto de vista de quem está descrevendo. Mas ainda que seja tão importante quanto enxergar o que está havendo, é pouco provável que apenas compreender a situação seja suficiente para melhorá-la. Se estivermos interessados em mudar, precisamos desenvolver uma percepção de **possibilidade**. Uma das formas mais práticas de fazer isso é conceber uma série de futuros em que o anseio não mais exista.

5ª Subetapa: Qual é a visão?

A última subetapa de "O que está havendo?" é estabelecer uma visão para o futuro. No MPP, chamamos essa visão de futuro almejado, que é o lugar aonde desejamos chegar. Essa visão não nos explica como chegaremos lá; em outras palavras, ela não é uma solução. Na verdade, é uma breve representação de um futuro em que nosso problema está resolvido e nosso anseio não nos aflige mais.

> *Seria maravilhoso se todos trouxessem um sorriso no rosto quando entrassem para trabalhar!*

Vejamos como se busca um futuro almejado. Usando todos os raciocínios anteriores sobre o problema em pauta, empregamos o pensamento divergente e criativo para relacionarmos tanto quanto pudermos os futuros em que não existam mais anseios. Esses futuros não precisam ser realistas ou fazer sentido. O importante é capturar o sonho. Quando realizo algum trabalho com grupos de clientes, normalmente sugiro que eles usem uma série de sentenças-raiz ou de impulso para darem partida no pensamento criativo. Para mim, as frases mais valiosas são "Seria ótimo se...", "Gostaria..." e "Se ao menos...".

O propósito da frase-raiz "Seria ótimo se..." é estimular reflexões ou divagações sobre os possíveis futuros: os lugares aos quais desejamos chegar. Uma reflexão acerca da equipe disfuncional descrita anteriormente poderia ser: "Seria ótimo se todos trouxessem um sorriso no rosto quando entrassem para trabalhar!". Ou então: "Seria ótimo se o nosso trabalho fosse agradável a ponto de constantemente não vermos o dia passar!". Ou: "Seria ótimo se eu sentisse que minhas contribuições realmente fazem a diferença!"

O objetivo da frase-raiz "Gostaria..." é estimular futuros mais tangíveis. Vejamos alguns exemplos: "Gostaria que nossa equipe fosse tão eficaz quanto as pessoas do gerenciamento de contas parecem ser!" ou "Gostaria que nossos procedimentos não fossem tão redundantes!" ou "Gostaria que as pessoas estivessem mais ao alcance e eu não tivesse de ouvir sempre sua caixa postal quando tentasse encontrá-las!"

O propósito da sentença-raiz "Se ao menos..." é descrever futuros almejados com respeito à superação de frustrações. No exemplo da equipe disfuncional, essa raiz poderia gerar sentenças como: "Se ao menos as pessoas reconhecessem minhas contribuições aqui!" ou "Se ao menos não tivéssemos que refazer as coisas seis vezes para conseguir acertar!" ou "Se ao menos a direção percebesse de alguma forma o quanto esse trabalho é complexo!".

Usando essas três raízes, tente imaginar o máximo de futuros que puder. O manancial dessas sentenças é a intensidade e amplitude do raciocínio já realizado anteriormente. As sentenças do futuro almejado podem ser estimuladas por nosso rol inicial de anseios, por nossas descrições sobre como eles nos afetam, pelas relações obtidas por meio da ferramenta *KnoWonder* e mesmo com base no futuro que os principais interessados desejam alcançar. Outras "sentenças de impulso" valiosas poderiam ter mais ou menos a seguinte feição: "O que de fato eu gostaria de ver é...", "O que este lugar de fato precisa é..." e "Eu ficaria extremamente feliz se..." e assim por diante. Tantas são as sentenças de impulso quanto são as possibilidades de sonhar com um futuro melhor. O segredo, como sempre, é gerar o máximo de idéias que conseguirmos. Quanto mais extenso nosso rol, maior a probabilidade de encontrarmos um futuro almejado que valha a pena perseguir.

Observe que algumas das sentenças desse rol contradizem-se ("Seria ótimo se pudéssemos nos conectar novamente com nossas raízes" e "Se ao menos pudéssemos fechar contratos com outros órgãos governamentais"). Outras sentenças não são realistas ("Se ao menos os banqueiros não nos deixassem na mão"). Algumas outras são apenas idéias efêmeras que provavelmente não refletem os valores fundamentais de Land ("Gostaria de conseguir vender a empresa"). Quando o que está em pauta é gerar listagens desse tipo, fatores como consistência, realismo e até mesmo valores fundamentais não são importantes. Lembre-se, para gerar uma lista suficientemente grande, é necessário **engavetar o julgamento**. Mais tarde, sempre será possível eliminar o inapropriado, quando retomamos nossa lista para refletirmos criticamente sobre ela. O essencial aqui é conceber proposições para o futuro de uma maneira espontânea, assistemática e autônoma, na expectativa de que uma delas seja o futuro almejado que desejamos perseguir e alcançar.

O futuro almejado de Land

Apresentamos a seguir um fragmento dos itens que talvez integrassem a lista de futuros de Land:
- Gostaria de poder voltar a trabalhar com as invenções!
- Se ao menos pudéssemos evitar as demissões após a guerra!
- Seria ótimo se todo mundo pudesse comprar 16 pares de óculos escuros!
- Seria ótimo se pudesse sentir a mesma sensação de desafio que costumava sentir!
- Se ao menos pudéssemos reaver nossos contratos governamentais para realizar atividades adequadas aos tempos de paz!
- Seria ótimo se pudéssemos nos conectar novamente com nossas raízes!
- Gostaria de conseguir vender a empresa!
- Seria ótimo se começasse a existir demanda por pára-brisas polarizados na indústria automobilística!
- Se ao menos os banqueiros não nos deixassem na mão!
- Gostaria de conseguir me envolver novamente com os consumidores!
- Se ao menos eu conseguisse encontrar um produto tão inovador e atraente quanto nossas lentes polarizadas!
- Gostaria de conseguir demonstrar um plano de transição estável aos nossos avalistas financeiros!
- Se ao menos no pós-guerra o governo propusesse financiamentos para seus contratados conseguirem realizar essa transição!
- Seria ótimo se conseguíssemos empreender algo no presente para estarmos prontos para agir quando a guerra terminar!
- Se ao menos conseguíssemos fechar contratos com outros órgãos governamentais!

Convergindo para uma visão e avistando o futuro

Assim que geramos um extenso rol de possíveis futuros, o passo seguinte é selecionar um ou dois aos quais julgamos ter força suficiente para dedicar no presente. A ferramenta mais eficaz que conheço para isso é a I^3.[1] Essa ferramenta nos permite determinar quais itens de nossa lista valem a pena perseguir. I^3 representa os três critérios usados para avaliar os itens de nossa listagem: **influência**, **importância** e **imaginação**. Veja como essa ferramenta funciona.

Influência	Importância	Imaginação	Futuro almejado
	√		Se ao menos as pessoas não chegassem sempre atrasadas para as reuniões.
√	√	√	Seria ótimo se compreendêssemos melhor nossos clientes.
	√	√	Seria ótimo se conseguíssemos acabar com a fome no mundo.

Depois de gerar uma extensa relação de possíveis futuros, trace três colunas estreitas à esquerda dessa lista. A primeira corresponde ao fator **influência**. Acrescente uma marca de verificação ao lado de cada item da lista sobre o qual você tenha influência. Se o futuro almejado estiver completamente fora de sua alçada, é recomendável não despender tempo ou energia nisso. Tenha cautela nessa hora, contudo, porque às vezes podemos ter mais influência do que imaginamos. Há casos em que não temos total domínio sobre um anseio, mas temos um determinado grau de influência. Nessa etapa inicial, é melhor pecar por excesso de otimismo. Se você tiver alguma influência, mas não domínio completo, marque isso.

A segunda coluna corresponde ao fator **importância**. Acrescente uma marca de verificação ao lado de cada item da lista que lhe seja importante. Você está suficientemente interessado para se enquadrar no trabalho necessário para chegar lá? Se seu futuro almejado for para sanar um anseio que não passa de uma aflição sem importância ou ocasional, talvez seja melhor não devotar muita energia para resolvê-lo. Pondere se de fato está realmente motivado a alcançar seu futuro almejado e se terá energia para perseguir sua solução até o fim. Nas palavras do extraordinário arquiteto e planejador urbano do século XIX Daniel H. Burnham: "Não faça planos pequenos; eles não têm magia alguma para atiçar o sangue dos homens". Nosso sangue precisa ser um pouco atiçado, animado. Assim como no fator influência, invariavelmente descobrimos que existem graus de importância. Neste momento, não se prenda demasiadamente a essas distinções. Confie em sua intuição. Isso é importante? Se for, marque. Se não, desprenda-se disso por enquanto.

A terceira coluna corresponde ao fator **imaginação**. Acrescente uma marca de verificação ao lado de cada futuro almejado que possa exigir alguma imaginação para ser alcançado. Se para atendê-lo for essencial um novo raciocínio ou uma solução imaginativa, ele merece ser marcado. Contudo, se em sua opinião houver alguma solução pronta para ser usada, seria bem melhor se simplesmente lançasse mão dela. Muitos problemas empresariais podem ser tratados com as comumente chamadas boas práticas. Repetindo, tenha cautela. O fato de existir uma solução pronta não significa que ela seja a **melhor** solução disponível.

Pergunte a si mesmo se por acaso não estaria interessado em uma solução mais eficaz, mais rápida ou mais barata do que uma solução já pronta, mas trivial. Se você acha que sim, marque o terceiro "I".

> *Nosso futuro almejado é a plataforma que ancorará todos os demais pensamentos que terão lugar à medida que avançarmos no processo de pensamento produtivo.*

Se um ou mais de seus futuros-alvo estiverem marcados em todas as três colunas — se tiver respondido sim a todas as três perguntas "I" —, há uma boa chance de se beneficiar da aplicação do MPP. Se sua resposta a qualquer uma dessas perguntas for não, é recomendável pensar na possibilidade de redefinir seu futuro almejado para que ele de fato atenda aos critérios da ferramenta I^3 ou então, de se dedicar a um desafio diferente.

O último passo é escolher o futuro almejado ao qual deseja se dedicar no presente. Examine novamente todos os enunciados sobre os quais exerça influência, que sejam genuinamente importantes para você e que possam se beneficiar do pensamento imaginativo e original. Se mais de um futuro almejado atender a todos os três critérios, escolha aquele ao qual você tenha mais energia para dedicar no momento.

Não se preocupe com os futuros que você tenha deixado para trás. Eles não desaparecerão. Sempre que desejar poderá retomá-los e se dedicar a eles num momento posterior. Muitos dos meus clientes mantêm esse rol de futuros almejados em constante operação. Você pode fazer a mesma coisa. Ao retomá-los de tempos em tempos, podemos descobrir que um determinado futuro almejado, que a princípio nos parecia insignificante, ganhou relevância para nossa vida ou a vida de nossa empresa ou que um determinado futuro almejado sobre o qual tínhamos pouca ou nenhuma influência hoje é um futuro sobre o qual temos grande influência.

Depois que selecionarmos o futuro almejado do qual desejamos nos ocupar, precisamos reescrevê-lo de uma maneira que nos motive a alcançá-lo. E a forma como o enunciamos é significativa. Nosso futuro almejado é a plataforma que ancorará todos os demais pensamentos que terão lugar à medida que avançarmos no processo de pensamento produtivo. Como foi mencionado no capítulo 2, **pensar é o esforço mais árduo que existe**. Pode ser exaustivo e pode ser frustrante. Refletir sobre um problema ou questão exige resistência tanto emocional quanto física. Se enunciarmos nosso futuro almejado de um modo que não nos impulsione, é provável que não sejamos capazes de manter a energia necessária para prosperarmos nesse intento. Os futuros enunciados com frases do tipo "gostaria de me sentir adequado" ou "gostaria de obter mais lucro" ou "gostaria de encontrar um emprego ideal" não são particularmente galvanizantes. Em algum momento descobrimos que é bem mais envolvente, estimulante e produtivo usar a sentença completa do futuro estabelecido, incluindo as raízes que empregamos para gerá-la e igualmente um pouco de pontuação. **"Seria ótimo se eu adorasse ir ao trabalho todos os dias!"** Observe o ponto de exclamação. Dá à sentença a força de uma exclamação. "O que essa empresa na verdade precisa é fazer mais dinheiro!" Precisamos tornar a motivação um elemento permanente em nossa linguagem. Afinal de contas, queremos alcançar o futuro almejado, não queremos? "Se ao menos eu conseguisse encontrar aquele emprego ideal!"

O essencial é conceber proposições para o futuro de uma maneira espontânea, assistemática e autônoma, na expectativa de que uma delas seja o futuro almejado que desejamos perseguir e alcançar.

Então, como Edwin Land expressaria seu futuro almejado? Talvez soasse mais ou menos assim:

Seria ótimo se eu conseguisse inventar algo que realmente recobrasse minha paixão e a levasse adiante, algo que tivesse o potencial de marcar um gol de placa e de provocar os aplausos do público!

Um futuro como esse de fato valeria a pena almejar. Alcançá-lo certamente daria conta desses anseios.

• • •

Para mim, uma das coisas mais notáveis na história de Land é como o anseio dele e o anseio da filha se cruzaram. A pequenina Jennifer Land, que desejava ver suas fotos naquele exato momento e não mais tarde, deu ao pai o veículo perfeito que o conduziria a seu futuro almejado. Nesse momento, **havia** então uma comichão ideal para cravar as unhas: as fotografias instantâneas! **Seria ótimo se houvesse uma câmera que conseguisse produzir fotografias instantâneas!** Não demorou muito para que Land se desse conta de que ele provavelmente conseguiria fabricar uma. Ao fazê-lo, ele transformou tanto sua empresa, quanto o modo como milhões de pessoas ao redor do mundo experimentavam e registravam momentos especiais de suas vidas.

Ao se relembrar da chuva de idéias que se despejou em sua mente naquele dia, Land disse: "Foi como se tudo o que até então havíamos feito para aprender a fabricar polarizadores [...] tivesse sido uma escola e uma preparação para o primeiro dia em que repentinamente entendi de que modo criaria um processo fotográfico a seco de um só passo".

Não há dúvida de que esse momento foi extraordinário, mas foi apenas um dentre vários momentos possíveis. Uma coisa é fascinante: depois que Land formulou o futuro almejado por ele imaginado para a Polaroid, a fotografia instantânea passou a ser apenas um dos inúmeros caminhos possíveis para alcançá-lo. A idéia de sanar o anseio de Jennifer era estimulante, mas o anseio dela não era o único. Afinal de contas, a Polaroid durante muitos anos marcara sua presença no ramo de deflexão da luz. E se Land tivesse ficado impressionado com o reflexo do sol que ele via através da janela do hotel derretendo uma porção de neve em um telhado adjacente? Ele poderia ter pensado: "Como seria maravilhoso se eu conseguisse concentrar a luz com tal precisão que fosse possível fundir o aço!". Ele poderia ter perseguido essa idéia e ter criado o *laser* mais de dez anos antes da primeira vez em que foi demonstrado nos Laboratórios de Pesquisa Hughes. E se o cintilante da neve o tivesse feito se lembrar das lâmpadas de sinalização e o tivesse levado a pensar na capacidade da luz de transportar informações? Ele poderia ter pensado: "Se ao menos conseguíssemos usar a luz concentrada para transportar informações mais rapidamente e eficazmente do que os cabos telefônicos!". Ele poderia ter desenvolvido as fibras ópticas 20 anos antes de elas serem produzidas pela empresa Corning Glass Works. Ou talvez ele tivesse imaginado outra coisa totalmente nova, algo que ainda não tivesse sido inventado.

RESUMO

"O que está havendo?" compõe-se de cinco subetapas, todas formuladas como perguntas-chave. Em cada uma, temos a fase em que elaboramos nossas relações de anseios e a fase em que tomamos decisões.

Qual é o anseio? O que precisa ser mudado?
- Relacione tanto quanto o tempo lhe permitir sentenças que expressem um ou mais de seus anseios.
- Agrupe-os para desvendar temas e relações entre as diversas sentenças sobre o anseio em questão.
- Escolha o anseio ou o grupo de anseios mais convincente ao qual você se deterá.

Qual é o impacto? Por que esse anseio é importante?
- Relacione por que e como esse anseio o afeta.
- Escolha os impactos mais importantes.

Quais são as informações? O que precisamos saber?
- Usando a ferramenta *KnoWonder*, relacione todas as coisas que você sabe e todas as coisas que deseja saber com respeito ao anseio.
- Escolha os itens mais importantes.

Quem está envolvido? Quem são os interessados?

- Relacione todos os interessados atuais e possíveis com relação ao anseio e o que está em jogo para cada um deles.
- Escolha os interessados mais importantes.

Qual é a visão? Qual é o seu futuro almejado?
- Relacione tanto quanto o tempo lhe permitir os possíveis futuros.
- Examine todos os seus possíveis futuros e selecione todos os que atenderem aos critérios da ferramenta I^3 (influência, importância, imaginação).
- Dentre esses futuros, selecione os três, quatro ou cinco mais importantes e convincentes.
- Selecione um futuro almejado (ou uma associação de futuros) para se dedicar no presente.
- Reescreva o futuro almejado que tiver escolhido de uma forma convincente e estimulante, para que se sinta motivado a alcançá-lo.

A etapa "O que está havendo?" Fomenta as etapas subsequentes do processo de pensamento produtivo. Os resultados almejados nesta etapa formam um contexto abrangente para aprofundarmos nosso raciocínio, bem como a enunciação de um futuro almejado persuasivo.

TTT

"O que está havendo?" é uma das etapas mais longas do processo de pensamento produtivo. Todas as vezes que tentei me precipitar, em vez de examinar cuidadosamente todas as peças do quebra-cabeça, eu me lembrava de um poema do grande cientista, matemático, inventor e poeta dinamarquês Piet Hein. Hein depositou sua sabedoria em pequenos e agradáveis feixes de palavras. Este é um dos meus favoritos.

Put up in a place	*[Põe-te em lugar fácil de avistar*
where it's easy to see	*esta enigmática admoestação*
the cryptic admonishment	*T.T.T.*
T.T.T.	*Quando sentires que a escalada é*
When you feel how depressingly	*inclemente e vagarosa*
slowly you climb,	*e que a estrada é sinuosa,*
it's well to remember that	*livra-te desse tormento e lembra-te:*
Things Take Time.^{2}	*na vida* **Tudo Toma Tempo**.*

---

* Encontrei uma excelente tradução reproduzida pelo jornalista Pedro J. Bondaczuk em sua crônica "O poeta que veio do frio", em www.planetanews.com/news/2007/10748, na qual ele fala sobre Piet Hein. Infelizmente, ele não soube me informar a fonte, pois há muito ele havia lido essas trovas (*grooks*) em um livreto emprestado por um amigo. Peço licença ao tradutor "anônimo" para citá-la em nota neste livro sem mencionar seu nome e perdão aos leitores por não conseguir nem de perto suplantá-la: [Põe em lugar fácil de ver/esta advertência misteriosa:/TTT/Se a jornada é lenta e penosa,/se a escalada é fatigosa,/antes que teu desânimo se adense,/lembra-te: o Tempo Tudo Vence. (N. da T.)

[Põe em lugar fácil de ver esta advertência misteriosa: TTV Se a jornada é lenta e penosa, se a escalada é fatigosa, antes que teu desânimo se adense, lembra-te: o **Tempo Tudo Vence**.

Descobrir o que está havendo, revelar o verdadeiro anseio, configurar o contexto para pensar e estabelecer um futuro almejado convincente — **t**udo **t**oma **t**empo. Não tente ludibriar essa etapa. Talvez você não consiga controlar sua impaciência para alcançar as soluções. Contudo, o propósito aqui é começar devagar e com firmeza para que a finalização seja rápida e sólida. "O que está havendo?" oferece a base sobre a qual você construirá toda a sua estrutura de pensamento. Portanto, é imprescindível mergulhar nessa etapa. Em alguns casos, uma vigorosa sessão de "O que está havendo?", seguida de um período de incubação mental (sair para caminhar, "consultar o travesseiro" ou simplesmente desviar a atenção para outras coisas por algum tempo), talvez seja suficiente para solucionar seu problema ou deixar aflorar uma idéia nova e brilhante.[3] Na maioria das vezes, entretanto, é provável que sinta vontade de usar os *insights* obtidos para superar os obstáculos do processo. Logo que conseguir enunciar um futuro almejado convincente, estará preparado para passar para a etapa seguinte do pensamento produtivo, "O que é sucesso?", que estabelece os critérios de sucesso com base nos quais podemos avaliar as soluções que no devido tempo conceberemos.

CAPÍTULO 8

2ª Etapa: O que é sucesso?

1ª Etapa: O que está havendo?
2ª Etapa: O que é sucesso?
3ª Etapa: Qual é a pergunta?
4ª Etapa: Gerar respostas
5ª Etapa: Forjar a solução
6ª Etapa: Alinhar recursos

*"Podemos divisar o passado, mas não o influenciar.
Podemos influenciar o futuro, mas não o divisar."*
Stewart Brand (1938–)

2ª Etapa: O que é sucesso?

O princípio do impulso para o futuro

Não era um homem muito alto, fisicamente falando. Tinha apenas 1,69 m de altura. Em 28 de agosto de 1963, porém, ao subir ao púlpito do Lincoln Memorial em Washington, DC, e discursar para as 200 mil pessoas ali reunidas em frente às escadarias, esse pastor de Atlanta, então com 34 anos de idade, desencadeou uma série de eventos que mudariam sua nação para sempre. As palavras por ele proferidas naquele dia estão hoje notabilizadas em seu discurso **"Eu tenho um sonho"**, classificado por inúmeros eruditos como o discurso norte-americano mais importante do século XX.[1]

Martin Luther King Jr. conhecia bem o poder dos sonhos. Nos oito anos de marchas, protestos e outras formas de ativismo que se seguiram à prisão de Rosa Parks, quando se recusou a ceder seu lugar em um ônibus na cidade de Montgomery, Alabama, Luther King e seus companheiros líderes do movimento pelos direitos civis conseguiram algum progresso ao promover sua visão — seu futuro almejado — de que nos EUA os negros teriam os mesmos direitos e liberdades desfrutados pelos brancos. Entretanto, durante os 15 minutos em que Luther King se dirigiu ao público, transformou esse futuro almejado em um sonho vigoroso e resoluto. Ele idealizou para o seu público não apenas um futuro definido pelos termos abstratos **direitos** e **liberdades**, mas um futuro que eles podiam enxergar, ouvir, aspirar, saborear e tocar. De acordo com o deputado norte-americano John Lewis: "Ao falar do modo como falou, ele [Luther King] instruiu, inspirou e informou não somente as pessoas ali presentes, mas as pessoas de todos os cantos do país e as gerações ainda em gestação".[2]

No prazo de 18 meses de seu discurso, o Congresso americano aprovou tanto a Lei de Direitos Civis, que declarava ilegal a discriminação por racismo, e a Lei de Direito ao Voto, que conferiu o direito de voto a milhões de norte-americanos até então proibidos de votar.

Luther King conhecia o poder dos sonhos. Com esse discurso ele criou não meramente uma meta, mas o que eu imagino como um **impulso para o futuro**, uma visão do futuro tão influente, tão convincente e tão real que literalmente nos impele rumo a ele.

De certa maneira, a segunda etapa do MPP é semelhante ao discurso de Luther King. Seu propósito é criar um impulso para o futuro.

Tendo divisado o que desejamos como futuro almejado, precisamos descobrir de que modo saberemos que o alcançamos quando isso de fato ocorrer. Essa é a finalidade da segunda etapa do processo de pensamento produtivo. "O que é sucesso?" parte de nossa idéia embriônica do que imaginamos que nosso futuro almejado deva ser e a aprimora e expande de duas maneiras: pintando um quadro convincente do que esse futuro poderia ser e estabelecendo os critérios que nos ajudarão a determinar se a solução que escolhemos pode nos ajudar a alcançá-lo.

Não tenho dados estatísticos, mas sei bem que quase todas as pessoas que já trabalharam em uma organização que tenha passado por um programa de mudanças serão capazes de encontrar alguma relação com a circunstância apresentada a seguir. Após inúmeros estudos e informes, muitas idas e vindas, muita tempestade e ímpeto — tendo à frente às vezes equipes interfuncionais especialmente formadas, às vezes gurus de alguma grande consultoria externa e às vezes o cônjuge do chefe —, o documento da mudança, intitulado *Novos Horizontes* (ou algo parecido) — um rufo de tambores, por favor — enfim surge. Algumas vezes, é um manifesto, outras, um plano estratégico, às vezes um punhado de suplementos ao manual de políticas e procedimentos, outras, uma diretriz executiva e algumas outras vezes apenas um *e-mail*. Na maioria dos casos, esse documento contém *slogans* incisivos, nova nomenclatura, apresentações no *PowerPoint*, manuais de gerenciamento de mudanças, medidas e indicadores cuidadosamente calculados, revisão de responsabilidades e, obviamente, reuniões — muitas reuniões.

Passada a primeira onda de calafrios na empresa como um todo, as pessoas examinam as mudanças propostas e geralmente optam por uma dentre as cinco seguintes posturas:
- Antes, tudo estava correndo perfeitamente bem. Não consigo ver que vantagens qualquer uma dessas mudanças traria.
- As coisas não poderiam ficar melhores do que estão hoje.
- Não tão boas quanto imaginava, mas não tão ruins quanto temia. Na verdade, algumas dessas idéias são boas.
- Este é o (complete com um número ordinal) (agora, use uma expressão ou preencha com um adjetivo ou imprecação) programa de mudanças que tivemos nos últimos (complete com um número cardinal) anos!
- Lá se vai novamente minha carga de trabalho.

Contudo, independentemente do partido que as pessoas tomem, a maioria pensa ainda o seguinte:
- **Essas mudanças jamais "pegarão".**

E com frequência a maioria das pessoas está certa.

Os comportamentos, sejam individuais ou de grupo, são como organismos em um ecossistema. Eles têm uma inexorável compulsão por sobreviver. Eles nos impulsionam a fazer qualquer coisa para impedir sua extinção, de uma aquiescência mascarada a uma aberta resistência, da sedução à subversão, de uma agressão passiva à hibernação. Não importa quão anômalo seja o presente, não importa quão lógico seja o motivo da mudança, a maioria das pessoas e organizações preferiria espremer o antigo até a última gota a celebrar o novo. É difícil extinguir comportamentos antigos. Em consequência disso, até mesmo as iniciativas de mudança mais bem intencionadas e mais bem concebidas não "pegam", não têm adesão.

Não importa quão anômalo seja o presente, não importa quão lógico seja o motivo da mudança, a maioria das pessoas e organizações preferiria espremer o antigo até a última gota a celebrar o novo.

Em algum momento anterior, falei sobre o **poder da padronização**. Podemos constatar o grau de influência desses padrões todos os dias e em todas as áreas da vida. Somos constantemente forçados a reempregar antigos hábitos de enxergar e antigos hábitos de fazer as coisas. Uma maneira de caracterizar o que acabo de dizer é imaginar essa força como a atração gravitacional do passado. Quem quer que tenha trabalhado em alguma organização sabe quão inexorável essa atração gravitacional pode ser. É como se o passado tivesse a intensidade do campo gravitacional de Júpiter: experimente fazer uma mudança; antes mesmo que se dê conta, o passado já o terá puxado para trás.[3] Seja organizacionalmente seja individualmente, nós, seres humanos, nos sentimos muito à vontade com nossos padrões. Afinal de contas, passamos uma vida para desenvolvê-los. É simplesmente natural que tenhamos dificuldade para abrir mão deles. Portanto, como as novas idéias podem escapar da atração gravitacional do passado?

Impulso para o futuro, essa é a resposta. Ao descrevermos a primeira etapa do MPP, "O que está havendo?", no capítulo 7, apresentei o conceito de futuro almejado. Um dos motivos para empregar esse termo é que o significado atribuído à palavra **objetivo** é muito variável. Seis pessoas terão sete diferentes acepções do significado de "objetivo". Mas esse não é o único motivo. Os objetivos são frios. Eles são **objetivos**! Não têm muita força ou impulso emocional. Se nosso futuro latente não se revestir de um impulso emocional verdadeiramente intenso, enorme será nossa dificuldade para sobrepujar a atração gravitacional do passado. A maneira mais simples de criar impulso emocional é transformar o objetivo em subjetivo, e a forma mais fácil de fazer isso é criar uma visão tão real, tão convincente e tão desejável do futuro almejado que as pessoas se sentem inclinadas a alcançá-lo.

O propósito da etapa "O que é sucesso?" é criar impulso para o futuro: fazê-lo ficar interessado. Profundamente interessado. Gosto de imaginar esta fase do MPP como o lançamento de um gancho de escalada para o futuro. Precisamos girar e arremessar esse gancho ao futuro mais persuasivo que conseguirmos imaginar. Ele se engancha firmemente, e em seguida começamos a nos puxar rumo ao futuro. Isso é criar impulso para o futuro.

Na prática, podemos criar impulso para o futuro de duas formas: imaginando a sensação que teríamos se realmente alcançássemos nosso futuro almejado e estabelecendo critérios de sucesso observáveis para que possamos reconhecer nosso destino logo que o alcançarmos. O poder do impulso para o futuro repousa na criação de uma visão tão convincente que literalmente nos impele para as soluções.

Imaginando o futuro

Um dos mecanismos mais competentes para consolidarmos o impulso para o futuro é realizarmos excursões ao futuro imaginado ou à situação esperada (SE).* Podemos usar essas excursões à SE para saber como seria se conseguíssemos resolver nosso anseio e alcançássemos o futuro almejado. Para realizar esse exercício, primeiramente utilizamos o pensamento divergente e criativo. Deixamos nosso julgamento em suspenso e tentamos gerar uma extensa relação de idéias sobre como seria nosso futuro imaginado: que imagem, som, cheiro, gosto e sensação ele teria. Depois de gerar essa longa lista, usamos o pensamento convergente e crítico para escolhermos as idéias que nos são mais significativas.

Vejamos como a SE funciona. Narre a si mesmo uma história que cubra um dia de sua vida nesse futuro imaginado. Seja o máximo possível vívido e sensorial. Quanto mais vigorosa for sua descrição, mais convincente ela soará a você. Não se preocupe em saber se ela é realista ou não realista. Simplesmente imagine o futuro ideal que gostaria de divisar. Como a vida seria se você alcançasse seu futuro almejado? Que sensação ou impressão teria seu ambiente de trabalho? Em que sentido suas relações mudariam: com seu próprio trabalho, com seus colegas, com sua família? O que seus amigos e sua família pensariam de você? O que você pensaria de si mesmo?

---

* Tim Hurson usa *imagined future* (futuro imaginado) e o respectivo acrônimo IF (de *if*, se ou possibilidade). Utilizaremos futuro imaginado/situação esperada e o acrônimo SE (no sentido de hipótese, condição). (N. da T.)

SE (Situação Esperada)

Feche os olhos e imagine que de fato esteja no futuro que estabeleceu como alvo. Imagine-se acordando de manhã, chegando a seu trabalho e cumprimentando as pessoas que encontra pelo caminho. Imagine como é estar em sua mesa de trabalho. O que existe em seu escritório? Que implicações isso tem em seu dia?

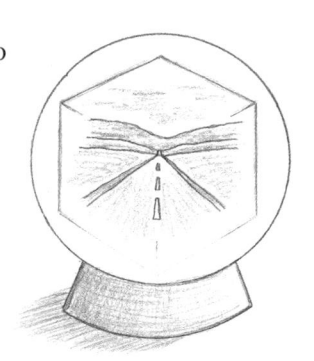

Imagine as reuniões das quais participará ao longo do dia. Elas são de algum modo diferentes das reuniões que você frequenta hoje? Imagine como são suas conversas ao telefone e por *e-mail*. O que seus clientes estão dizendo? O que mudaria para eles?

Agora, imagine seu dia de trabalho tornando-se mais lento e menos intenso. Como você passaria sua noite? Com quem você passaria? O que você faria? Para finalizar, imagine-se chegando ao fim de seu dia e pense nas características e qualidades desse dia. Como você se sente em relação a ele?

Assim que chegar ao fim dessa excursão imaginária, abra os olhos e comece a escrever. Descreva sua jornada. Escreva tudo o que lhe vier à mente, seja lá o que for. Mantenha o ânimo tanto quanto possível, descrevendo como seria viver em um mundo em que você tivesse resolvido seu anseio e alcançado o futuro almejado.

É provável que não se sinta à vontade brincando com seus pensamentos dessa forma. Entretanto, sugiro que tente. Um dos segredos para escaparmos dos padrões aos quais estamos presos é esticar nossa imaginação. Como disse Einstein: "A imaginação é mais importante do que o conhecimento". Quando nos damos permissão para **imaginar**, permitimo-nos acessar uma fonte riquíssima que frequentemente ignoramos — nossa capacidade cognitiva. Não seria verdade que algumas de nossas melhores idéias são aquelas que nos ocorrem enquanto estamos tomando banho ou então quando estamos dirigindo? Essas idéias surgem porque nos desprendemos de nossas inibições. As idéias fluem porque nossa sentinela fez uma pausa para descançar. Por que não experimentamos dar um dia inteiro de folga à nossa sentinela? Ficaríamos surpresos com o que descobriríamos. O paradoxo é que às vezes pensamos melhor "pensando" menos! Mark Twain captou isso ao escrever: "Não podemos nos fiar em nossa capacidade de julgar quando nossa imaginação está embaçada". Por isso recomendo veementemente o devaneio!

Vejamos algumas outras abordagens para conduzir bem o exercício do futuro imaginado ou da situação esperada:

- Projete o que o relatório anual de sua empresa deveria afirmar quando o futuro almejado fosse alcançado. O que a mensagem do diretor-executivo diz? O que os dados financeiros parecem expressar?
- Escreva um *press release* (comunicado público) anunciando o lançamento de seu novo produto, serviço ou iniciativa.
- Reveja a forma como você descreveu seu anseio e os respectivos impactos; em seguida, inverta essas sentenças para descrever um futuro em que seu anseio tenha sido resolvido. Por exemplo, no passo 1 você talvez dissesse: "Fico realmente incomodado quando tenho de enfrentar uma sequência interminável de gravações telefônicas para obter assistência e no momento em que finalmente consigo ser conectado com o departamento com o qual desejo falar ouço o seguinte: 'Em virtude de uma quantidade inesperada de chamadas, todos os nossos atendentes estão ocupados no momento'". Em seu futuro imaginado, você escreveria: "Todas as vezes que ligo, sou imediatamente atendido por uma pessoa de carne e osso que de fato sabe o meu nome e parece preparada para me ajudar".

Se nosso futuro latente não se revestir de um impulso emocional verdadeiramente intenso, enorme será nossa dificuldade para sobrepujar a inércia gravitacional do passado.

Independentemente da técnica que utilizarmos, nosso propósito é dar existência a uma caracterização vigorosa e convincente o bastante para nos motivar a realizar o que for necessário para chegarmos ao futuro almejado. Deve ser nossa intenção torná-lo o máximo possível apetecível. Da imaginação de um futuro convincente ao desenvolvimento de uma aspiração para atingi-lo, o trajeto é praticamente curto. A palavra **aspirar** significa literalmente arfar de desejo ou desejar profundamente. Quantos obstáculos poderíamos sobrepor se estivéssemos literalmente arfando de desejo de alcançar o futuro que almejamos? Quão criativos poderíamos ser para desnudar uma forma de alcançá-lo? Quão comprometidos estaríamos em tentar? De certa maneira, o impulso para o futuro consiste em usar a aspiração para criar inspiração.

E se ainda não tivermos chegado lá? E se a despeito de realizar o exercício do futuro imaginado ou SE ainda assim não despertarmos a aspiração que abrirá caminho para a inspiração? Se você ainda não estiver se sentindo entusiasmado, há várias possíveis causas e várias soluções valiosas:

- Talvez, na etapa "O que está havendo?", você tenha sido muito cauteloso ao escolher seu futuro almejado e não tenha estabelecido um alvo suficientemente importante. Reveja seus anseios e futuros almejados e verifique se por acaso existem outros objetivos máximos para alcançar.
- Quem sabe você tenha conduzido sua excursão ao futuro imaginado em áreas de sua vida que tenham pouco a ver com seu anseio e seu futuro almejado. É provável que seus devaneios o tenham levado muito longe ou tenham ficado muito oprimidos. (Uma das coisas mais notáveis em relação aos devaneios é que não há como saber a que lugar eles nos conduzirão.) Se sua excursão tiver ultrapassado em muito o seu anseio, tente novamente, esforçando-se para se concentrar em coisas diretamente relacionadas com sua resolução.
- Pode ser que você não se sinta à vontade para imaginar e escrever suas idéias. Se for esse o caso, tente conversar com alguém a respeito de seu futuro imaginado. Peça a essa pessoa para induzi-lo, usando as perguntas que relacionei anteriormente. Grave a sessão para que possa rever suas idéias posteriormente. Instrua seu entrevistador a sempre perguntar "**por que**". Por exemplo, "Por que você acha isso?" e "Por que isso é importante para você?". Essas perguntas podem lhe dar oportunidade e permissão para ir mais a fundo, à essência de que como você pensa ou se sente em relação a um determinado assunto.[4]
- Talvez que você seja a pessoa errada. Alcançar esse futuro almejado quem sabe seja mais significativo para outras pessoas do que para você. Na primeira etapa, provavelmente você identificou inúmeros interessados. Tente descobrir o que eles sentiriam a esse respeito. Pergunte a seus colegas ou cônjuge, a seus filhos ou a seus clientes como eles imaginam o futuro em que o seu anseio tenha sido resolvido.

Independentemente da forma como conseguimos gerar uma longa relação descritiva do futuro que julgamos valer a pena perseguir, na parte final do exercício do futuro imaginado é necessário empregar o pensamento convergente e crítico para ressaltar as palavras ou frases mais convincentes: aquelas que têm maior ressonância dentro de nós. Não se preocupe se lhe parecer difícil ajustar essas palavras. Lembre-se, não desejamos que nossa futura solução atenda apenas a critérios práticos e mensuráveis, mas também àqueles mais simples, agradáveis e delicados. Por exemplo, se seu futuro almejado for dirigir um carro econômico, benéfico ao meio ambiente e esteticamente atraente; somente dois desses três critérios talvez sejam mensuráveis. O terceiro critério, esteticamente atraente, é totalmente subjetivo. Todavia, todos os três podem ser essenciais para você. As coisas intangíveis são importantes. Como disse Einstein: "Nem tudo o que conta pode ser contado, nem tudo o que pode ser contado conta".

O perigo da lógica

De certa maneira, o futuro imaginado é o nosso sonho de como as coisas poderiam ser. Do mesmo modo que um sonho, ele não deveria ser coagido pela realidade. No momento de estabelecermos o impulso para o futuro, não podemos nos preocupar com o que é racional, o que é lógico ou mesmo o que é possível. Ao lamentar a resistência de um colega a uma teoria que estava postulando, consta que o prêmio Nobel da física Niels Bohr disse o seguinte: "Não, você não está raciocinando, você está apenas sendo lógico". Com frequência, não raro o desarrazoado é exatamente o que precisamos. No exemplo da companhia aérea JetWays, no capítulo 6, a empresa estava procurando soluções para se diferenciar à medida que expandia seu mercado. As poltronas menos cobiçadas nos aviões são as do meio. Se JetWays pudesse aumentar de alguma forma a importância dessas poltronas nos aviões, poderia conseguir atrair e manter mais passageiros. A sentença do futuro imaginado concebida pela equipe de inovação da JetWays soaria mais ou menos assim:

> Quando as pessoas pensam em viajar de avião, pensam primeiro na JetWays, principalmente porque nossas poltronas centrais são as melhores do mundo. Para os nossos passageiros, elas são as melhores poltronas do avião. Elas são tão boas que os clientes de fato chegam a disputá-las. Elas significam prestígio. Quando as pessoas escolhem voar pela JetWays, sempre constatam que fizeram a melhor opção. Na verdade, é comum as pessoas optarem por nossos aviões apenas pelo prazer que eles oferecem, mesmo quando não têm aonde ir. Aos que viajam a negócios e por prazer, as poltronas centrais da JetWays oferecem uma experiência ímpar.

Embora esse enunciado, tomado em seu todo, ofereça uma visão convincente para a empresa, a sentença mais importante no futuro imaginado é a menos realista: "Na verdade, é comum as pessoas optarem por nossos aviões apenas *pelo prazer que eles oferecem, mesmo quando não têm aonde ir"*. É um absurdo pensar que os passageiros subirão a bordo dos aviões da JetWays simplesmente para voar de um lugar a outro sem destino. Além disso, todos os que ajudaram a criar esse enunciado sabem disso. Porém, imagine o quanto as poltronas de uma companhia aérea teriam de ser boas ainda que apenas para contemplar um resultado dessa magnitude! O futuro imaginado não tem de ser real, nem lógico e nem alcançável. Ele deve, nada mais nada menos, que nos impulsionar para o futuro. **Esse é o seu propósito!**

O conceito de impulso para o futuro me faz lembrar de um jogo, bastante conhecido em toda a Europa, chamado de *boccie* (boliche de gramado) ou *pétanque* (bocha francesa). Normalmente ele é jogado por duas equipes, que ficam fora de um círculo real ou imaginário.[5] Para começar uma rodada, um dos membros da equipe arremessa uma bola-alvo ou bola-mestra (balim) em algum lugar do círculo. O objetivo do jogo é que cada jogador arremesse uma bocha o mais próximo possível do balim. Ao final da rodada, a equipe cuja bocha estiver mais próxima do balim ganha um ponto por cada bola mais próxima do que a melhor bola do oponente.

Quando nos damos permissão para imaginar, permitimo-nos acessar uma fonte riquíssima que frequentemente ignoramos — nossa capacidade cognitiva.

No jogo de bocha, existe algo curioso. Na maioria dos jogos, como basquete, arremesso de dardo ou futebol, é possível alcançar a meta de lançar o objeto e atingir a cesta, o centro do alvo ou o gol. Na bocha, a bola não consegue pousar exatamente sobre o balim. Isso simplesmente não ocorre. Isso é fisicamente impossível. Ou a bola rola ou bate no balim, afastando-o para algum lado, mas jamais fica equilibrada sobre o balim. Portanto, na bocha, embora seja impossível entrar em cheio no alvo, **se o alvo não existisse, não haveria jogo!** Isso vale na mesma medida para o conceito de impulso para o futuro. Talvez chegar exatamente aonde desejamos não seja factível, mas sem um alvo não existe jogo, não é possível jogar.

Em busca do sucesso

Em 1986, um jovem artista comercial britânico que se especializou em desenhar charges de cenas de multidão para seus clientes teve a idéia de publicar suas ilustrações em livro. Sua idéia era representar cenas cômicas de multidão em diferentes locais — por exemplo, na praia, na estação de trem, em um estádio esportivo, em um museu, em uma loja de departamentos e em uma feira anual. Para criar um tema unificado para inúmeras cenas de multidão, ele criou o personagem do turista mochileiro, que apareceria em todos os lugares. Nas edições britânicas originais desse livro, o nome desse personagem era Wally. O artista, Martin Handford, chegou a publicar mais sete livros na série de livros *Onde Está Wally?*, criou um programa de televisão, vendeu histórias em quadrinhos à imprensa e licenciou diversos *videogames*. Ainda que a moda tenha entrado em declínio no final da década de 1990, de vez em quando ainda se ouve falar de um possível filme sobre Wally. Wally foi licenciado em pelo menos dezessete países, nos quais tem quase a mesma aparência do original, mas normalmente é chamado por outro nome. Nos EUA, é conhecido por Waldo; na Noruega, por Willy; na Islândia, por Valli; na Alemanha, por Walter; na França, por Charlie; em Israel, por Effy; e, na Itália, por Ubaldo. Na China, é chamado de Wei Li. No Japão, costuma ser chamado de Wari. Na Dinamarca, é conhecido por Holger.

Se você ainda não viveu uma situação *Onde Está Wally?*, provavelmente conhece dezenas de pessoas que já tiveram essa experiência. Eu costumava procurar Wally entre frequentadores de festas, bandas de rock, monges lutadores e até outros membros de sua fecunda família. A despeito de sua inconfundível aparência, pode ser extremamente difícil encontrar Wally. Mesmo depois de identificá-lo, ele novamente nos escapa com muita facilidade. Para nos dar algumas pistas consistentes enquanto corremos os olhos pelas cenas de multidão à procura de Wally, Handford nunca muda a camiseta listrada de Wally, seu gorro e seus óculos escuros à la Harry Potter. Contudo, imagine-se tentando encontrar Wally quando na verdade você não faz a mínima idéia de sua aparência. É provável que você não consiga encontrá-lo.

Isso também vale para o pensamento produtivo. Como podemos ter certeza de que chegamos ao nosso destino se não soubermos que cara ele tem? DRIVE é uma ferramenta básica para definirmos as características de uma conquista, para que possamos reconhecer nosso objetivo assim que o alcançarmos. O resultado de DRIVE é um conjunto de critérios de sucesso observáveis. De certa maneira, DRIVE nos permite saber como é Wally para que possamos reconhecê-lo quando o virmos.

DRIVE* é o acrônimo de Do (desfecho), *restrictions* (restrições), *investment* (investimento), *values* (valores) e *essential outcomes* (resultados essenciais). DRIVE faz cinco perguntas básicas para gerar critérios de sucesso observáveis:
- *Desfecho*. O que desejamos que nossa eventual solução leve a termo? O que ela deve alcançar?
- *Restrições*. Quais mudanças ou impactos devemos evitar?

---
* Aqui, o termo e acrônimo *DRIVE* foi empregado no sentido de impulso. (N. da T.)

- *Investimento*. Quais recursos estamos dispostos a empregar? Em que não podemos cometer excessos?
- *Valores*. Em quais valores devemos nos basear para alcançarmos nossa solução?
- *Resultados essenciais*. Quais são os elementos não negociáveis do sucesso? Quais metas mensuráveis devemos atingir?

A forma mais fácil de conduzir o exercício DRIVE é pegar uma folha de papel grande e dividi-la horizontalmente em cinco colunas (veja a tabela). Se estiver trabalhando em grupo, use papel parafinado afixado a uma parede. Nomeie as cinco colunas na seguinte sequência: "Desfecho", "Restrições", "Investimento", "Valores" e "Resultados Essenciais".

D	R	I	V	E
Desfecho	Restrições	Investimento	Valores	Resultados essenciais

Ferramenta DRIVE para estabelecer os critérios de sucesso.

Na primeira coluna, relacione todos os **desfechos** que deseja que sua solução realize. Use o pensamento divergente e criativo para criar uma lista o mais extensa possível. O que você está procurando alcançar? O que precisa ser concretizado? O que você deseja que ocorra? O que as partes interessadas gostariam que ocorresse?

Gere o máximo de idéias que conseguir. Não julgue; apenas relacione. Você pode eliminar as irrelevâncias e redundâncias posteriormente. Se estiver trabalhando em grupo, é conveniente usar notas adesivas para adicionar à sua lista de desfechos. Seus desfechos poderiam incluir sentenças do tipo: **aumentar os lucros, aumentar a participação de mercado, melhorar o moral dos funcionários ou desenvolver a lealdade dos clientes**.

Na segunda coluna, **restrições**, por meio do pensamento divergente e criativo, relacione todas as coisas que sua solução **não deve realizar**. Quais resultados é preciso garantir que não ocorram? O que você deve **evitar** que ocorra? Relacione tanto quanto possível as consequências que você precisa evitar. São exemplos de restrição: **não criar problemas regulamentares, não canibalizar nossos outros mercados, não aumentar a carga de trabalho ou não isolar fulano de tal.**

Na terceira coluna, **investimento**, relacione todos os recursos que está disposto a investir em seu futuro almejado. Eles representam o máximo, o ponto que você ou sua empresa se nega a ultrapassar. Seja rigoroso nessa etapa. Verifique se seus limites são reais. A coluna de investimento habitualmente inclui sentenças do tipo: **o máximo por pessoa-ano, projeto piloto abaixo de US$ 10.000 ou uma prova de conceito em três meses.**

A quarta coluna, de **valores**, é o ponto em que relaciona todos os valores que você e sua empresa têm e não podem ser comprometidos no esforço por conseguir a solução. O que você está disposto a tolerar? O que você **não** está disposto a tolerar? Tal como nos investimentos, seja realista. Volte e examine se seus valores de fato são valores e não apenas sentenças vazias. As declarações de valor devem incluir o seguinte: **equilíbrio entre família e trabalho, atendimento incondicional ao cliente ou fabricação ecológica.**

> *Como poderemos ter certeza de que chegamos ao nosso destino se não soubermos que cara ele tem?*

Use a última coluna para registrar os **resultados essenciais**. Relacione todas as coisas que devem definitivamente ocorrer para que considere a solução um sucesso. Quais objetivos específicos devem ser alcançados? Quais são mensuráveis? Quais são os fatores não negociáveis do sucesso? Ao relacionar os resultados essenciais, examine também os itens das outras colunas. É provável que encontre vários que sejam ao mesmo tempo decisivos e mensuráveis e devem ser transferidos para a coluna de resultados essenciais. Alguns exemplos de resultados essenciais: **gerar 15% de retorno sobre o investimento, elevar em 5% o índice de satisfação do cliente ou diminuir em 30% as emissões de CO_2 no prazo de dois anos.**

Os engenheiros em geral consideram os resultados essenciais como especificações funcionais do projeto. Esses seriam os indicadores que não podem ser comprometidos se o objetivo for que o projeto tenha sucesso. Em Londres, a mais nova ponte construída sobre o rio Tâmisa é uma passarela que liga a catedral de São Paulo ao museu de arte Tate Modern. Construída como um projeto do milênio, é uma obra arquitetônica maravilhosa: uma ponte suspensa em que os cabos de sustentação improvavelmente são fixados **abaixo** do nível do tabuleiro. Os livros de turismo referem-se a essa ponte como Millennium Bridge (ponte do Milênio), mas os londrinos a chamam também de Wobbly Bridge (ponte Oscilante). Três dias após sua inauguração em junho de 2000, as autoridades fecharam-na para realizar amplas alterações porque começou a oscilar de um lado a outro quando as pessoas a atravessavam. A ponte Oscilante podia até **parecer** uma ponte, mas não era uma ponte porque não atendia às especificações estruturais de permanecer estável de acordo com sua resistência ao tráfego de pedestres. Do ponto de vista do pensamento produtivo, essa ponte não teve sucesso porque não atingiu seus resultados essenciais. Depois de quase dois anos e de um investimento de cinco milhões de libras esterlinas, a ponte do Milênio foi reaberta e funciona perfeitamente bem desde então. O resultado é uma agradável travessia a pé sobre o Tâmisa. Efetivamente.

Tome cuidado para relacionar todos os seus resultados essenciais no exercício DRIVE. Se não, correrá o risco de propor uma solução que em hipótese alguma é uma solução.

Para obter um exemplo sobre como o exercício DRIVE seria para a JetWays, a companhia aérea que deseja elevar o valor das poltronas centrais das aeronaves, consulte o Apêndice.

Assim que preencher a grade do exercício DRIVE, provavelmente constatará que existem algumas repetições. Como pode ver no Apêndice, essa companhia aérea mencionou três vezes o problema fator médio de ocupação. Ainda não vi nenhuma matriz DRIVE em que itens como não ultrapassar o orçamento ou melhorar o atendimento ao cliente não tenham sido repetidos diversas vezes. Não há nada errado nisso. Na verdade, isso é bom. A redundância faz parte do projeto da ferramenta DRIVE. Queremos o máximo possível de oportunidades para deslindar os critérios de sucesso. É muito melhor relacionarmos algo mais de uma vez do que simplesmente nos esquecermos de citá-lo. Além disso, se um determinado item aparecer em mais de uma coluna, há uma boa probabilidade de ele ser particularmente significativo.

Depois de elaborar uma extensa lista de todos os seus possíveis critérios de sucesso, o passo seguinte é fazer a convergência, a fim de escolher os mais importantes. Normalmente, esses itens se encontram na última coluna, a de resultados essenciais, mas é fundamental examinarmos também as outras colunas. Alcançar um desfecho que represente uma perspectiva significativa das partes interessadas talvez seja tão indispensável ao sucesso quanto o indicador de retorno sobre o investimento. Garantir que nossos valores sejam mantidos provavelmente é tão essencial quanto alcançar um volume de produção. Lembre-se do que Einstein afirmou sobre o que pode e não pode ser contado.

Não há nenhuma fórmula mágica para determinar a quantidade de critérios de sucesso finais que devemos escolher. Isso depende em grande medida da natureza do problema e da complexidade das incumbências envolvidas. Entretanto, tenha em mente que, quanto mais critérios escolher, mais demorado será o processo de avaliação comparativa de suas possíveis soluções com base em seus critérios de sucesso. Acabei descobrindo que, se escolhermos os critérios mais importantes (algo entre três a nove), podemos usá-los para filtrar nossas idéias para obter uma solução e, se necessário, aplicar em um momento posterior um critério secundário ou critérios mais detalhados.

RESUMO

"O que é sucesso?" Consiste em duas subetapas. A primeira é imaginar com firmeza um futuro ideal em que nosso problema esteja resolvido: criar uma motivação convincente para alcançarmos nosso futuro almejado. A segunda é estabelecer critérios de sucesso transparentes e observáveis para serem usados nas fases subsequentes do processo de pensamento produtivo para avaliar possíveis soluções. Estas são as duas subetapas:

- Faça uma excursão ao futuro imaginado ou à situação esperada (SE) para se projetar no futuro em que o problema está resolvido. É necessário examinar o exercício SE e realçar os itens mais importantes ou aquele com o impacto emocional mais forte.
- Por meio da ferramenta DRIVE, relacione o maior número possível de critérios de sucesso com respeito ao desfecho de sua eventual solução, ao que deve ser evitado, ao que está disposto ou tem para investir, aos valores nos quais deve se basear e a qualquer resultado essencial. Você deve examinar o exercício DRIVE e realçar os critérios de sucesso observáveis mais importantes.

O resultado desta fase é o impulso para o futuro: uma visão do futuro nítida e convincente em que o problema tenha sido resolvido, o futuro almejado tenha sido alcançado e um conjunto de critérios de sucesso observáveis tenham sido estabelecidos e possam ser usados para avaliar tanto nossas possíveis soluções quanto nossos possíveis resultados.

O poder do impulso

O impulso para o futuro é uma parte indispensável para atingirmos qualquer alvo, seja ele a solução para um problema, a conclusão de uma incumbência ou enterrar a bola na cesta. O impulso para o futuro é uma maneira de tornar nossas intenções palpáveis. Logo que visualizamos nossa meta, as idéias para atingi-la aparecem praticamente em todos os lugares. É como comprar um carro novo. Assim que compramos um novo Chevrolet, Toyota ou Volkswagen, passamos a ver inúmeros Chevrolet, Toyota ou Volkswagen nas estradas. Eles sempre estiveram ali, naturalmente, mas nunca notamos. Não estávamos aparelhados para notá-los. O mesmo ocorre com o impulso para o futuro. Tão logo estabelecemos uma intenção concreta, começamos a notar tudo o que existe no mundo relacionado com essa intenção. As idéias e oportunidades parecem surgir de todos os cantos, quase como num passe de mágica. O poder do impulso para o futuro é que ele estimula a geração de novas idéias relevantes. Ele estimula as analogias inesperadas, que são o âmago do pensamento produtivo e criativo.

CAPÍTULO 9

3ª Etapa: Qual é a pergunta?

1ª Etapa: O que está havendo?
2ª Etapa: O que é sucesso?
3ª Etapa: Qual é a pergunta?
4ª Etapa: Gerar respostas
5ª Etapa: Forjar a solução
6ª Etapa: Alinhar recursos

"Os piores equívocos não são cometidos em decorrência de respostas erradas. O verdadeiro perigo é fazer a pergunta errada."
Peter Drucker

3ª Etapa : Qual é a pergunta?

Grande resposta (pergunta errada)

O ano de 1889 foi um ano daqueles. Testemunhou a inauguração da Torre Eiffel, na época a edificação mais alta do mundo, quase o dobro da altura de seu rival mais próximo, o Monumento de Washington, aberto ao público em 1888. Esse foi o ano da **grande corrida por terras** em Oklahoma, que, iniciada ao meio-dia de 22 de abril, concedeu amplas extensões de terra do oeste norte-americano e criou a cidade mais populosa já fundada no mais curto espaço de tempo: a população oficial da cidade de Oklahoma era de mais de 10 mil habitantes ao final daquele dia. Esse foi o ano da enchente de Johnstown, quando a barragem de South Fork afogou mais de 2,2 mil pessoas na Pensilvânia. Foi também o ano em que nasceram pessoas significativas. Os seminais filósofos Ludwig Wittgenstein e Martin Heidegger ainda eram bebês em 1889. Era também bebê Charlie Chaplin, que encantou o mundo ao satirizar um ditador desumano, Adolf Hitler, um cruel ditador na vida real. Esse mesmo ano igualmente deu à luz inúmeras instituições que ainda hoje influenciam a vida de milhões de pessoas, como o *The Wall Street Journal* e a Nintendo Company, que lançou o jogo de cartas Hanafuda.

Entretanto, talvez o nascimento mais influente em 1889 tenha sido o do quase ignorado movimento de transferência de propriedade (de residência social) fundado por Jane Addams e Ellen Gates Starr, em Chicago. Tanto no Reino Unido, onde começou, quanto nos EUA, onde se enraizou, esse movimento mudou para sempre a equação vitoriana de gênero, pobreza e falta de esperança que se tornou a norma na sociedade urbana. As residências sociais nas grandes cidades norte-americanas ofereciam jardins-de-infância, grêmios para crianças mais velhas, escolas noturnas, cozinhas comunitárias, aulas de música, bibliotecas, treinamento profissional e abrigo de emergência para milhares de pessoas. Para muitas delas, essas residências ofereciam tanto a possibilidade quanto os meios de fugir da pobreza urbana.

As residências sociais ainda desempenham um papel significativo em inúmeras cidades norte-americanas. Nova York conta atualmente com 35 dessas residências. Uma das maiores e mais antigas é a Hudson Guild, que funciona na zona de Chelsea, em Manhattan. Além de seus serviços tradicionais, a Hudson Guild oferece cursos de inglês como segundo idioma (*English as a second language* — ESL), atendimento em saúde mental, aconselhamento profissional, atendimento a idosos e programas de assistência familiar. Todos os anos, por meio dos 120 membros da equipe e de 250 voluntários, a Hudson Guild atende e comove mais de dez mil vidas.

Porém, essa associação enfrentou um problema: havia certa negligência em relação aos serviços oferecidos a essas pessoas. Poucos dos assistidos usavam mais de um serviço, mesmo que os usuários da creche, por exemplo, pudessem se beneficiar dos programas de ESL e os do aconselhamento profissional pudessem se beneficiar do aconselhamento familiar. Inúmeras pessoas que poderiam beneficiar-se dos programas não estavam sendo incluídas simplesmente porque não sabiam da existência desses serviços. Para o diretor-executivo da Hudson Guild, um melhor programa de divulgação poderia ajudar a promover a associação e informar a comunidade sobre seus vários serviços.

Minha empresa, a **think^X**, oferece serviços gratuitos por meio de uma organização distinta, a Facilitators without Borders (FWB). Um de meus colegas de trabalho, Paul Groncki, membro voluntário do conselho administrativo da Hudson Guild, ofereceu-se para formar uma equipe da FWB para tentar resolver esse problema. Organizamos um laboratório de pensamento produtivo de dois dias com o diretor de *marketing* e o diretor de operações da Hudson Guild e 14 representantes de diversos serviços prestados por essa associação.

Na primeira manhã do laboratório, investigamos o problema da associação e enunciamos um **futuro almejado objetivo**, mas convincente: "**Não seria fascinante se os usuários pudessem acessar todos os serviços da Hudson Guild quando quisessem ou precisassem?**". Enquanto trabalhávamos na segunda etapa, "O que é sucesso?", surgiu uma conversa paralela sobre a qualidade variável dos programas da associação. Embora as pessoas ao redor da mesa sentissem orgulho do serviço que ofereciam, estavam inseguros quanto à qualidade dos serviços oferecidos por seus colegas. Por exemplo, segundo uma das gerentes da creche, ela não indicava os clientes de língua espanhola para o programa psiquiátrico porque esses serviços eram oferecidos apenas em inglês. O diretor do programa de saúde mental respondeu que, embora isso tivesse ocorrido alguns anos atrás, no momento sua equipe já atendia a pessoas de vários idiomas.

Percebendo a complexidade do problema, os facilitadores da FWB solicitaram um intervalo para ter uma conversa a sós com o diretor de *marketing* da associação, Brian Saber, que havia recebido a incumbência de desenvolver um novo plano de *marketing*. Dissemos a ele que era essencial investigar o problema que havia acabado de aflorar — áreas de atendimento diferentes não deveriam guardar segredo entre si dos serviços oferecidos — e que essa investigação poderia conduzi-los para um caminho estratégico bastante distinto. Um tanto apreensivo, mas com uma coragem ainda maior, Brian concordou.

Uma discussão mais aprofundada revelou que os serviços da associação, que se desenvolveram separadamente para atender às necessidades da comunidade, estavam funcionando em silos e não tinham informações sobre os demais serviços prestados pela associação. Logo que isso veio à tona, surgiu também a possibilidade de uma solução completamente nova. Talvez o problema não fosse que a comunidade não tivesse informações suficientes sobre a Hudson Guild, mas na verdade que a Hudson Guild não tinha informações o bastante sobre si mesma!

> *A experiência me mostrou que um dos motivos mais comuns pelos quais os programas, os produtos e as iniciativas de mudança não funcionam é que se faz a pergunta errada.*

Para alcançar o futuro almejado, a pergunta não deveria ser "**Como poderíamos desenvolver um programa de propaganda para promover nossos serviços à comunidade?**", mas "Como poderíamos nos conhecer melhor para nos sentirmos tranquilos para encaminhar pessoas um para o outro?".

Que extraordinário avanço! No decorrer do dia seguinte, metade da sala vibrava de entusiasmo. Em poucas horas o grupo desenvolveu uma estratégia preliminar que englobava um programa "embaixador", trabalho partilhado e troca contínua de conhecimentos entre os departamentos. Em vez de gastar centenas de milhares de dólares para promover uma campanha publicitária externa, com resultados possivelmente questionáveis, a Hudson Guild deu início a um abrangente programa de encaminhamento de clientes. Em consequência disso, passou-se a compreender melhor as necessidades dos clientes, os serviços oferecidos ganharam maior eficácia, os programas passaram a ser mais utilizados e o moral dos membros e dos voluntários melhorou sensivelmente. De acordo com Brian (no momento diretor-executivo da Hudson Guild): "Para nós, tem sido um programa extraordinário, pois vem transformando literalmente a associação".

A pergunta certa

Quantas vezes você já propôs uma excelente "solução" que, quando aplicada, não mudou absolutamente nada? **Grande resposta, pergunta errada!** Na imensa maioria das vezes, os solucionadores de problemas formulam a pergunta errada. A terceira etapa do MPP, "Qual é a pergunta?", nos ajuda a encontrar as perguntas certas para atingirmos o futuro almejado.

A experiência me mostrou que um dos motivos mais comuns pelos quais os programas, os produtos e as iniciativas de mudança não funcionam é que se faz a pergunta errada. Suponhamos que, ao analisar nossa situação, chegássemos à conclusão de que as vendas estão diminuindo porque nossa propaganda é ineficaz. Contratamos a agência mais criativa que pudemos bancar, realizamos discussões de grupo para testar nossas mensagens e demos nova vida à embalagem do produto. A princípio, parece que nossas iniciativas estavam tendo sucesso, mas em poucos meses os relatórios mostraram que as vendas ainda estavam lentas. E se estivermos respondendo à pergunta errada? E se o problema for nosso produto, o processo de vendas ou a mudança de perfil de nossos clientes? Se esse for o caso, todas as propagandas do mundo não refrescarão.

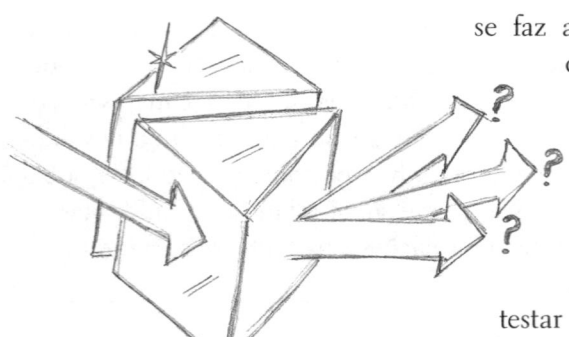

Iniciamos o processo de pensamento produtivo com a etapa "O que está havendo?" justamente para que não nos precipitemos e saltemos diretamente para as suposições acerca do problema que tentamos identificar. É extremamente fácil começar com enunciados óbvios e com frequência incorretos com respeito ao problema.

- *Não temos dinheiro suficiente.*
- *Nossa equipe de vendas não está motivada.*
- *O controle de custos é um dos principais problemas.*
- *Precisamos de mais programas de treinamento de habilidades.*

Se começarmos com o problema errado, é improvável que em algum momento alcançaremos uma solução eficaz.

"Qual é a pergunta?" talvez seja a etapa mais fundamental no processo de pensamento produtivo. Seu propósito é encontrar e formular as perguntas certas. Em toda a história, grandes pensadores reconheceram que o único e mais importante passo que uma pessoa pode dar para pensar produtivamente é identificar a pergunta certa. Segundo Francis Bacon: "Uma pergunta prudente é metade sabedoria". O dramaturgo Eugene Ionesco assim escreveu: "Não é a resposta que ilumina, mas a pergunta". E Alfred North Whitehead fez a seguinte observação: "A pergunta tola é o primeiro indício de algum avanço totalmente novo".

Talvez você já esteja familiarizado com outros métodos de resolução de problemas. Muitos deles enfatizam em grande medida a formulação do "enunciado do problema". Contudo, os enunciados não têm nenhuma serventia; eles simplesmente repousam como uma enorme pedra no meio do caminho. A pessoa que deseja chegar a algum lugar normalmente fica tentada a contorná-los, em vez de atravessá-los, e certamente com muita razão. Na maioria das vezes, os enunciados dos problemas são becos sem saída ou buracos negros que nos quebram o eixo ou nos sugam para um turbilhão de desesperança. Assim por exemplo: "Nosso orçamento não é suficientemente grande" não passa de uma opinião sobre uma situação. Ela é estática; ela não nos leva a lugar algum.

A abordagem do pensamento produtivo é distinta. Somos solicitados a gerar perguntas-problema que de fato provoquem respostas, como: "Como poderíamos ampliar nosso orçamento?". Normalmente associo a etapa "Qual é a pergunta?" a semear nuvens para colhermos chuva. Na quarta etapa, "Gerar respostas", tentaremos propor o máximo de idéias possível. Queremos colher uma chuva torrencial, na esperança de que uma ou duas gotas se transformem em jóias líquidas. É precisamente aqui, em "Qual é a pergunta?", que semeamos nosso *brainstorm*, isto é, nossa **tempestade de idéias**.

Depois que estabelecemos nosso anseio, ou seja, o futuro almejado e nossos critérios de sucesso, temos os ingredientes básicos para começar a formular perguntas-problema funcionais. Como nas demais fases do processo, utilizamos primeiramente o pensamento divergente e criativo para relacionar o máximo possível de perguntas. Em seguida, revisitamos nossa relação de perguntas e usamos o pensamento convergente e crítico para escolher as perguntas que nos pareçam mais interessantes ou valiosas. Resultam desse processo uma ou mais perguntas-problema que valem a pena investigar.

Costumo chamar esse pequeno rol de perguntas-problema de perguntas catalisadoras: aquelas com potencial para nos conduzir ao futuro almejado. As perguntas catalisadoras têm um poder especial. Antes mesmo de serem respondidas, o processo de descoberta e enunciação dessas perguntas de mudança de perspectiva é capaz de nos fazer andar para frente. Tendo por base a experiência do grupo da Hudson Guild, a pergunta certa já de cara gera energia. As coisas começam a se mover e a vibrar de uma nova maneira. A pergunta que de repente desbloqueia nosso pensamento é hilariante.

Os pescadores amadores e os pais de crianças pequenas que ainda não sabem amarrar o cadarço do sapato conhecem essa sensação. Todos já tivemos essa experiência. Seja você pai ou pescador, o cadarço do sapato de seu filho ou a linha de sua vara de pescar pode se emaranhar de tal modo e dar um nó tão confuso que à primeira vista lhe parece um nó cego. Tudo fica de tal forma impenetrável que mal conseguimos distinguir as partes de um todo complexo, as dificuldades individuais. Tentamos puxar daqui e dali até finalmente conseguirmos encontrar o fio da meada, o fio certo que nos permite desatar o nó. Ele parece afrouxar os demais e estes, por sua vez, soltam-se ainda mais, até que por fim o nó desaparece. Antes de encontrarmos o fio da meada, ficamos irremediavelmente imobilizados. Logo que o encontramos, o caminho a seguir se torna possível — não necessariamente fácil, mas possível. Esse fio é nossa pergunta catalisadora.

A pergunta catalisadora é o auxiliar do encanador que desentope um cano, que desbloqueia nossas vias. É o fulcro de Arquimedes que nos permite mover o mundo. É o cristal lapidado que transforma uma solução supersaturada em uma explosão de formas cristalinas. Encontrar a pergunta catalisadora muda todo o resto! No caso da equipe da Hudson Guild, a pergunta "Como poderíamos nos conhecer melhor para nos sentirmos tranquilos para encaminhar pessoas um para o outro?" os conduziu ao futuro almejado e mais além.

Encontrando o fio da meada: a pergunta

É vantajoso enunciar as perguntas-problema de uma forma específica porque isso facilita a comparação, contrastação e associação das inúmeras perguntas de nossa lista quando estivermos preparados para fazer a convergência e obter uma relação menor de perguntas catalisadoras. Descobri que a maneira mais prática de formular essas perguntas é iniciá-las com frases do tipo: "Como eu poderia..." ou "Como nós poderíamos...". Por conveniência, usamos **CEP** ou **CNP** em referência a esse modelo de pergunta.

Ao usarmos o pensamento divergente e criativo, devemos formular o máximo possível de perguntas desse tipo. A matéria-prima para gerar essas perguntas provém do trabalho realizado anteriormente, e o ponto de partida mais prático é o futuro almejado idealizado na primeira etapa, "O que está havendo?".

Se não descobrirmos a pergunta certa — uma autêntica pergunta catalisadora —, o nível de qualidade de nosso trabalho subsequente não fará nenhuma diferença.

Se seu futuro almejado tivesse sido "Se ao menos eu tivesse um orçamento mais flexível!", a primeira CEP poderia ser "Como eu poderia conseguir um orçamento mais flexível?". Mas não pare por aí. Lembre-se de que são as listas extensas que produzem a magia. É necessário formular o máximo de variações dessa pergunta original. Por exemplo, poderíamos depurar essa pergunta até encontrarmos sua essência. "Como eu poderia ganhar mais dinheiro?" Em seguida, poderíamos examiná-la de um ponto de vista diferente: "Como eu poderia ter menos necessidade de dinheiro?". Isso nos conduziria a "Como eu poderia elaborar melhor meu orçamento?" ou "Como eu poderia gastar menos?". Essas variações poderiam nos levar a "Como eu poderia realizar coisas mais baratas?",

"Como eu poderia realizar coisas para as quais não tenho nenhuma verba?" ou "Como eu poderia negociar melhor entre meu 'eu' esbanjador e meu 'eu' ganhador?". Ao gerar essas variações básicas, ampliamos automaticamente o escopo de nosso raciocínio.

Nossas sentenças originais em relação a nosso anseio, formuladas na primeira etapa, também fazem germinar essas perguntas-problema. Talvez um de seus anseios pudesse ser: "No final do mês, não terei dinheiro para fazer o que desejo fazer". Seria possível transformar essa em: "Como eu poderia me sentir menos frustrado quando não tiver dinheiro para fazer o que desejo fazer?", "Como eu poderia fazer mais das coisas que desejo logo no início do mês?", "Como eu poderia distribuir melhor meus gastos ao longo do mês?" ou "Como eu poderia reavaliar as coisas que desejo realizar?". Todas essas perguntas derivam do mesmo anseio, mas todas são sutilmente e essencialmente diferentes entre si.

Outra fonte excelente para gerar perguntas-problema é o trabalho que realizamos na avaliação do impacto de nosso anseio. Se investigássemos nossos sentimentos com respeito a nosso anseio, provavelmente diríamos: "Não ter dinheiro suficiente me faz sentir um fracassado". Essa sentença poderia ser transformada nas seguintes perguntas: "Como eu poderia me sentir menos perdedor?", "Como eu poderia me sentir vitorioso?" e "Como eu poderia me sentir mais bem-sucedido?".

O exercício *KnoWonder*, que nos ajuda a avaliar o que sabemos e o que precisamos saber em relação ao nosso problema, também oferece um rico material às perguntas-problema. Na coluna Sei, poderíamos escrever o seguinte enunciado: "Minha renda mensal depende do volume de vendas que realizo". Isso nos estimularia a perguntar: "Como eu poderia vender mais?". Na coluna Desejo Saber, talvez escrevêssemos: "Por que fulano sempre parece ter dinheiro para gastar?". Isso poderia estimular perguntas como: "Como eu poderia gerenciar meu dinheiro como fulano?" e "Como eu poderia obter informações sobre como outras pessoas gerenciam seu dinheiro?".

As perguntas-problema podem refletir igualmente as perspectivas das partes interessadas: "Minha mulher acha que de fato precisamos passar mais tempo juntos" ficaria assim: "Como eu poderia viajar menos e trabalhar mais em casa?".

Outra fonte de perguntas é o trabalho realizado na segunda etapa, "O que é sucesso?". Na excursão ao futuro imaginado ou SE, poderíamos ter dito: "Seria tão bom passear em um *shopping-center* e nem sequer precisar pensar se tenho dinheiro suficiente para fazer uma comprinha por impulso". Dessa afirmação poderíamos extrair as seguintes perguntas: "Como eu poderia ter uma reserva para minhas compras por impulso?" ou "Como eu poderia ter a satisfação proporcionada por uma compra por impulso sem na verdade ter de comprar alguma coisa?". Os critérios de sucesso gerados por meio da ferramenta DRIVE são também uma fonte de perguntas-problema. Com base em um único critério de sucesso, como "Ter uma carreira mais gratificante", poderíamos originar inúmeras outras perguntas-problema: "Como eu poderia ter uma carreira mais gratificante?", "Como eu poderia aprender as habilidades que preciso para ter uma carreira mais gratificante?", "Como eu poderia vislumbrar uma fonte de renda sem precisar trabalhar?" e assim por diante.

Como você pode ver, o raciocínio realizado nas etapas anteriores traz à tona inúmeros e valiosos filões de conteúdo para garimparmos perguntas-problema. Contudo, a esta altura, ainda estamos no primeiro terço. A idéia básica de batalhar pelo terceiro terço aplica-se a todas as fases do MPP. Embora seja possível entrever perguntas catalisadoras de grande eficácia no primeiro terço, é bem mais provável que as perguntas mais interessantes e provocativas venham à tona no segundo ou no terceiro terço de nossa investigação. Para cavar mais fundo, usamos uma ferramenta básica, denominada AIM,* que significa *advantages* (vantagens), *impediments* (impedimentos) e *maybes* (possibilidades).

Primeiramente, relacione todas as **vantagens** que obterá por alcançar o futuro que almeja. Por que esse futuro é desejável? Por que você deseja alcançá-lo? Quais benefícios ele pode gerar? Relacione tantos quanto possível. Se o seu futuro almejado for aumentar as vendas de sua empresa, as possíveis vantagens seriam:

Um maior volume de vendas nos ajuda a evitar o vermelho na demonstração de resultados.

Um maior volume de vendas melhorará a relação entre os fornecedores.

Um maior volume de vendas nos permitirá saltar para uma posição inédita e mais produtiva.

Em segundo lugar, relacione todos os **impedimentos** para alcançar seu futuro almejado. Quais são os obstáculos? Por que ele ainda não se concretizou? O que o está impedindo? Faça uma longa lista do que parece ser um estorvo. Os possíveis impedimentos para aumentar o volume de vendas seriam:

Não temos uma quantidade suficiente de vendedores.

Os custos de embarque estão prejudicando nossa capacidade de vender para mercados distantes.

---

* Além do significado dos termos individuais desse acrônimo, o substantivo AIM conota intenção, propósito, e o verbo significa apontar, mirar. (N. da T.)

A VANTAGENS	**Relacione todas as vantagens inerentes de seu futuro almejado. Faça perguntas do tipo:** • Quais são as vantagens de alcançar o futuro almejado? • Por que esse futuro é desejável? • Por que desejo alcançá-lo? • Por que ele seria bom para mim ou para minha empresa? • Por que ele seria bom para as partes interessadas? • Quais benefícios ele produziria?
I IMPEDIMENTOS	**Relacione os impedimentos para alcançar seu futuro almejado.** • Quais são os obstáculos para alcançá-lo? • Por que ele ainda não se concretizou? • Por que eu ou minha empresa ainda não o concretizamos? • O que está me impedindo?
M POSSIBILIDADES	**Relacione as coisas que poderiam suceder ao alcançar seu futuro almejado e que não estariam relacionadas com seu anseio original.** • O que mais poderia ocorrer se eu alcançasse meu futuro almejado? • Que consequências outras seriam possíveis?

Para finalizar, relacione todas as **possibilidades**: as coisas que *poderiam* suceder ao alcançar seu futuro almejado. O que mais poderia ocorrer se você conseguisse alcançar seu futuro almejado? Que consequências outras seriam possíveis? Não se restrinja a resultados garantidos. Devaneie. Relacione o máximo de possibilidades que conseguir. O que *poderia* ocorrer?

Um maior volume de vendas poderia abrir novos mercados.

Conseguiríamos desenvolver novos produtos ou serviços.

Teríamos de procurar parceiros para atender a novos mercados geográficos. Com um maior volume de vendas, poderia oferecer um melhor seguro-saúde aos funcionários.

Assim que criar uma lista substancial com a ferramenta AIM, use-a para gerar mais perguntas-problema. Vejamos algumas possibilidades com base nos exemplos a seguir: "Como poderíamos fortalecer nossa equação vendas–lucratividade?"

"Como poderíamos explorar novos mercados?"

"Como poderíamos reduzir os custos de embarque aos mercados distantes?"

"Como poderíamos estabelecer parcerias em outros mercados geográficos?"

"Como poderíamos abordar a questão de benefícios aos funcionários?"

Empregar AIM para "apontarmos" para o nosso futuro almejado é uma boa maneira de ampliarmos nosso raciocínio no segundo terço. Mas ainda temos mais a fazer. Para chegarmos ao **terceiro terço**, precisamos de fato ter elasticidade. Quando trabalho com indivíduos e grupos, tento ajudá-los a explorar o terceiro terço com sondagens concebidas para mudar suas perspectivas. Para chegar ao seu terceiro terço, é conveniente se autocontestar utilizando sondagens, como:

"Quais perguntas eu formularia se soubesse que não poderia fracassar?"

"Quais perguntas eu formularia se o dinheiro não importasse?"

"Que perguntas formularia alguém que não conhecesse nada sobre minha empresa?"

"Quais perguntas meus concorrentes formulariam?"

"Quais perguntas uma criança formularia?"

"Quais perguntas provocariam minha demissão?"

"Quais perguntas poderiam me fazer fracassar?"

"Quais perguntas levariam a empresa à falência?"

"Quais perguntas nos levariam à Justiça?"

"Quais seriam as piores perguntas?"

Mudar de perspectiva é uma das maneiras mais eficazes de chegar ao terceiro terço.

Advertência de um pensador

Antes de passar para a fase convergente desta etapa, gostaria de mencionar uma advertência a respeito das perguntas-problema. "Qual é a pergunta?" é uma etapa central no processo de pensamento produtivo. Se não descobrirmos a pergunta certa — uma autêntica pergunta catalisadora —, o nível de qualidade de nosso trabalho subsequente não fará nenhuma diferença.

Nos capítulos precedentes, expliquei a tendência de todos os seres humanos é abraçar de imediato as conclusões. Isso ocorre tanto porque nós, de uma maneira geral, desenvolvemos e seguimos padrões profundamente arraigados quanto porque nos sentimos tão incomodados com a indecisão, que desenvolvemos a avidez por abraçar qualquer pergunta que nos expulse da angústia aflitiva do não saber. À medida que superar os obstáculos desta etapa do MPP, você perceberá como é fácil prescindir-se totalmente da pergunta e tentar saltar logo para as soluções. Obviamente, não somos tão descarados em relação a isso. Na verdade, o que fazemos na maioria das vezes é **usar respostas disfarçadas de perguntas**, como se essa camuflagem conseguisse de alguma forma mudar a constituição do que estamos de fato fazendo. Vejamos que cara teria essa subversão.

Digamos que você estivesse infeliz com sua condição física e estabelecesse o seguinte futuro almejado: "*Se ao menos conseguisse ter a mesma aparência e comportamento de quando tinha 26 anos!*". Em seguida, você superaria os obstáculos da etapa "O que é sucesso?", imaginando como seria maravilhoso se conseguisse realizar essa transformação e definindo como critérios de sucesso as metas preparo físico e perda de peso, por exemplo. Depois, chegaria à terceira etapa, na qual desejaria gerar inúmeras perguntas-problema. Uma dela seria: "Como eu poderia usar a dieta de South Beach?". Pode parar! Fazer a dieta de South Beach não é uma má idéia, mas é uma pergunta malfeita. Por quê? Porque na verdade é uma resposta disfarçada de pergunta. Não há nenhum lugar a chegar com essa pergunta, a não ser começar a dieta South Beach. É bem mais conveniente formular uma pergunta do tipo: "Como eu poderia mudar meus hábitos alimentares?" ou, melhor ainda, "Como eu poderia equilibrar as calorias que ingiro com as calorias que consumo?". Agora, temos perguntas que dão margem a uma série de possíveis respostas. Quanto mais amplas e mais abertas forem as perguntas, mais convenientes serão. Tenha em mente que a intenção aqui é criar perguntas que incitem um longo rol de respostas, e não que ponham fim à conversa.

A tendência a abraçar de imediato as soluções é incisiva, particularmente na etapa "Qual é a pergunta?". Você notará sua impaciência e ansiedade para obter logo as respostas. Esteja alerta para buscar e identificar as perguntas "Como eu poderia..." que na realidade são idéias "dissimuladas" para as soluções. Examine com cuidado se elas de fato perguntam **como** você poderia ter sucesso, superar os obstáculos ou atender às necessidades das partes interessadas, pois na verdade talvez estejam prescrevendo soluções. Não estou propondo que descarte essas possíveis idéias. Talvez em algum momento elas possam ser um recurso valioso, mas nesta etapa corremos o risco de nos bloquearmos e interrompermos nosso raciocínio. Devemos registrar essas perguntas "dissimuladas" e "estacioná-las". Em outro momento, podemos utilizá-las. Elas não vão virar sorvete. Sempre que desejar, poderá "desestacioná-las" e examiná-las na quarta etapa, "Gerar respostas".

Convergindo para a pergunta

Depois de elaborar um extenso rol de perguntas-problema, é chegado o momento de empregar o pensamento convergente e crítico para filtrar essa lista. Nosso objetivo é propor uma série de perguntas interessantes suficientemente focalizadas para instigar áreas de investigação proveitosas, mas suficientemente amplas para incitar um amplo espectro de possíveis respostas. Minha ferramenta predileta para convergir para as perguntas catalisadoras é a C⁵: **colher, cumular, coligar, clarificar** e **constituir**.* A ferramenta C⁵ normalmente funciona melhor se a pessoa ou o grupo estiver anotando as perguntas em notas adesivas que possam ser facilmente transpostas de um lugar para outro. Vejamos como se emprega essa ferramenta.

C⁵: colher, cumular, coligar, clarificar, constituir

Colher

Recapitule sua lista e filtre as perguntas que possivelmente sejam respostas disfarçadas de pergunta. Aparte as respostas disfarçadas e tente aplicar o princípio geral em cada uma delas. Desse modo, "Como eu poderia usar a dieta de South Beach?" passaria a ser "Como eu poderia mudar meus hábitos alimentares?" ou "Como eu poderia equilibrar as calorias que ingiro com as calorias que consumo?". Em seguida, pegue a pergunta original, "Como eu poderia usar a dieta de South Beach?", exclua o CEP ("Como eu poderia...") e coloque-a em seu "estacionamento de idéias" para examiná-las na quarta etapa.

Cumular

Primeiramente, agrupe as perguntas-problema semelhantes. Os agrupamentos geralmente não devem conter mais de cinco perguntas. À medida que as agrupar, perceberá algumas redundâncias. Se elas forem exatamente iguais, descarte uma. Porém, se houver alguma diferença, mesmo que sutil, é melhor engavetá-las neste momento.

Coligar

Quando os grupos começarem a aparecer, você perceberá que é possível juntar perguntas individuais em uma só pergunta mais abrangente (este é o momento em que precisa começar a eliminar algumas das perguntas repetidas). Algum tempo depois, provavelmente conseguirá uma série de grupos em que as perguntas de certo modo estarão tematicamente relacionadas. Repetindo, tente manter os grupos com cinco perguntas ou menos. Isso porque os grandes grupos tendem a diluir o significado e a opulência das perguntas.

---

* Os termos empregados no original são: *cull, cluster, combine, clarify* e *choose*. O sentido do primeiro termo, *cull*, é bastante rico: além de significar apartar, pôr de lado, refere-se também a matar alguns animais de um grupo, em geral os mais fracos, para que o tamanho do grupo não aumente muito, ou selecionar e excluir os elementos rejeitados. Para o último caso, *choose*, empregamos *constituir* no sentido de escolher e eleger. (N. da T.)

Clarificar

Examine cada um dos grupos e atribua um nome ao tema que ele representa. Por exemplo, você poderia agrupar as seguintes perguntas: "CEP ("Como eu poderia...") elaborar meu orçamento de maneira mais eficaz?", "CEP programar meus gastos?", "CEP prever melhor minhas necessidades?", "CEP viver de acordo com os meus recursos?" e "CEP criar uma reserva para emergências?". Você deve intitular esse grupo de "CEP orçar minhas necessidades regulares e minhas necessidades imprevistas?". Essa reformulação captura a essência dos elementos no grupo, mas se mantém como pergunta, e não como solução. Você ainda não sabe como fará isso, mas vale a pena investigar essa pergunta.

Assim que elucidar o tema de cada grupo, examine novamente seu trabalho, tentando verificar se existe alguma sobreposição ou se ainda existem temas que possam ser associados de modo que capturem a essência das perguntas individuais e, ao mesmo tempo, as mantenham suficientemente abertas para incitar uma série de respostas.

Constituir

Recapitule todo o trabalho que realizou até aqui. Preste especial atenção aos anseios que você descreveu, às perspectivas das principais partes interessadas, ao seu futuro almejado e aos seus critérios de sucesso. Pergunte a si mesmo se houve alguma fusão entre temas abrangentes em seus grupos. Ao examinar os grupos, você vê padrões ou relações entre eles? Surgiu alguma nova perspectiva? Você mudou sua percepção sobre o que é relevante e o que não é? Quais de suas perguntas ou grupos realmente conseguem ir ao âmago da questão? Quais parecem mais promissoras? Quais o fazem ficar relativamente nervoso? A quais você realmente deseja se dedicar neste momento?

Assim que começarmos a filtrar nossas perguntas-problema, devemos nos perguntar se de fato as respondemos bem, se existe alguma possibilidade de alcançarmos nosso futuro almejado. Precisamos procurar as perguntas mais estimulantes ou interessantes, que nos impressionem por serem incomuns ou ainda não experimentadas, que sejam talvez um pouco inquietantes ou alarmantes. Não raro as perguntas inquietantes são as que produzem as perguntas mais valiosas.

Dependendo da complexidade do problema, às vezes terminamos com uma única ou então várias perguntas catalisadoras. Em ambos os casos, emolduramos o quebra-cabeça. Temos uma ou mais perguntas que, se bem respondidas, podem nos conduzir a soluções inovadoras. Em certo sentido, a essa altura já teremos preenchido todos os cantos e margens do quebra-cabeça. Estamos preparados para prosseguir e preencher os espaços vazios.

Lembre-se do exemplo da companhia aérea JetWays apresentado no capítulo 6, em que a empresa essa estava procurando soluções para tornar as poltronas centrais mais importantes e, desse modo, diferenciar-se no mercado. Depois de investigar o problema na primeira etapa e de estabelecer os critérios de sucesso na segunda etapa, a equipe da JetWays superou os obstáculos da terceira etapa para convergir para a seguinte pergunta catalisadora: *"Como poderíamos mudar a percepção das pessoas sobre nossas poltronas centrais?"*. Esse novo enunciado do desafio apresenta uma diferença sutil, mas importante, em relação à idéia original de aumentar a importância das poltronas. Poderíamos aumentar a importância das poltronas centrais melhorando o enchimento ou modernizando o estofado. Ambas as possibilidades demandam soluções de fabricação. Contudo, mudar a **percepção** das pessoas requer soluções de *marketing*, o que levará a equipe de inovação para uma direção bem distinta. Com a pergunta certa, temos, como disse Francis Bacon, "metade do saber".

Observe que, a esta altura do processo, você provavelmente convergiu para mais de uma pergunta catalisadora. Se esse for o caso, terá de selecionar a mais apropriada para se dedicar a ela na presente sessão. Deve ser uma pergunta para a qual você tenha mais energia a dedicar, uma pergunta à qual outras estejam subordinadas ou a mais indispensável. Entretanto, se priorizar, poderá se deter a uma única pergunta catalisadora por vez. No capítulo 13, "Pensamento Produtivo Revisitado", examinarei algumas estratégias para lidar com várias perguntas catalisadoras.

RESUMO

"Qual é a pergunta?" é uma etapa central do MPP. Nela, divergimos para gerar o máximo possível de perguntas-problema e, em seguida, convergimos para focalizar uma ou mais perguntas catalisadoras que, se respondidas, nos possibilitam alcançar nosso futuro almejado.

- Usando o pensamento divergente e criativo, relacione o máximo de perguntas-problema que puder, seguindo o modelo "Como eu poderia..." (CEP) ou "Como nós poderíamos..." (CNP).
- Usando o pensamento convergente e crítico, selecione uma ou mais perguntas catalisadoras, que, se respondidas, lhe possibilitará alcançar seu futuro almejado.

O resultado desta etapa é enunciação clara dos problemas essenciais ou das oportunidades, na forma de uma ou mais perguntas catalisadoras, as quais incitam idéias para encontrarmos uma solução.

Desafiando a gravidade

Anteriormente, falei sobre a quase inexorável atração gravitacional do passado. Particularmente nas empresas, há uma forte tendência nesta etapa a recorrer ao consagrado, ao seguro, a perguntas que não perturbam o equilíbrio da situação, a perguntas que não são tão perturbadoras.

Vejamos por que, na minha opinião, é essencial evitar essa tendência. Em primeiro lugar, é bem provável que esteja usando o processo de pensamento produtivo porque tudo quanto já experimentou até aqui não funcionou. Você escolheu partir por esse caminho porque acreditou que precisava de uma nova abordagem. Não tente retroceder agora.

Em segundo lugar, recapitulando os critérios que firmou com a ferramenta I^3, você escolheu um futuro almejado que requer uma solução imaginativa. Honre seu primeiro impulso. O que você está buscando é imaginação, não segurança.

Em terceiro lugar, o risco assumido no pensamento produtivo é pequeno. Tenha em mente que os experimentos envolvem pouco ou nenhum ônus. Se mergulhar em um caminho para o qual não há solução, sempre poderá voltar atrás. Aproveite a oportunidade para ganhar elasticidade. Encontre uma pergunta que lhe provoque um arrepio na espinha. Há uma boa probabilidade de essa sensação conduzi-lo a uma solução que aqueça seu coração!

CAPÍTULO 10

4ª Etapa: Gerar respostas

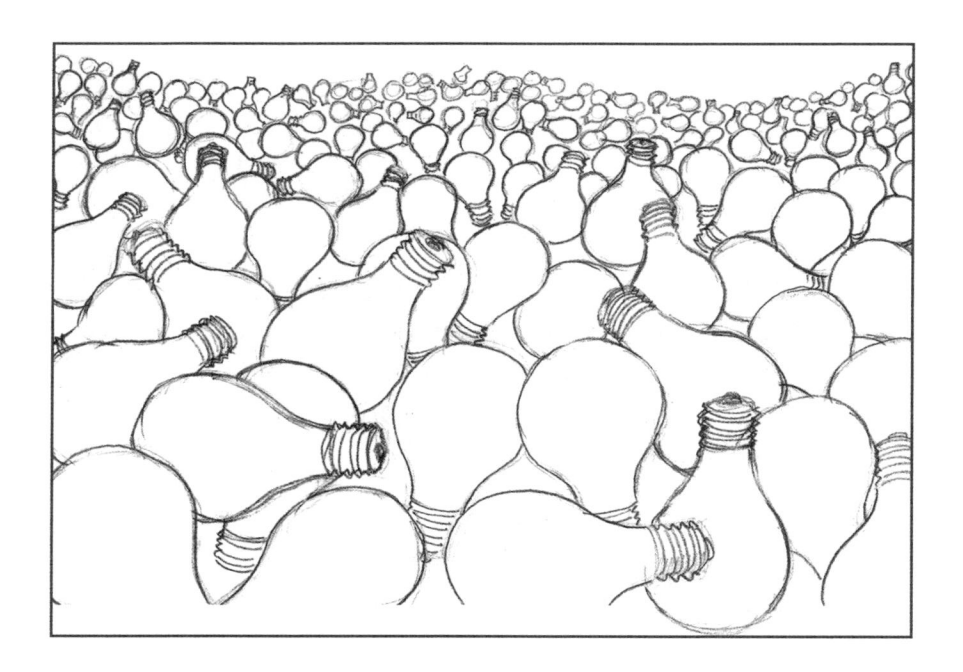

1ª Etapa: O que está havendo?
2ª Etapa: O que é sucesso?
3ª Etapa: Qual é a pergunta?
4ª Etapa: Gerar respostas
5ª Etapa: Forjar a solução
6ª Etapa: Alinhar recursos

"Cometo mais erros do que qualquer outra pessoa que conheço. E mais cedo ou mais tarde patenteio a maioria deles."
Thomas Edison

4ª Etapa: Gerar respostas

Dez mil insucessos

Pete Rose é provavelmente o melhor jogador de beisebol, mas nunca foi indicado ao Salão da Fama.[1] Rose jogou de 1963 a 1986, principalmente para o Cincinnati Reds. Participou de dezessete Jogos das Estrelas (*All-Star Games*) e ganhou três anéis nas finais World Series, três campeonatos de rebatidas e duas luvas de ouro. Jogou mais partidas e esteve mais vezes no bastão do que qualquer outro jogador de beisebol da história. Dentre todos os seus talentos, contudo, nenhum foi tão espetacular quanto sua habilidade para chegar à base. Apropriadamente apelidado de Charlie Hustle, Rose é o maior líder de liga de todos os tempos em rebatidas — foram 4.256 —, 67 à frente de Ty Cobb, que está em segundo lugar, e quase 500 à frente de Hank Aaron, em terceiro. Para conseguir essas rebatidas, ele permaneceu na base 14.053 vezes.[2] Em outras palavras, em sua trajetória para se tornar o melhor rebatedor de todos os tempos no beisebol, **Rose errou aproximadamente dez mil rebatidas**.

A mesma coisa ocorre com as idéias. Não importa se temos facilidade para obtê-las, teremos mais fracassos que deslumbramentos. Na realidade, quanto **melhor** formos para obtê-las, como Pete Rose ao rebater, mais fracassos teremos. Portanto, é fundamental lembrar que as consequências do fracasso no pensamento produtivo são bem menores do que no pensamento reprodutivo. As idéias fracassadas não passam disto: são **idéias** que não passaram pelo corte, isto é, não se qualificaram para as finais. Elas não são dinheiro, não são organismos, não têm vida. São única e exclusivamente pensamentos. Despender um pouco de tempo e ferir um pouco nosso orgulho são os principais riscos que corremos. Se não soubéssemos como assumir riscos em relação a isso, nenhum de nós jamais teria aprendido a andar ou a pedalar uma bicicleta. Não seríamos capazes de ler ou dançar ou ter sucesso na vida profissional. Certamente nunca ficaríamos apaixonados. O paradoxal é que, quando **não** assumimos riscos, arriscamo-nos a não ter êxito em absolutamente nada na vida.

Sempre associo a etapa "Gerar respostas" pensamento produtivo a uma visita de vendas. Os vendedores com frequência falam sobre seu índice de acerto: alguns deles conseguem 1 acerto em 10 clientes potenciais; outros conseguem 1 em 20 e assim por diante. Em relação aos clientes não potenciais — nesse caso, as chamadas telefônicas ou visitas não solicitadas —, a proporção é bem inferior, talvez 1 venda a cada 200 chamadas ou visitas. Quando tentar gerar idéias, imagine-se como um vendedor batendo à porta de várias casas das ruas de um bairro. Alguns não abrirão a porta de forma alguma, outros o espreitarão por uma fenda ou olho mágico e alguns baterão a porta na sua cara. Contudo, quanto maior a quantidade de portas em que você bater, maior a probabilidade de ser convidado a entrar.

A maioria das pessoas imagina a etapa "Gerar respostas" como um *brainstorming* a parte, em que propomos idéias. Caso tenha seguido o modelo até aqui, já percorreu um longo caminho e, portanto, já compreende seu problema e sabe aonde deseja chegar com isso. Ao longo desse processo, você provavelmente sentiu sua mente pipocar em idéias e certamente deve ter se segurado para impedi-las de aflorar. Um dos pontos altos do processo de pensamento produtivo é que ele nos força a refrear as respostas imediatas. Com respeito ao que está realizando, imagine-se como se estivesse se preparando para atirar uma flecha. Propor respostas muito prematuras é como puxar apenas ligeiramente a corda do arco antes de disparar a flecha. A flecha voará, mas apenas alguns metros. Todavia, se continuarmos a puxar a corda do arco, deixando-a cada vez mais esticada, a flecha voará verdadeiramente e para bem longe.

> "Tome nota do problema. Pense com extremo afinco. Em seguida, anote a resposta." – Richard Feynman

Este capítulo, que o ajudará a aproveitar a energia que armazenou nas três primeiras etapas do processo, para que tenha oportunidade de experimentar uma verdadeira tempestade, e não apenas um chuvisco mental, está dividido em duas partes: na primeira, algumas orientações sobre como você pode usar o pensamento divergente e criativo para gerar o máximo possível de idéias e, na segunda, algumas orientações sobre como você pode usar o pensamento convergente e crítico para se concentrar nas idéias que tenham verdadeira probabilidade de se concretizar.

Pense com extremo afinco

Em *Genius* [Gênio], biografia do Nobel de Física Richard Feynman, James Gleick relata que um colega uma vez fez uma brincadeira, dizendo que havia descoberto o método de Feynman de resolver problemas: "Tome nota do problema. Pense com extremo afinco. Em seguida, anote a resposta".[3] De acordo com Gleick, o nível de QI (quociente de inteligência) de Feyman (125) era respeitável, mas de forma alguma era de gênio. Apesar disso, muitos cientistas equiparam suas contribuições às de Einstein. Ele é responsável pelos principais avanços conquistados em eletrodinâmica quântica, superfluidez e teoria das partículas, e sua obra é o ponto de partida de inúmeros projetos de pesquisa tanto em física teórica quanto em física aplicada. A metodologia de resolução de problemas atribuída a Feynman é quase exatamente igual à que usamos no MPP: tomamos nota do problema, pensamos com extremo afinco e, em seguida, anotamos a resposta. Entretanto, no pensamento produtivo, não anotamos apenas uma resposta; anotamos o máximo de respostas que conseguirmos e, depois, tentamos desenvolver as melhores candidatas à solução.

Na etapa "Gerar respostas" do MPP, nossa intenção deve ser procurar uma série de idéias — idéias práticas, idéias esquisitas, idéias controversas, idéias impossíveis, idéias desrespeitosas, idéias insustentáveis, idéias nascidas de sonhos, idéias nascidas do estresse, idéias nascidas da ignorância, idéias provenientes de outras áreas, idéias predestinadas ao fracasso, idéias que abrem novas portas, idéias misturadas, idéias provenientes de analogias inesperadas —, para que possamos testar e selecionar as melhores. O resultado de "Gerar respostas" será uma ou mais alternativas de solução: **idéias embrionárias** que, se desenvolvidas, podem nos conduzir a uma solução consistente.

Na etapa precedente, "Qual é a pergunta?", você semeou suas nuvens de idéias com uma ou mais perguntas catalisadoras: perguntas que, se bem respondidas, podem resolver seu problema. Agora, é chegada a hora de deixar chover. Nosso desejo é gerar uma chuva torrencial de idéias, um temporal de possibilidades, para que tenhamos muitas alternativas de escolha. Lembre-se do axioma de Linus Pauling, "A melhor maneira de ter grandes idéias é ter muitas idéias — e em seguida descartar as que não prestam". Para gerar o máximo de opções possível, este é um bom momento para recapitular e aplicar as orientações examinadas no Capítulo 5: adie tanto os julgamentos negativos quanto os positivos, reflita sobre suas idéias, descontrole-se, enlouqueça e estabeleça metas de crescimento em termos quantitativos. Em outras palavras, deixe chover.

Lembre-se, **não há nenhum risco em expressar uma idéia ruim**. As idéias não passam de pensamentos, de construções mentais. Elas são imateriais, não contêm nenhuma substância. São incapazes de prejudicar tanto quanto de ajudar alguém. São ao mesmo tempo inestimáveis e sem valor. Existem somente em estado latente. E essa latência pode ser concretizada apenas se as idéias forem expressas. Uma idéia oculta, não manifesta, de forma alguma é uma idéia. A única idéia tola é a idéia muda, porque, literalmente, não é explicitada. Uma idéia ineloquente é como uma chama apagada. Na parte divergente e criativa da etapa "Gerar respostas", sua função — sua **única** função — é iluminar suas idéias para que elas possam ser vistas.

Há centenas de técnicas para gerar idéias.[4] Você já empregou diversas delas nas fases precedentes de nosso modelo, mas ainda descreverei algumas outras nos capítulos posteriores. Contudo, o principal objetivo deste livro não é oferecer um compêndio de ferramentas. Ao contrário, o MPP oferece um esquema estrutural no qual podemos aplicar um amplo espectro de ferramentas, algumas provavelmente já familiares, outras ainda por conhecermos e algumas por nós mesmos inventadas. As ferramentas e técnicas são úteis, mas não são a essência do processo de pensamento produtivo. Nas sessões de pensamento produtivo que administro aos meus clientes, uso as ferramentas apenas quando o pensamento simples, solto e natural perde um pouco a fluidez. O segredo, como em todas as fases do modelo, é usar o pensamento divergente e criativo para gerar longas listas e, em seguida, usar o pensamento convergente e crítico para tomar decisões e escolher.

> *Precisamos expulsar o primeiro terço de idéias de nossa mente para abrirmos espaço para o segundo e o terceiro terço virem à tona.*

Tendo idéias

Depois que escolhermos a pergunta catalisadora a que desejamos nos dedicar, devemos começar a relacionar possíveis respostas. Relacione tudo o que lhe vier à mente. É quase certo que suas idéias iniciais serão típicas do primeiro terço; aquelas idéias normais, óbvias, racionais, cotidianas e sem originalidade alguma que provavelmente você já teve ou já ouviu dezenas de vezes. Não se preocupe. Não há nenhum problema em dar partida com essas idéias mundanas. Na verdade, isso é essencial. Precisamos expulsar o primeiro terço de idéias de nossa mente para abrirmos espaço para o segundo e o terceiro terço virem à tona. Como vimos no capítulo 5, Dee Hock, fundador da VISA, ao descrever esse fenômeno, disse o seguinte: "O problema nunca é saber trazer idéias novas e inovadoras à mente, mas saber como expulsar as antigas. Nossa mente é como um prédio abarrotado de mobílias antigas. Se esvaziarmos um cantinho dela, a criatividade instantaneamente preencherá esse espaço". Portanto, vá em frente e esvazie a mente. É a primeira coisa que você tem a fazer.

> **O primeiro terço**
>
> Apresentamos aqui um experimento para demonstrar o conceito de terceiro terço. Para isso, pegue uma almofada e uma caneta. Pense em todas as coisas que nós, seres humanos, não temos possibilidade de realizar, mas que seria maravilhoso conseguir. Escreva o mais rápido possível dez coisas que, em sua opinião, seria maravilhoso conseguir realizar.
>
> Agora, embora não exista de forma alguma um meio que tenha me possibilitado ler sua mente, logo a seguir relaciono um prognóstico de dez coisas que acredito que você tenha escrito. Examine o quadro abaixo para ver como fiz isso.

> - Voar
> - Andar sobre ou debaixo da água
> - Viver eternamente, ressuscitar
> - Nunca ficar doente
> - Comunicar telepaticamente com outros seres
> - Ser invisível ou mudar de forma
> - Teletransporte, como em *"Beam me up, Scotty"* (*"Teletransporte-me, Scotty"*)
> - Viajar no tempo
> - Ter visão de raio X
> - Cumprir promessas consigo mesmo (por exemplo, perder peso)
>
> Quando aplico esse exercício em grupo, consigo acertar 70% ou mais. Seria pelo fato de não haver pensadores originais no mundo afora? De modo algum. É porque todas essas idéias são de primeiro terço. Lembre-se do que Herbert Simon disse sobre idéias prematuras: elas não são tanto uma função do pensamento produtivo quanto o são da memória.

Descarregue esse primeiro terço para começar a ganhar acesso a inúmeras outras correlações que seu cérebro está apto a realizar. Você constatará que, quanto mais longe estiverem da superfície da consciência, mais interessantes se tornarão. Retome o exercício apresentado no quadro anterior. Pense em mais dez outros itens para adicionar à sua lista de coisas impossíveis. Por acaso sua lista está começando a ficar mais interessante e criativa? Aposto que sim.

Não estou dizendo que as pessoas não têm nenhuma idéia criativa ou incomum no primeiro terço. Na verdade, é mais provável que as idéias do primeiro terço sejam uma representação dos padrões que aprendemos ao longo da vida. E o que ocorre nesse breve exercício é exatamente o que ocorre quando começamos a gerar respostas à nossa pergunta catalisadora. As respostas óbvias ocupam o primeiro lugar na fila.

Depois que relacionarmos as idéias que repousam mais perto da superfície da consciência, só aí iniciaremos o trabalho árduo. Aqui, muitas pessoas ficam empacadas por algum momento, e uma maneira prática de tomar impulso e propagar uma nova onda de pensamento é utilizar alguns estímulos simples:

Como meus clientes responderiam a essa pergunta?
E meu chefe?
E meu melhor amigo?
Meu pior inimigo?
Como meu mentor a responderia?
E um aposentado?
Uma criança?

Uma das sugestões mais eficazes que podemos utilizar a nosso favor é adicionar as palavras **mais** ou **outro** à pergunta. Nas sessões que administramos aos nossos clientes, mudei propositadamente a sentença-raiz "Como eu poderia..." para "De que **outra** forma eu poderia...". De que outra forma poderíamos responder a pergunta em questão? De que outra forma? De que outra forma? Quando procedemos dessa maneira, a pergunta não é de forma alguma "respondida". Cada resposta não passa de um pingo de chuva. Nossa intenção é juntar o máximo de pingos que pudermos. "De que outra forma eu poderia..." é uma boa maneira de não deixar a chuva cessar.

Em algum momento das perguntas "De que outra forma...", provavelmente passamos para as respostas do segundo terço: aquelas menos óbvias, com um escopo um pouco mais amplo, e até um pouco incomuns. Inevitavelmente, quanto mais "deixarmos chover", mais incomuns se tornarão alguns desses pingos de chuva. Talvez algumas respostas nem se pareçam pingos. E isso é bom. Alex Osborn, que cunhou o termo *brainstorming*, disse uma vez que, quanto mais "selvagens" ou cruas as idéias, tanto melhor, porque "é bem mais fácil domesticar uma idéia selvagem do que revigorar uma idéia que já nasceu sem vida". Portanto, opte pelo incomum, pelo inesperado. Na maioria dos casos, é aí que moram as possibilidades.

Vejamos algumas outras sugestões que podem ajudá-lo a alcançar o terceiro terço:

O que eu faria se tivesse apenas 10 minutos para resolver meu problema? E se eu tivesse todo o tempo da vida? E se eu tivesse uma verba ilimitada? O que eu faria se soubesse que não posso fracassar?

Como seu autor favorito responderia à sua pergunta? E seu personagem literário predileto? Um herói imaginário? Um vilão ficcional? Como o Homem-Aranha responderia à sua pergunta catalisadora? Quais idéias cada um dos personagens do Quarteto Fantástico teria? E Batman? Pato Donald? Humphrey Bogart?

Quais seriam as piores respostas possíveis à minha pergunta catalisadora: as respostas predestinadas ao fracasso, as que podem provocar minha demissão ou as que podem me levar à prisão?

Agora, inverta essas respostas "ruins". Vire-as de cabeça para baixo e do avesso para gerar perguntas possivelmente úteis. Além disso, você pode forçar sua mente a fazer correlações:

Que semelhanças minha pergunta guarda com a cadeira em que estou sentado? A caneta que estou usando para escrever? O caminho que tomo para ir ao trabalho de manhã?

Gerar respostas que se baseiam em analogias e forçar correlações entre sua pergunta e outras coisas em sua vida pode abrir novas perspectivas. Por exemplo, ao pensar sobre seu trajeto diário para o trabalho, você poderia fazer as seguintes ponderações:

Costumava pegar a via expressa para ir pro trabalho, mas o trânsito me enlouquecia. Por isso, comecei a utilizar ruas secundárias. Além de mais agradáveis, certamente me deixavam mais relaxado. O melhor de tudo é que em geral isso me permitia chegar mais rápido ao trabalho. E se em vez de me concentrar diretamente no meu problema, eu experimentasse um caminho mais indireto? Quais "ruas secundárias" eu levaria em consideração ao responder à minha pergunta catalisadora?

Sugestões desse tipo nos dão oportunidade de ir além do convencional, do lógico, do padronizado. Começamos então a pôr os pés no precioso território do terceiro terço.

Em 5 de setembro de 1995, um homem de 48 anos de idade, chamado Virgil Simons, conseguiu sair de uma bem-sucedida cirurgia de câncer de próstata. Sua doença só havia sido diagnosticada já em estágio avançado. Se não tivesse tido um pouquinho de sorte, provavelmente teria morrido.

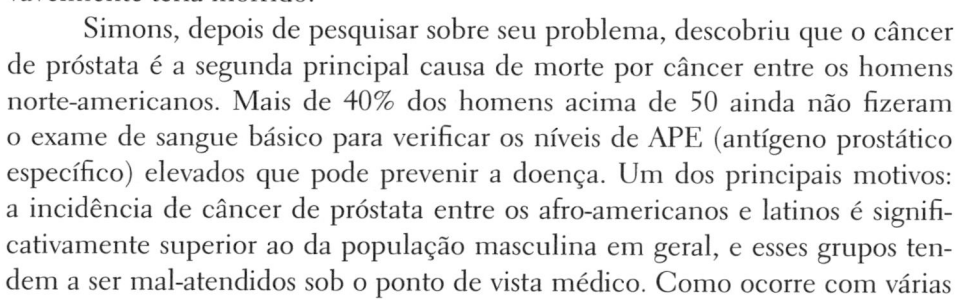

Simons, depois de pesquisar sobre seu problema, descobriu que o câncer de próstata é a segunda principal causa de morte por câncer entre os homens norte-americanos. Mais de 40% dos homens acima de 50 ainda não fizeram o exame de sangue básico para verificar os níveis de APE (antígeno prostático específico) elevados que pode prevenir a doença. Um dos principais motivos: a incidência de câncer de próstata entre os afro-americanos e latinos é significativamente superior ao da população masculina em geral, e esses grupos tendem a ser mal-atendidos sob o ponto de vista médico. Como ocorre com várias formas de câncer, o diagnóstico precoce muda sensivelmente a probabilidade de sobrevivência. Porém, se diagnosticado muito tarde, o câncer de próstata é fatal. Simons formulou para si mesmo uma pergunta básica: "Como poderíamos conscientizar melhor esses homens da importância do exame de APE?". A resposta óbvia do primeiro terço foi usar a mídia para encorajar os homens a realizar exames médicos regularmente. A mensagem era simples, mas poderia ser transmitida de uma maneira que pudesse fazer efeito? A propaganda seria um recurso caro e talvez sua credibilidade fosse pouco significativa. E o que dizer das barreiras de idioma e culturais?

Simons, portanto, perguntou-se "De que **outra** forma..." e começou a investigar além das respostas convencionais do primeiro terço. Por que não combater o câncer de próstata no cabeleireiro? Em 2004, ele recrutou um pequeno exército de cabeleireiros para conversar com seus clientes sobre esse assunto. Veja o que Simons disse em uma entrevista à Associated Press: "Nem todo mundo visita o médico. Mas ao cabeleireiro todos temos que ir... desde a infância. O cabeleireiro ou barbeiro é uma figura central da comunidade, um empresário, um comunicador culturalmente confiável. Ao cortar o cabelo de alguém, poderia dizer: 'E aí, quando foi a última vez que você fez o exame de APE?'". Os resultados? Embora seja impossível avaliar quantas visitas médicas esse programa incitou ou quantas vidas talvez tenha poupado, o *site* de Simons, Prostate Net (prostateonline.com), já recebeu aproximadamente quatro milhões de visitas desde sua inauguração e hoje recebe uma média de oitenta mil por dia.

Até aqui, meu foco foi estimular respostas cognitivamente, por meio de sugestões verbais como "De que **outro** modo" ou adotando outras perspectivas de raciocínio, como Batman o faz. Contudo, o cognitivo é apenas um dos níveis de consciência. Existem milhões de outras respostas que podemos acessar em outros níveis. As idéias normalmente são geradas por meio da lógica, mas elas podem também ser despertadas se observarmos o mundo ao nosso redor.

Ouça música. Que idéias isso pode lhe desencadear? Examine pinturas e fotografias. Como elas poderiam estimular respostas à sua pergunta catalisadora? Experimente sabores e odores. Eles lhe transmitem algo? Quando sente a maciez de uma pluma, você se lembra de algo que possa desencadear uma resposta? E quando você toca a casca de uma laranja? E quando imagina o gosto cítrico contagiando sua língua?

Uma maneira prática de gerar dezenas de outras respostas é fazer passeios breves. Pode ser ao redor de sua casa ou do escritório. Ou na rua. Ou, melhor ainda, se você conseguir providenciar isso, a um lugar com mais paisagens e vistas, sons e odores exóticos, como um museu, uma fábrica, um jogo de futebol ou um desfile. Pegue um caderno e anote todas as coisas que observou. Procure superar seus limites. Anote 20 coisas diferentes que consiga ver, 20 que consiga ouvir, 20 que consiga sentir o sabor ou o cheiro e 20 que consiga tocar. Quais respostas a essas coisas o estimulam quando você as relaciona com sua pergunta catalisadora? Philo T. Farnsworth, enquanto observava o pai lavrar a terra, pensou em usar linhas horizontais para captar e reproduzir imagens. Os pesquisadores da IKEA, em visita aos supermercados, notaram que, quando os carrinhos eram colocados apenas na entrada das lojas, os clientes desistiam das compras por impulso. George de Mestral, depois de levar seu cachorro para passear no campo, notou que sua calça estava cheia de carrapichos. Foi quando teve a idéia do Velcro.

Se você se permitir, sua mente saltará para novos estímulos e automaticamente fará dezenas de analogias inesperadas. Se prestar atenção a essas analogias, descobrirá a resposta que está procurando.

No momento em que sentir que suas idéias exauriram, não desista. Há mais terço nesse terceiro terço do que pode imaginar. Veja mais duas outras dicas para gerar mais idéias.

Primeiramente, faça um intervalo. A atenção focalizada pode determinar nosso sucesso ou fracasso, mas também pode ser um obstáculo. Na maioria das vezes, conseguimos realizar muito mais coisas quando não tentamos. Quando o assunto é gerar novas idéias, é sempre mais produtivo usar a técnica da incubação do que tentar gerar novas idéias empregando a força bruta. Os bilhões de sinapses que ocorrem no cérebro humano são um reservatório inesgotável de possibilidades. Estimular a percepção de possibilidades em geral é apenas uma questão de relaxar e deixar fluir e observar com atenção a mente realizar o trabalho em nosso benefício. Isso nos ocorre sempre que sonhamos, quando devaneamos, quando nossa mente de macaco assume o comando. Às vezes, para chegar à segunda, à quinta ou à décima resposta, relaxar costuma ser suficiente.

Não raro nossa mente trabalha melhor na obscuridade, em segundo plano. De acordo com um dos princípios básicos do pensamento produtivo, devemos internalizar o problema e, então, esquecê-lo por algum tempo.

Quantas vezes você se lembrou daquilo que estava lutando para se lembrar tão logo se esqueceu de tentar lembrar? Quantas vezes você teve uma grande idéia embaixo do chuveiro ou ao volante? Não raro nossa mente trabalha melhor na obscuridade, em segundo plano. De acordo com um dos princípios básicos do pensamento produtivo, devemos internalizar o problema e, então, esquecê-lo por algum tempo. Relaxe. Devaneie. Passeie ao sol. É fundamental dar ao subconsciente o tempo que ele precisa para fazer essa mágica. Portanto, se a princípio você não teve êxito, faça uma pausa.

Em segundo lugar, recapitule as idéias que você já gerou e observe se existe alguma associação interessante. Pegue duas de suas idéias aleatoriamente. Que associação existe entre ambas? Se não conseguir ver nenhuma, faça uma. O que essa analogia propõe? Os canivetes do Exército suíço associaram várias ferramentas em um único canivete. Os rádio-relógios despertadores reúnem relógio e rádio. Quando ainda estudante universitária no Instituto de Tecnologia de Massachusetts, Gauri Nanda associou duas idéias para inventar um tipo completamente novo de despertador. Assim como muitos de nós, Nanda costumava pressionar o botão de soneca repetidamente e na maioria das vezes dormia além da conta. Ela associou a idéia do despertador com aquele velho ditado de que o "tempo voa" e inventou o Clocky, um despertador à prova de choque com rodinhas que se move sobre a mesa de cabeceira, cai e se esconde depois que se pressiona o botão de soneca.[5] Associar duas ou mais idéias é uma ótima maneira de gerar uma nova.

Garimpando ouro

Assim que finalizarmos nosso rol de respostas, provavelmente teremos reunido dezenas, ou mesmo centenas de idéias. E isso é ao mesmo tempo uma bênção e uma maldição. Uma bênção porque em todas essas idéias há, em algum lugar, ouro puro. Uma maldição porque esse ouro na verdade está enterrado e disperso em um monte de lama.

Esta parte da etapa "Gerar respostas" sempre me faz lembrar da história dos irmãos gêmeos que matavam os pais de preocupação. Um deles era um otimista inveterado. Independentemente do que encontrasse, de imediato via isso como algo promissor. O outro era exatamente o oposto, um pessimista inveterado. Ele via desgraça em todo raio de esperança e nenhuma luz no fim do túnel. Preocupados com o fato de nem um nem outro ter uma perspectiva apropriada da vida, os pais consultaram um psiquiatra, que ofereceu o seguinte conselho. No aniversário seguinte dos gêmeos, deveriam preparar dois quartos cheios de presentes, um para cada um. Deveriam encher o quarto do pessimista de todos os brinquedos, jogos e diversões que uma criança jamais imaginou, transformando-o no país das maravilhas. Porém, no quarto do otimista, não deveriam colocar absolutamente nada, exceto estrume.

Os pais seguiram à risca as sugestões do psiquiatra, colocando ambos os filhos em frente à porta dos respectivos quartos. O pessimista abriu a porta e imediatamente começou a chorar. Os brinquedos eram em tudo errados: tamanho errado, cor errada. Mesmo aqueles que talvez fossem bons em algum momento acabariam se quebrando. O garoto ficou inconsolável. E os pais mais angustiados do que nunca.

O otimista abriu a porta e imediatamente mergulhou no monte de estrume, rindo e cavando alegremente. Os pais ficaram absortos. "Que diabo você está fazendo?", perguntaram. O otimista apontou a cabeça para fora do monte de estrume e disse: "Com todo esse esterco de cavalo, em algum lugar deve haver um pônei!"

Deve haver algum pônei em algum lugar de seu amontoado de idéias. Talvez você tenha até um bando de pôneis. O desafio é encontrá-los.

Relacionar e escolher é o princípio dominante em todas as etapas do MPP. É como garimpar ouro. Escavamos e colocamos na peneira grande quantidade de matéria-prima. Depois, peneiramos esse material até conseguirmos ver algumas partículas brilhantes se sobreporem. Quanto mais matéria colocarmos na peneira, maior a probabilidade de encontrarmos ouro. O melhor método de peneirar idéias que aprendi foi o da ferramenta C^5; que é uma das ferramentas mais eficientes de pensamento convergente e seletivo em nossa caixa de ferramentas.

A ferramenta C^5 normalmente funciona melhor se, quando estamos sozinhos ou em grupo, anotarmos nossas idéias em notas adesivas que podem ser movidas facilmente de um lugar para outro. Lembre-se, C^5 significa colher, cumular, coligar, clarificar e constituir. Recomendo a C^5 porque é um método prático de convergir ou estreitar perguntas-problema na etapa precedente, "Qual é a pergunta?". Costumo usá-la com frequência também para gerar respostas, mas com algumas alterações significativas.

Colher

Na terceira etapa, "Qual é a pergunta?", você recapitulou sua lista de perguntas para "colher" ou selecionar aquelas que possivelmente eram respostas disfarçadas. **Nesta etapa, "Gerar respostas"**, nossa colheita obedece a um motivo diferente. Desejamos separar todas as respostas de fato cruas; aquelas que nos sentimos tentados a rejeitar sem ao menos examiná-las mais a fundo. Qualquer resposta que em nossa opinião talvez esteja muito distante de se qualificar para a final deve entrar na categoria "O que eu estava pensando?". Ponha essas respostas de lado por enquanto. Voltaremos a elas posteriormente.

Cumular

Do mesmo modo como procedeu na terceira etapa, reexamine sua lista e agrupe as idéias semelhantes, colocando em cada grupo não mais de cinco idéias. Se encontrar algum grupo com mais de cinco idéias, divida-o em dois ou mais grupos lógicos. À medida que agrupar, esteja atento às duplicações. Se forem exatamente iguais, descarte uma. Se houver alguma diferença, mesmo que sutil, é melhor engavetá-las neste momento.

Coligar

Quando os grupos começarem a aparecer, você perceberá que é possível juntar respostas individuais em uma só resposta mais abrangente (este é o momento em que precisa começar a eliminar algumas das respostas que guardarem muita semelhança entre si). Por exemplo, "um relógio que se esconde" e "um relógio que salta da mesa de cabeceira" poderiam ser associadas em uma única frase: "um relógio que se esconde pulando da mesa de cabeceira". Em algum momento provavelmente conseguirá convergir uma série de grupos, cada um com no máximo quatro respostas.

Clarificar

Atribua a cada grupo uma sentença descritiva que capte a essência de cada uma das respectivas idéias. Por exemplo, "o relógio não pode ser alcançado porque salta da mesa de cabeceira, corre ou se esconde quando sente uma mão se aproximando". Depois de clarificar cada grupo, terá matéria-prima para se aprofundar.

Agora, voltemos àquelas respostas cruas e disparatadas que você "colheu" e colocou na categoria "O que eu estava pensando?". Mesmo quando as pessoas em geral tenham capacidade de **gerar** idéias cruas e disparatadas, no momento de **escolher**, quase invariavelmente exibem uma forte tendência — especialmente nos ambientes organizacionais — a se apegar ao que é familiar, estável, lógico e, em outras palavras, "possível." Na prática, isso significa que algumas das melhores idéias normalmente são engavetadas. O objetivo de apartar essas idéias cruas e disparatadas é nos dar oportunidade de abordá-las de uma maneira um pouco distinta das outras idéias que geramos.

> *Queps significa "qual é o princípio subjacente". "Qual é o princípio subjacente por trás dessa idéia? Como ele pode ser aplicado de uma maneira prática?"*

Se estiver trabalhando em grupo, constatará que alguns participantes têm prazer de gerar idéias, ao passo que outros preferem avaliá-las e discuti-las. Nesta fase da quarta etapa, aqueles que gostam de avaliar ficam ansiosos por começar a agrupar, associar e clarificar as idéias. Os geradores de idéias, entretanto, normalmente vacilam em executar essas tarefas. Contudo, podem desempenhar um papel crucial para garimpar ouro nas idéias cruas e disparatadas da categoria "O que eu estava pensando?". Para isso, peço para que utilizem a ferramenta Queps, que significa ("Qual é o princípio subjacente?").* Esse método é bastante sim-

---

* O nome original dessa ferramenta, cunhado por Hurson, é "What's UP?" UP significa *"underlying principle"* (princípio subjacente ou princípio básico). A frase *What's up*, muito empregada na língua inglesa, pode ser traduzida por "O que houve?". O objetivo de Hurson aqui foi fazer uma brincadeira com UP, usando essa pergunta. (N. da T.)

ples. O que deseja saber é "Qual é o princípio subjacente por trás dessa idéia? Como ele pode ser aplicado de uma maneira prática?".

Alguns anos atrás, um de meus colegas da ***think*^{X}**, Steve Fox, conduziu uma sessão para uma pequena empresa de abastecimento de restaurantes no centro-oeste. Dentre seus principais produtos, fornecia copos básicos usados como copo de água por todos pequenos restaurantes de beira de estrada e lanchonetes mais simples. A causa do gargalo de produção enfrentado por essa empresa foi um tanto quanto singular. No final da linha de produção, os copos eram embalados em caixas de papelão com divisória — 24 por caixa — para embarque. Para evitar quebras, todos os copos eram preenchidos e embrulhados com jornal velho. Os jornais ficavam empilhados atrás dos embaladores. Como se constatou mais tarde, as linhas de produção estavam perdendo o ritmo porque os embaladores instintivamente e periodicamente paravam para dar uma passada de olhos nos jornais, distraindo-se com a leitura! A diretoria da empresa queria resolver esse problema, mas estabelecia duas restrições importantes: usar papel-jornal não impresso seria muito caro e usar isopor seria extremamente prejudicial ao meio ambiente. O desafio seria resolver o problema sem mudar nenhum dos materiais.

Como era de esperar, o primeiro terço das respostas geradas na sessão de *brainstorming* da direção da empresa foi convencional e sem atrativos: colocar na fábrica câmeras de monitoração dos funcionários, ameaçar os funcionários, punir os funcionários, demitir os funcionários, dar bonificações aos funcionários. Em algum momento, o grupo passou para as sugestões do segundo terço: alternar os funcionários, chamar a atenção dos funcionários para outro ponto, subornar os funcionários, adquirir jornais em outro idioma. Por fim, o grupo alcançou o terceiro terço, estimulado em parte pela frustração de estar sendo pressionado a encontrar mais e mais respostas. A certa altura, alguém gritou: "Por que simplesmente não os cegamos!". E lá se foi a idéia para a parede, junto com todas as outras.

Normalmente, "cegar" não é um tipo de idéia que costuma sobreviver por muito tempo em uma sessão de *brainstorming*. Não apenas porque isso é cruel, mas porque dá cadeia. Contudo, apartando essa idéia com inúmeras outras do terceiro terço, o grupo pôde examinar o potencial das idéias. Ao procurar o princípio subjacente, transformaram a sentença "Por que simplesmente não os cegamos!" em "Como seria possível evitar que os funcionários olhassem os jornais?". As respostas a essa pergunta foram variadas, como fazê-los trabalhar no escuro, vendar os olhos deles, contratar pessoas que não conseguissem enxergar — em outras palavras, **contratar deficientes visuais**!

Essa resposta revelou-se a mais promissora de todas. Não apenas resolveu o problema apresentado — os novos funcionários não mais se distraíam com os jornais, o que produziu um aumento mensurável na velocidade da linha de produção —, mas gerou também três outros benefícios: primeiro, visto que o tato dos deficientes visuais com frequência é mais sensível, reduziram-se as quebras; segundo, a empresa pôde oferecer trabalho a pessoas com dificuldade para encontrar emprego; e, terceiro, a comunidade desenvolveu boas relações públicas com a empresa. Nada mal para uma idéia que provavelmente nunca conseguiria passar no primeiro corte. A pergunta "Qual é o princípio subjacente?" da ferramenta Queps é uma excelente maneira de garimpar ouro nas idéias que, de outra forma, jamais passariam na primeira eliminatória.

Constituir

A última etapa da ferramenta C^5 é selecionar as idéias que desejamos desenvolver mais profundamente. Ao final, você terá de seis a dezenas de grupos com descrições detalhadas. Quais deles você deseja investigar mais a fundo? Normalmente, a intuição é o nosso melhor guia nesse estágio. Refletindo sobre seu anseio e seu futuro almejado (na primeira etapa), tendo em mente seus critérios de sucesso (na segunda etapa) e examinando sua pergunta catalisadora (na terceira etapa), o que lhe parece estar no lugar certo? O que lhe parece interessante? O que lhe parece diferente? O que faz sua pulsação aumentar? O que o atormenta? O que o intriga? O que o amedronta? Não se restrinja ao consagrado. Não desista das idéias que o irritam. Afinal de contas, até o presente momento você ainda não resolveu seu problema, e o que estabeleceu como meta foi na verdade procurar idéias imaginativas. Não desmorone agora.

Além disso, não se preocupe com as idéias que tenha deixado para trás. Elas não irão a lugar algum. Se constatar que não consegue transformar aquelas que escolheu em soluções úteis, sempre poderá voltar e examinar, em um momento posterior, algumas de suas idéias que ainda precisam ser adestradas. Neste exato momento, você deve prosseguir. Em geral, o melhor é sair dessa fase com algo em torno de três a seis idéias promissoras. Elas ainda não são soluções, são na verdade alternativas preliminares de solução, possibilidades embriônicas de solução. Na etapa seguinte, "Forjar a solução", você poderá avaliá-las e potencializá-las.

RESUMO

"Gerar respostas" é a etapa do MPP em que geramos possíveis respostas às perguntas catalisadoras identificadas na terceira etapa: "Qual é a pergunta?". Essas respostas ainda não são soluções maduras. Ao contrário, são idéias

embriônicas que, se desenvolvidas e amadurecidas, podem abrir caminho e nos conduzir a soluções.
- Relacione o máximo possível de idéias para responder à pergunta catalisadora.
- Tente convergir para seis idéias que, se totalmente desenvolvidas, podem gerar soluções úteis.

O resultado desejado nesta etapa em geral são três a seis idéias promissoras ou interessantes que, se totalmente desenvolvidas, podem nos ajudar a resolver nosso problema e alcançar nosso futuro almejado.

A Estrela Polar

Às vezes, é fácil perder o foco e desviar do propósito do exercício de pensamento produtivo. Mesmo que comecemos todo o processo afirmando para nós mesmos que queremos idéias imaginativas e originais, a tendência de nos deixarmos ser arrastados para o convencional é extremamente forte. Sempre se lembre de sua meta, para, desse modo, evitar três armadilhas comuns que podem sabotar seu trabalho nesta etapa.

A primeira é optar pelo **satisfatório**: nossa traiçoeira tendência a interrompermos o raciocínio assim que a resposta "certa" vem à tona. Não pare de relacionar idéias simplesmente porque uma boa solução parece ter surgido. Quanto mais respostas gerar, maior a probabilidade de encontrar respostas brilhantes.

A segunda é **perder o "caldo"** de suas idéias individuais ao criar grupos muito amplos. Restrinja seus grupos a no máximo cinco idéias.

A terceira é ser **atraído para o que é seguro**. Não coloque seu terceiro terço de idéias cruas na gaveta só porque elas não se encaixam em seu conceito do que é aceitável. Avalie a profundidade dessas idéias e seu potencial buscando identificar qual é seu princípio subjacente.

Lembre-se do motivo pelo qual você começou essa busca. Você estava buscando idéias originais e inovadoras. Mantenha viva essa paixão.

CAPÍTULO 11

5ª Etapa: Forjar a solução

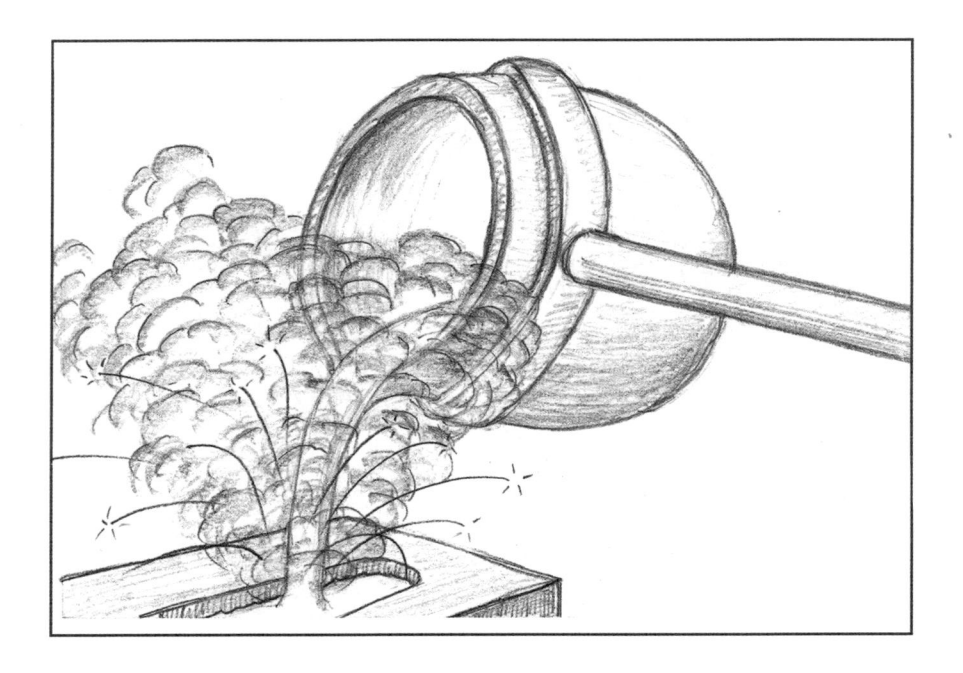

1ª Etapa: O que está havendo?
2ª Etapa: O que é sucesso?
3ª Etapa: Qual é a pergunta?
4ª Etapa: Gerar respostas
5ª Etapa: Forjar a solução
6ª Etapa: Alinhar recursos

"As idéias não são soluções; elas são a matéria-prima das soluções."
Arthur VanGundy

5ª Etapa: Forjar a solução

Catana de Masamune

Masamune era forjador. Passou a vida martelando e polindo aço, mas não o aço de alta qualidade de nossos dias. No início da primeira década do século XIII, visto que no Japão as temperaturas conseguidas na fabricação de aço eram relativamente baixas, o produto apresentava inconsistências e impurezas substanciais. Antes de começar a trabalhar o aço, Masamune nunca tinha certeza do teor de carbono e areia de sua matéria-prima. Contudo, mesmo tendo já passado setecentos anos, as catanas forjadas por Masamune — as espadas japonesas de um só gume que para a maioria dos ocidentais são as espadas longas dos *samurais* — nunca foram suplantadas em qualidade.

Masamune é reconhecido como o melhor forjador do Japão. As catanas de Masamune que sobreviveram ao tempo são tesouros nacionais. Nunca foi fabricada nenhuma catana melhor e mais bonita. Além de um brilhante artista, Masamune encarava seu ofício com determinação e era um exímio ferreiro. Suas espadas são bonitas, leves e letais: elas têm um equilíbrio perfeito não apenas em relação ao peso, mas também de composição; suficientemente resistentes para manter o corte, mas suficientemente maleáveis para não estilhaçarem em combate.

Masamune era sem dúvida um gênio em seu ofício. Sua forja, seu martelo e sua competência transformaram a matéria-prima imperfeita com qual ele trabalhava em um excelente equilíbrio entre estético e prático. Suas espadas são padrão de referência para todas as demais.[1]

O mesmo ocorre com a quinta etapa do processo de pensamento produtivo. As idéias preliminares não raro são fracas e impuras e têm de passar pela forja para se tornarem soluções eficazes e factíveis. "Forjar a solução" é a etapa em que as idéias são várias e várias vezes aquecidas e marteladas e, por fim, afiadas. Suas falhas são deslindadas e transformadas em força e firmeza. Costumo chamar esta parte do processo de "combate às falhas". Saímos à caça de todas as falhas, de todas as imperfeições. Martelamos, cauterizamos e contestamos nossas idéias, para que saiam da forja a máxima resistência possível. Em seguida, como Masamune, polimos e damos a elas a melhor afiação possível. Imbuímos essas idéias de um poder transformativo. Lutamos pelo sucesso.

Selecionando as idéias a serem forjadas

Na quarta etapa, "Gerar respostas", provocamos uma chuva de idéias. Em seguida, aplicamos o pensamento convergente e crítico à nossa longa lista para escolher as idéias que julgamos as mais promissoras. Essas idéias, entretanto, ainda não são soluções. São pensamentos embrionários da solução, o que eu chamo de alternativas de solução. São a matéria-prima por meio da qual desenvolvemos nossas soluções nas duas etapas finais do processo. A presente etapa, "Forjar a solução", é o momento em que geramos calor, muito calor. Nossas idéias começam então a ferver, a girar e a produzir vapor. Em seguida, na sexta etapa, "Alinhar recursos", canalizaremos esse vapor para transformá-lo em ação, movimento. Quando adentramos a presente fase, nossas idéias ainda não passam de energia latente. No momento em que sairmos da etapa de alinhamento de recursos, entraremos na fase cinética.

Do trabalho realizado na etapa "Gerar respostas", obtemos de três a seis idéias que valem a pena investigar mais a fundo. Teoricamente, pelo menos algumas delas são idéias exageradas: idéias que normalmente não teríamos, idéias que talvez até pareçam um tanto assustadoras.

Exatamente como Masamune teve de selecionar o aço que forjaria com o fogo e martelo e transformaria em espada, precisamos selecionar as idéias que desenvolveremos mais a fundo. Nossa primeira tarefa é avaliar nossa pequena lista com base nos critérios de sucesso estabelecidos na segunda etapa, "O que é sucesso?". Não há nenhum número mágico de critérios-chave de sucesso. As contestações mais simples costumam ter dois ou três. As contestações mais complexas têm dezenas. Entretanto, neste estágio, sugiro que você tente manter a simplicidade e escolha entre três a sete critérios no máximo, em sua avaliação inicial. Se necessário, poderá adicionar mais critérios de sucesso em um estágio posterior, mas por enquanto certamente é melhor se concentrar em seus "consumadores", "impedimentos e armadilhas" e "semi-impedimentos".

Uma das maneiras mais fáceis de avaliar idéias, com base em critérios de sucesso, é usar um crivo de avaliação.[2] Crie uma grade que tenha um número de colunas equivalente a seus critérios de sucesso e uma quantidade de linhas equivalente às suas idéias. Adicione uma linha de título na parte superior para abrigar a descrição de seus critérios-chave de sucesso. Adicione uma coluna de título à esquerda para abrigar a descrição de suas idéias.

Vejamos a seguir um exemplo de crivo de avaliação, supostamente usado pela equipe de inovação da JetWays (veja a página 184). As células em branco da tabela representam, individualmente, a relação entre uma idéia e um critério de sucesso.

	Atrair os viajantes executivos	Evitar preocupações relacionadas à regulamentação da segurança	Ser difícil de ser copiada pela concorrência
Poltronas centrais mais baratas			
Poltronas centrais viradas ao contrário			
Poltronas centrais como escritório aéreo			

Agora, avalie cada idéia com base no respectivo critério de sucesso, colocando um sinal de adição na célula de interseção, se essa idéia atender ao critério, ou um sinal de subtração, se não atender; se achar que a idéia não faz nem uma coisa nem outra, ou seja, é indiferente ao critério, deixe a célula em branco. Faça isso **critério por critério**. Em outras palavras, primeiramente preencha a coluna em branco na extremidade esquerda para que cada idéia seja avaliada em relação ao primeiro critério de sucesso. Em seguida, passe para a coluna seguinte, avaliando cada idéia com base no segundo critério de sucesso. Continue preenchendo a tabela coluna por coluna, até que tenha percorrido todos os critérios de sucesso.

É fundamental processar todo o crivo de avaliação critério por critério, completando uma coluna por vez, em vez de processá-lo idéia por idéia. Se avaliarmos primeiramente uma idéia (de acordo com cada um dos nossos critérios, antes de passarmos para a idéia seguinte), podemos, inadvertidamente, estabelecer essa idéia como marca de referência (*benchmark*) para avaliar todas as demais idéias. Ao optarmos por avaliar critério por critério, tendemos a minimizar distorções de avaliação comuns que podem ser provocadas por dois vieses ou desvios cognitivos bastante conhecidos, chamados **efeito halo** ou efeito de **contraste**.[3]

Assim que percorrer todo o crivo de avaliação, você terá uma grade com sinais de adição, sinais de subtração e células em branco.

Veja como o crivo de avaliação da JetWays supostamente ficaria preenchido:

	Atrair os viajantes executivos	Evitar preocupações relacionadas à regulamentação da segurança	Ser difícil de ser copiada pela concorrência
Poltronas centrais mais baratas	+	+	−
Controle do console de entretenimento nas poltronas centrais		−	
Poltronas centrais como escritórios aéreos	+		+

Quando olhamos de relance para a tabela como um todo, podemos ter uma percepção imediata de como as idéias estão se saindo. Algumas provavelmente vão se sobressair, atendendo a vários de nossos critérios de sucesso. Outras talvez pareçam mais "frágeis". Contudo, mesmo quando uma ou duas idéias nos parecem bem superiores às demais, não estamos ainda preparados para tomar as decisões finais. Precisamos examinar uma segunda vez nossa tabela.

> As idéias são mutáveis. Seu potencial de florescimento é constante.

No primeiro exame, verificamos em que medida cada idéia atende ou não atende a um determinado critério. Agora, novamente examinando a tabela critério por critério, verificamos se é possível alterar cada uma das idéias no sentido de aumentar sua probabilidade de atender a um critério em particular. Devemos então nos perguntar como poderíamos **alterar** uma idéia para eliminar o sinal de subtração em relação a um determinado critério (ou mesmo a transformar em um sinal de adição), como poderíamos mudar uma idéia neutra para um sinal de adição e como poderíamos mudar uma idéia com um sinal de adição para dois ou mais sinais de adição. No caso da JetWays, por exemplo, a idéia do "controle do console de entretenimento nas poltronas centrais", em relação ao critério viajantes executivos, poderia passar de neutra para positiva, se o console de entretenimento contivesse um visualizador de ações da bolsa, e a idéia "poltronas centrais como escritório aéreo" poderia ter mais sinais de adição, também em relação a viajantes executivos, se algum tipo de conceito de clube executivo fosse anexado a ela.

Quando estamos avaliando as idéias, uma das armadilhas é que em geral tendemos a julgá-las em seu estado estático e de pré-puberdade. Assim que anotamos nossas idéias, nossa tendência é fossilizá-las. Pensamos nelas como se estivessem congeladas, como se não passassem de palavras escritas no papel. Entretanto, as idéias são mutáveis. Seu potencial de florescimento é constante. Toda vez que as examinarmos, conseguiremos enxergar algo novo. Só precisamos nos dar permissão para isso. Ao reavaliarmos nossas idéias, damos a ela uma segunda chance de viver. Chamo esse tipo de avaliação de **julgamento gerativo** ou **produtivo**: uma filosofia de avaliação concebida para aprimorar a qualidade do que estamos examinando, em vez de simplesmente aceitarmos ou rejeitarmos as coisas. O julgamento gerativo contrasta com a abordagem binária tradicional de julgamento. O julgamento binário é um processo de soma zero. Ele avalia as coisas como boas ou ruins, aceitáveis ou inaceitáveis, bem-sucedidas ou malsucedidas. A pergunta que se faz no julgamento gerativo é outra: "Como posso aprimorar tal coisa?". Ao examinarmos nossa tebela de avaliação pela segunda vez e tentarmos refletir novamente sobre nossas idéias, para que, dessa forma, elas atendam melhor a nossos critérios de sucesso, aumentamos a probabilidade de desenvolvermos idéias realmente excelentes.

Uma segunda armadilha dos esquemas de avaliação tradicionais é que muitos deles tendem a nos fazer pensar, erroneamente, que estamos sendo mais racionais do que na realidade estamos. Talvez você esteja se dizendo: "Essa coisa de sinal de adição, sinal de subtração, célula em branco é uma medida bem mais grosseira. Onde estão os números? Onde estão as probabilidades? Não é sequer possível comparar as alternativas de uma maneira eficaz usando um tipo de aferição tão grosseiro!".

Várias versões de matriz de decisão usam aferições mais apuradas, mas esses sistemas mais complexos em geral malogram por dois motivos.

Primeiro, nossas percepções normalmente não são tão boas quanto as aferições que são propostas. Tente se lembrar da última vez em que tenha preenchido uma planilha de avaliação com uma escala de 10 pontos. Aposto que você coçou a cabeça mais de uma vez. Digamos que estivesse classificando três itens com relação a um determinado critério, em uma escala mais simples, de 7 pontos, com um total de 21 pontos. Ao somar os pontos das linhas, você percebe que as idéias obtiveram respectivamente 14, 17 e 18. Qual é a diferença real entre uma idéia com 17 e outra com 18 pontos?

Segundo, mesmo se fosse possível fazer essas distinções refinadamente, o item que obtém 18 pontos é melhor do que o que obtém 17? Não necessariamente. Análises de decisão indicam que sempre haverá critérios que, embora não incluídos em nossos crivos, estão emocionalmente presentes e são profundamente importantes para nós. É por isso que nas sessões em grupo não raro percebemos que as pessoas se sentem incomodadas em escolher a alternativa com a maior pontuação. Normalmente alguém propõe que as idéias sejam reavaliadas. Na segunda rodada, a idéia que havia conseguido 17 pontos obtém 19 e a idéia que originalmente obteve 18 é rebaixada para 15. Nesse caso, as pessoas transferiram critérios particulares ocultos para as categorias visíveis na tabela, a fim de propor a decisão que originalmente queriam tomar.

Os seres humanos simplesmente não são muito bons para tomar decisões com base em análises multivariáveis. Pesquisas cognitivas conduzidas por Daniel Kahneman, Paul Slovick e Amos Tversky demonstraram que, longe de nos ajudar a tomar decisões eficazes, a análise intensa na verdade produz decisões mais insatisfatórias do que quando nos valemos da própria "intuição".[4] O paradoxal é que, embora seja nosso desejo justificar nossa tomada de decisão com indicadores primorosamente aferidos, no final das contas normalmente pedimos uma segunda chance em relação à primeira decisão e a reorganizamos de modo que se adapte às nossas intuições. Essa é a versão "científica" da técnica de tirar cara ou coroa que todos nós costumamos usar. Quando perdemos, dizemos: "Tudo bem, que tal os dois melhores de três?".

O poeta e matemático dinamarquês Piet Hein representou o dilema da tomada de decisão em seu pequeno e adorável poema aforístico (*Gruks* ou *Grooks*), intitulado A *Psychological Tip* [Dica Psicológica]:

> *Whenever you're called on to make up your mind,*
> *and you're hampered by not having any,*
> *the best way to solve the dilemma, you'll find,*
> *is simply by spinning a penny.*
> *No — not so that chance shall decide the affair*
> *while you're passively standing there moping;*
> *but the moment the penny is up in the air,*
> *you suddenly know what you're hoping.*[5]

[Quando quer que seja invocado a decidir uma questão,
e se sentir embaraçado por não ter nenhuma solução,
a melhor maneira de resolver o dilema, verá,
é simplesmente atirar uma moeda ao ar.
Não — não é que dessa forma o acaso resolverá a questão

enquanto ali parado fica a se lamentar;
mas no instante em que a moeda paira incerta no ar,
você repentinamente entende o que está a almejar.]

A menos que estejamos medindo algo totalmente mensurável (quilowatts por hora, rotações por minuto, computações por segundo), não precisamos nos dar ao trabalho de entrar em pormenores e comparar matematicamente uma alternativa com outra. Isso toma demasiado tempo, e no final das contas acabamos por constatar que isso não é nem muito prático nem muito preciso. O que é bem mais útil e bem mais humano é ter uma percepção abrangente do quanto nossas opções atendem a nossos critérios de sucesso e escolher aquelas que pareçam mais suscetíveis a uma investigação mais aprofundada.

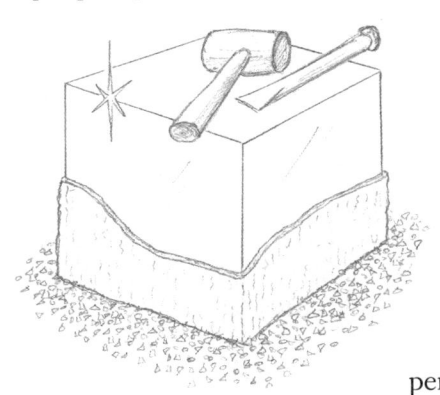

Depois que repassamos o crivo de avaliação, atualizando o máximo de idéias possível com sinal de subtração para célula em branco, de célula em branco para sinal de adição e mesmo de sinal de subtração para sinal de adição, estamos prontos para prosseguir. Examine o crivo de avaliação como um todo, para ter uma visão global. Em seguida, escolha a idéia à qual deseja se dedicar no momento. Lembre-se, você não perderá nenhuma das idéias que não escolher. Você poderá, e provavelmente desejará, voltar a essas idéias posteriormente. Contudo, por enquanto, prossiga com apenas uma idéia (ou possivelmente uma associação de idéias) para a qual tenha mais energia a dedicar.

Potencializando a solução

Agora você está pronto para a subetapa seguinte: **potencializar sua solução**. Aqui, também usaremos o julgamento gerativo. Outra ferramenta favorita no arsenal do pensamento produtivo denomina-se POWER (POTENCIALIZAR/ ENERGIA). Da mesma maneira que a madeira e o vento podem transformar uma diminuta fagulha em um furioso incêndio florestal, a ferramenta POWER pode transformar uma idéia embrionária em uma vigorosa solução. Ela consegue superalimentar qualquer idéia.

Se estiver trabalhando com um grande grupo, é ideal usar papel parafinado e afixá-lo a uma grande parede.

O acrônimo POWER significa *positives* (pontos positivos), *objections* (objeções), *what else* (o que mais/alternativa), *enhancements* (melhorias/lapidações) e *remedies* (antídotos). A ferramenta POWER formula cinco perguntas:
- Pontos positivos – Quais são os pontos favoráveis da idéia? Por que ela teria êxito?
- Objeções – Quais são as falhas da idéia? Por que ela fracassaria?
- O que mais? – O que mais poderia haver na idéia que ainda não tenha sido enunciado?
- Lapidações – Como os pontos positivos poderiam se fortalecer ainda mais?
- Antídotos – Como as objeções poderiam ser superadas?

Vejamos como a ferramenta POWER funciona.

A maneira mais prática de conduzir o exercício POWER é utilizar uma grande folha de papel, no sentido horizontal. Se estiver trabalhando com um grande grupo, é ideal usar papel parafinado e afixá-lo a uma grande parede. Você pode usar também cinco folhas de *flip-chart*, dispostas de tal forma que possa enxergá-las em conjunto. Escreva a idéia selecionada na parte superior da folha. Você pode anotar a idéia abreviadamente, mas tenha o cuidado de anotar a idéia global para que possa consultá-la quando necessário, em especial se já a tiver alterado no exercício do crivo de avaliação. Em seguida, divida a folha em cinco colunas iguais, como demonstrado a seguir.

Transformar a poltrona central em escritório aéreo

P	O	W	E	R
Pontos positivos	Objeções	O que mais?	Lapidações	Antídotos

Chame a primeira coluna de "Pontos positivos". Relacione todos os fatores favoráveis da idéia. O que existe na idéia que o faz gostar dela? O que poderia fazer outras pessoas se sentirem atraídas por ela? Por que ela é prática? Por que ela é brilhante? Por que ela é atraente? Por que ela está fadada ao sucesso? Por que essa idéia o levará aonde deseja chegar? Por que só um gênio poderia tê-la imaginado? Relacione o máximo de pontos positivos que puder. Enalteça sua idéia até que ela enrubesça de constrangimento.

Vejamos neste breve exemplo quais seriam supostamente os pontos positivos da JetWays:

Transformar a poltrona central em escritório aéreo

P	O	W	E	R
Pontos positivos	Objeções	O que mais?	Lapidações	Antídotos
Pode gerar maior demanda por poltronas centrais.				
Tem um bom diferenciador.				
É difícil ser copiada logo no início.				

Chame a segunda coluna de "Objeções". Relacione todas as falhas existentes na idéia. Por que ela não funcionaria? Quais são as fissuras em sua estrutura? Quais são suas falhas fatais? Por que essa idéia provocaria sua demissão? Sua prisão? Por que seus amigos pensariam que você perdeu a cabeça? Por que seus inimigos esfregariam as mãos de satisfação? Por que sua idéia é tão ruim? Seja seu pior crítico. Esmiúce sua idéia até esgotá-la. Pisoteie-a. Arrase com ela. Vá ao encalço das falhas.

Vejamos neste breve exemplo quais seriam supostamente os objeções da JetWays:

Transformar a poltrona central em escritório aéreo

P	O	W	E	R
Pontos positivos	Objeções	O que mais?	Lapidações	Antídotos
Eleva o status da poltrona central.	Ainda assim pode ser copiada.			
Tem um bom diferenciador.	Não há espaço suficiente para acomodar o escritório.			
É difícil ser copiada logo no início.	Problemas de privacidade enquanto se trabalha.			

Chame a terceira coluna de "O que mais?". Ao examinar as vantagens e desvantagens de sua idéia, indubitavelmente desenvolverá novas perspectivas. Relacione todos os fatores que poderiam decorrer da idéia e que não lhe ocorreram previamente. O que essa idéia lhe traz à mente? Você poderia acrescentar algo mais? Uma suposição não evidente que deva enunciar? O que mais essa idéia poderia lhe permitir concretizar? Existe alguma outra idéia que você tenha gerado na quarta etapa, "Gerar respostas", que poderia se encaixar exatamente com a presente idéia ou ampliar seu impacto? Concentre-se na palavra **mais** e **outra**. O que **mais** existe na idéia? O que **mais** poderia ser expresso? De que **outra** forma ela poderia ser expressa? Quem **mais** está envolvido? Onde **mais** ela poderia funcionar? Em que **outra** situação ela poderia ser útil? Relacione todos os mais/outros que lhe vierem à mente com respeito à sua idéia.

Vejamos neste breve exemplo quais seriam supostamente os "mais" da JetWays:

Transformar a poltrona central em escritório aéreo

P	O	W	E	R
Pontos positivos	Objeções	O que mais?	Lapidações	Antídotos
Eleva o status da poltrona central.	Ainda assim pode ser copiada.	Testar a receptividade do mercado.		
Tem um bom diferenciador.	Não há espaço suficiente para acomodar o escritório.	Um clube de escritórios aéreos?		
É difícil ser copiada logo no início.	Problemas de privacidade enquanto se trabalha.	Oportunidades de parceria?		

Chame a quarta coluna de "Lapidações". Reexamine sua relação de pontos positivos. Agora, relacione todas as formas pelas quais cada um deles pode se tornar ainda melhor, mais sólido e mais aprimorado. Como você poderia solidificar ainda mais sua idéia? Como você poderia torná-la ainda mais promissora? Como você poderia se valer dos atributos positivos que conseguiu identificar? Como você poderia enfatizá-los? Como você poderia empregar melhor os seus recursos? Existe algo mais ágil, maior, melhor, mais estável, mais extenso, mais quente, mais frio ou mais incisivo que você possa aplicar à sua idéia? Como ela poderia se solidificar? Tornar-se mais estável? Tornar-se mais compensadora quanto ao custo? Mais duradoura?

Vejamos neste breve exemplo quais seriam supostamente as lapidações da JetWays:

Transformar a poltrona central em escritório aéreo

P	O	W	E	R
Pontos positivos	Objeções	O que mais?	Lapidações	Antídotos
Eleva o status da poltrona central.	Ainda assim pode ser copiada.	Testar a receptividade do mercado.	Formar parceria com a Herman Miller?	
Tem um bom diferenciador.	Não há espaço o bastante para acomodar o escritório.	Um clube de escritórios aéreos?	Criar uma marca para o programa como um todo.	
É difícil ser copiada logo no início.	Problemas de privacidade enquanto se trabalha.	Oportunidades de parceria?	Oferecer ferramentas, conectividade.	

Chame a quinta coluna de "Antídotos". Reexamine sua relação de objeções. Agora, relacione todas as formas pelas quais cada uma das objeções poderia ser superada. Como você poderia sanar as deficiências de sua idéia? Como você poderia corrigir suas imperfeições? Como você poderia reagir às preocupações de outras pessoas com relação a isso? Não se conforme com o satisfatório meramente neutralizando os pontos fracos de sua idéia. Aprofunde-se. Transforme algumas das objeções em pontos positivos. De que outra maneira você poderia diminuir os aspectos negativos da idéia? Como você poderia blindá-la? Quando você estava relacionando todas as objeções à sua idéia, na verdade estava procurando combater as respectivas falhas. Agora, como você poderia batalhar pelo sucesso?

Vejamos neste breve exemplo quais seriam supostamente os antídotos da JetWays: (veja página 192). Depois que preencher completamente a tabela POWER, desenvolverá uma nova perspectiva sobre sua idéia. Talvez não pareça mais a mesma idéia. POWER é uma ferramenta transformacional.

Transformar a poltrona central em escritório aéreo

P	O	W	E	R
Pontos positivos	Objeções	O que mais?	Lapidações	Antídotos
Eleva o status da poltrona central.	Ainda assim pode ser copiada.	Testar a receptividade do mercado.	Formar parceria com a Herman Miller?	Criar uma marca e torná-la um fator fundamental à imagem.
Tem um bom diferenciador.	Não há espaço o bastante para acomodar o escritório.	Um clube de escritórios aéreos?	Criar uma marca para o programa como um todo.	Remover poltronas alternadas.
É difícil ser copiada logo no início.	Problemas de privacidade enquanto se trabalha.	Oportunidades de parceria?	Oferecer ferramentas, conectividade.	Criar persianas, iluminação especial.

Independentemente de a idéia ter apenas evoluído ou se transformado completamente, a etapa seguinte é dedicada a uma revisão da matriz POWER. Realce ou circule os itens que lhe pareçam particularmente interessantes ou relevantes. Observe se algumas das idéias que acrescentou à tabela estimulam outras idéias. Reserve alguns minutos para revisitar os grupos de idéias que você desenvolveu na quarta etapa, "Gerar respostas". Por acaso deixou alguma idéia para trás que possa ser facilmente e naturalmente incorporada à solução que desenvolveu até o momento?

Você pode também repetir várias vezes o exercício POWER para desenvolver, fortalecer e refinar ainda mais sua idéia. Quando repetimos sucessivamente o exercício da ferramenta POWER; estaremos, analogamente, procedendo como os tradicionais forjadores de espadas japoneses. Para compensar sua matéria-prima imperfeita, eles seguiam um método: aqueciam, dobravam e martelavam o metal repetidamente. Esse processo repetitivo produzia inúmeros benefícios. Eliminava as bolhas, que são prováveis pontos fracos que podem estar escondidos no metal. Queimava inúmeras impurezas e homogeneizava outras, espalhando-as uniformemente ao longo do produto acabado, e, além disso, diminuía os pontos fracos. E criava também camadas de aço, aumentando tanto a resistência quanto a flexibilidade da lâmina e dando a cada catana uma "granulação" exclusiva e altamente apreciada. Ao repetir o exercício POWER, você esta na verdade dobrando, aplainando, alisando e redobrando sua solução, imbuindo-a de uma resistência e flexibilidade ainda mais notáveis.

Entretanto, como ocorre com qualquer coisa boa, corremos o risco de ir longe demais. Colocar muito açúcar no café pode torná-lo imbebível. Exercitar demasiadamente os músculos pode destruí-los. Dormir demais pode exaurir nossa energia. Se repetirmos exageradamente o exercício POWER, correremos o risco de **sobreanalisar** nossa solução, de julgá-la e criticá-la retrospectivamente, de ter segundos pensamentos e drenar sua vitalidade criativa. Produzir espadas que guardam um perfeito equilíbrio entre resistência e flexibilidade, 8 a 12 dobras (o que resultaria em 256 a 4.096 camadas), é mais eficaz. Segundo a metalurgia moderna, mais de 12 dobras pode na verdade enfraquecer a espada. Embora, pelo que se conta, algumas catanas cheguem a ter 20 dobras (o que produziria mais de um milhão de camadas!), as que são fabricadas pelos melhores forjadores japoneses sempre têm de 8 a 12 dobras. Portanto, sem dúvida, repita o exercício POWER, mas tenha em mente a moderação de Masamune.

Sua missão final nesta subetapa é escrever detalhadamente sua solução, agora potencializada. Examine todo o trabalho que empreendeu até agora e escreva dois ou mais parágrafos para completar a seguinte frase: "O que me vejo fazendo é..." ou "O que nos vemos fazendo é...". Essa frase é uma sinopse detalhada de sua idéia. Ela deve oferecer conteúdo suficiente para que qualquer pessoa que a ler obtenha uma boa percepção da aparência e do comportamento efetivos da solução no momento em que ela for implementada. Essa expressão encerra uma descrição consistente sobre o que nossa idéia concretizará, seus benefícios, os recursos que exigirá e como superará os obstáculos ao sucesso. Imagine esses vários parágrafos como um sumário ou resumo executivo* de sua idéia. Por meio da ferramenta POWER, podemos nos dar a oportunidade de narrar a história de nossa idéia, transformando um título vago em algo com força para incitar a imaginação daqueles que a ouvem.

O poder oculto da ferramenta POWER

O principal poder da ferramenta POWER é sua capacidade de transformar idéias comuns ou até mesmo fracas em soluções veementes. Entretanto, no trabalho que realizamos com nossos clientes, em geral observamos outros benefícios decorrentes da aplicação dessa ferramenta.

Um de meus colegas de trabalho, Scott Carlisle, aplica coaching de alto nível a uma equipe de executivos seniores de uma empresa hollywoodiana

---

* Sumário executivo é a parte de um plano de negócios em que apresentamos uma síntese do que virá em seguida, procurando atrair a atenção e o interesse do leitor. Funciona como um prefácio ou introdução. (N. da T.)

extremamente bem-sucedida.⁶ Essa empresa estava conduzindo um retiro de planejamento estratégico que enfatizava especialmente dois de seus principais objetivos operacionais programados para os três a cinco anos que se seguiriam — mudança cultural e desenvolvimento gerencial. Esses problemas são espinhosos para inúmeras organizações, e isso não era diferente para a empresa sobre a qual estamos falando. Com frequência, os termos **mudança cultural e desenvolvimento gerencial** são considerados códigos de **reorganização** e **depuração**. Todavia, o executivo responsável estava determinado a levar a estratégia adiante. Estava convicto de que, se as pessoas não percebessem que a empresa estava agindo agressivamente, a imagem de vanguarda que havia trabalhado arduamente para cultivar seria solapada. Em Hollywood, imagem é tudo. Portanto, essa questão era importante.

A atmosfera da sessão sobre estratégia foi excelente. De acordo com Scott, "Podíamos sentir a tensão por trás da aparência de coleguismo. As pessoas relutavam em falar sobre os problemas. Mas eu sabia que de uma maneira ou de outra tínhamos de entrar em um acordo e colocar as cartas na mesa. Podíamos tanto travar uma guerra a esse respeito ou levar isso a termo produtivamente". Em vez de tentar enfrentar diretamente o mal-estar que estava se formando, Scott decidiu iniciar o diálogo usando a ferramenta POWER, não para avaliar possíveis idéias para a solução, mas para forjar uma discussão em torno dos próprios problemas. Como os membros da equipe já estavam familiarizados com o princípio do pensamento crítico e criativo, Scott solicitou que relacionassem suas idéias, adiando o julgamento. Em seguida, administrou o exercício POWER:

O que havia de favorável na estratégia de abordar a mudança cultural e o desenvolvimento gerencial no momento? Por que isso seria bom para a empresa, para seus funcionários, para seu posicionamento no setor?

> *"Podíamos sentir a tensão por trás da aparência de coleguismo. As pessoas relutavam em falar sobre os problemas."* – Scott Carlisle

Quais objeções se faziam contra enfatizar tal estratégia no momento? Em que isso poderia prejudicar a empresa e sua capacidade competitiva?

O que mais a equipe de executivos seniores poderia examinar enquanto discutíamos esses dois problemas? Que outras idéias em prol da revitalização corporativa valeriam a pena investigar? Que outros modelos haveria para servir de parâmetro? Quem mais poderia estar envolvido? De que outra maneira esse problema poderia ser formulado?

Como os pontos positivos que já haviam sido identificados poderiam ser aprimorados? Como a empresa poderia se beneficiar desse seu novo enfoque? Como ela poderia se autopromover dentro e fora do setor?

Como as objeções levantadas poderiam ser superadas? De que maneira os indivíduos que se sentiram ameaçados vêem os benefícios da mudança? De que modo as iniciativas de mudança que foram propostas poderiam enfatizar não apenas a maior eficácia da empresa, mas também a maior eficácia daqueles que trabalham para ela?

Por meio do exercício POWER, as preocupações do grupo foram expressas e enfocadas. Em consequência disso, vários dos temores e das suspeitas do grupo começaram a se dissipar. As pessoas que participavam daquele retiro ficaram verdadeiramente imantadas com os prováveis benefícios que foram trazidos à tona. Cada uma das pessoas anotou as cinco idéias do exercício POWER que achavam mais interessantes. Elas estruturaram suas questões em um mapa mental* para compreender como as idéias e considerações estavam inter-relacionadas. No fim de semana, os participantes haviam desenvolvido um plano de ação coerente. O que antes parecia um inevitável descarrilamento estava agora entre as sessões mais produtivas de que a equipe já havia participado.

Scott estava contente. Seus clientes diretos estavam contentes. E a empresa ressurgiu daquele retiro estratégico com uma sequência de ações com qual toda a equipe de executivos seniores estava comprometida.

A ferramenta POWER foi concebida especificamente para ser usada com o MPP. Porém, ao começar a usá-la, acho que descobrirá também muitas outras aplicações — por exemplo, para definir os principais problemas em situações de conflito ou para analisar problemas na formação de equipes. Sempre que o julgamento gerativo puder ajudar a encaminhar problemas e pessoas, a ferramenta POWER é uma ótima solução para fazer as coisas começarem a andar.

RESUMO

A etapa "Forjar a solução" compõe-se de duas subetapas. Ambas empregam o princípio do julgamento gerativo e ambas podem ser repetidas diversas vezes, dependendo da complexidade dos problemas e do tempo disponível. Na primeira subetapa, empregamos a **tabela de avaliação** para comparar as idéias selecionadas em "Gerar respostas" (de três a cinco) com os critérios-chave de sucesso estabelecidos anteriormente em "O que é sucesso?".

---

* O mapa mental é uma espécie de diagrama, idealizado pelo britânico Tony Buzan e empregado para resolução de problemas, memorização, *brainstorming*, gestão estratégica e em várias outras áreas para gerenciar informações, conhecimentos e idéias (capital intelectual). (N. da T.)

Em seguida, escolhemos as idéias mais promissoras e que mereciam ser investigadas mais a fundo. Na segunda subetapa, empregamos a ferramenta POWER para analisar, aprimorar e refinar uma idéia embriônica e transformá-la em uma solução vigorosa.

- Por meio do crivo de avaliação, compare as idéias mais promissoras da quarta etapa, "Gerar respostas", com os critérios-chave de sucesso identificados na segunda etapa, "O que é sucesso?". Recapitule a primeira comparação, usando o princípio de julgamento gerativo, para melhorar cada idéia, avaliada comparativamente com cada critério de sucesso. Selecione as idéias mais promissoras e nas quais deseja se aprofundar.
- Por meio da ferramenta POWER, avalie, teste, melhore e refine a idéia selecionada; afim de criar soluções vigorosas e potencializadas. Reescreva cada uma das soluções potencializadas de uma maneira tal que transmita claramente sua essência e possa fundamentar um plano de ação preliminar: um sumário executivo que narre a história da idéia.

O resultado desejado em "Forjar a solução" é um enunciado claro de uma ou mais soluções potencializadas que atendem aos critérios de sucesso, passam no teste de resistência destinado a identificar possíveis falhas, criam valor para as partes interessadas e têm probabilidade de resolver o anseio e alcançar o futuro almejado.

Cultivando idéias

Pense na ferramenta POWER como uma forma de cultivar suas idéias. De certa maneira, o processo de cultivo de idéias por meio dessa ferramenta corresponde aos estágios do desenvolvimento humano. Se você é uma dessas pessoas de sorte, quando era jovem, seus pais e outros adultos ao seu redor devem tê-lo estimulado. Eles deram nome e honraram todos os seus pontos positivos. As pessoas que o amavam ressaltaram seus pontos favoráveis, colocaram-no em um pedestal e prepararam-no para explorar o que havia de mais maravilhoso em sua personalidade. Esse estágio de seu desenvolvimento pessoal é análogo aos pontos positivos da ferramenta POWER. Ele lhe dá uma palavra de encorajamento ou de louvor.

A certa altura, você precisou abrir mão da proteção do lar e confrontar o mundo lá fora. Esse novo mundo lá fora não era de modo algum tão favorável e apoiador quanto o mundo que você experimentou em casa. Às vezes é difícil ter êxito na escola. Às vezes é difícil fazer amigos. Muitas vezes é frustrante ser contrariado. A vida é cheia de sofrimentos e decepções. Esse estágio de seu desenvolvimento pessoal é análogo às objeções da ferramenta POWER. É uma dose de realidade que pode atingi-lo com ímpeto.

Com o tempo, enquanto percorre o mundo externo entre escola, empregos e amigos, você tem contato com um amplo espectro de estímulos que não existiam no abrigo do lar, coisas com as quais você jamais havia sonhado. Existe um imenso mundo lá fora, cheio de novidades, empolgação, medos e euforia. Tudo isso são os "mais" da ferramenta POWER.

E enquanto luta para alcançar seus objetivos, estejam eles clara ou vagamente definidos, tende a reforçar e a aprimorar sua força e resistência. Você se vale de seus dotes naturais. Você exercita, aguça suas qualidades e se torna melhor. Esse estágio de seu desenvolvimento pessoal é análogo às lapidações da ferramenta POWER.

Por fim, à medida que você evolui, começa a reconhecer, a compreender e a ficar insatisfeito com suas fraquezas. Você se empenha para enfrentá-las, remendando as falhas, preenchendo os buracos e às vezes transformando sua vida com novas revelações e novas possibilidades. Esse estágio de seu desenvolvimento pessoal é análogo aos antídotos da ferramenta POWER.

Suas idéias não são tão diferentes de você. E elas merecem não menos do que você. Afinal de contas, elas são uma expressão do que você é. Tal como você, elas precisam de acalentação e encorajamento, desafios e obstáculos, para que aflorem e se tornem tão boas quanto forem capazes de ser.

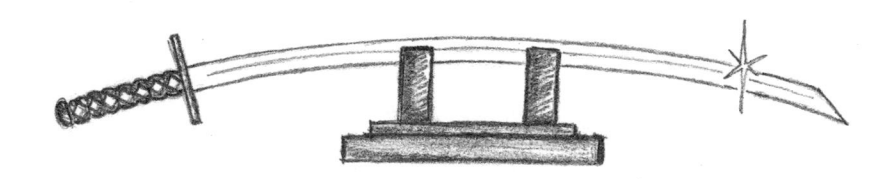

CAPÍTULO 12

6ª Etapa: Alinhar recursos

1ª Etapa: O que está havendo?
2ª Etapa: O que é sucesso?
3ª Etapa: Qual é a pergunta?
4ª Etapa: Gerar respostas
5ª Etapa: Forjar a solução
6ª Etapa: Alinhar recursos

*"Ao me preparar para um combate,
sempre constatei que os planos são inúteis,
mas o planejamento é indispensável."*
Dwight D. Eisenhower

6ª Etapa: Alinhar recursos

Aqui há leões

Em 13 de abril de 1970, precisamente às 21h08 min, no horário de verão na região central dos EUA, depois de um ligeiro atraso provocado por uma viagem de 321.860 quilômetros, um sinal de rádio estrepitou em uma grande sala no Texas. Não raro citada erroneamente, a voz no rádio dizia: "Houston, temos um problema". Esse primeiro relatório do piloto do módulo de comando da *Apollo 13*, Jack Swigert, deu início a um ciclo inédito de 87 horas durante o qual quase todas as pessoas que tinham acesso a um rádio ou televisor dirigiam sua atenção para a vida de três homens cujos nomes, antes desse acontecimento, não tinham nenhum significado para a maioria delas.

Em consequência de uma série de erros sem importância, falhas mecânicas e ações em hora imprópria, cada uma das quais praticamente irrelevantes se consideradas sozinhas, o tanque número 2 do módulo de serviço da *Apollo 13*, que abastecia a espaçonave de oxigênio e energia, explodiu. Essa explosão destruiu o tanque, danificou o tubo de abastecimento dos tanques de combustível da *Apollo*, provocou vazamento do oxigênio remanescente no tanque e danificou o motor principal da espaçonave. Naquele momento, a *Apollo* estava a 56 horas de distância da Terra, movendo-se a milhares de quilômetros por hora em direção à Lua.

Nos três dias e meio que se seguiram a esse incidente, milhares de engenheiros do Centro de Espaçonaves Tripuladas da NASA, hoje Centro Espacial Lyndon Johnson, em Houston, da Grumman Aircraft Engineering em Nova York e da North American Aviation na Califórnia trabalharam dia e noite para manter os astronautas Lovell, Swigert e Haise vivos e trazê-los de volta com segurança. Nos dias que se transcorreram, eles tomaram centenas de decisões extremamente importantes, como as seguintes:[1]

- Prosseguir a viagem à Lua e escolher a assim chamada opção de retorno livre, usando a gravidade da Lua para lançar a cápsula de volta à Terra, em vez de tentar disparar o foguete principal para manobrar a espaçonave em pleno vôo.
- Transferir os três astronautas para o módulo lunar e usá-lo como barco salva-vidas por quase quatro dias, ainda que tivesse sido criado apenas para manter dois homens vivos por dois dias.
- Tentar descobrir de que maneira poderiam usar as baterias do módulo lunar para elevar a tensão das baterias no módulo de

comando para acionar o módulo lunar (algo como tentar dar partida no carro usando uma bateria específica para lanterna).
- Improvisar um sistema para filtrar o dióxido de carbono do ar do módulo lunar, usando saco plástico, cano, meia, a capa de um manual de vôo e muita fita vedante.

Cada uma dessas e de incontáveis outras decisões, bem como as ações que derivaram delas, foi tomada perfeitamente, embora os controladores na terra e os astronautas no espaço estivessem estressados, sem dormir e — no caso dos astronautas — com **muito, muito frio**. Ainda hoje aqueles que assistiram a esse acontecimento se emocionam quando se lembram da imagem da cápsula da *Apollo* e os respectivos pára-quedas na televisão — três velames vermelhos e brancos — aparecendo de manhã no céu azul sobre o oceano Pacífico.

A importância do planejamento

No capítulo 11, "5ª Etapa: Forjar a solução", falei sobre como podemos nos enganar ao imaginar que estamos tomando decisões claras, dissecáveis e racionais. Daniel Kahneman e Amos Tversky, dentre outros, produziram um corpo de evidências que chega a nos convencer de que isso não é verdade, de que a maioria de nossas decisões baseia-se em informações parciais e as decisões tomadas intuitivamente são com freqüência tão boas quanto ou melhores do que aquelas sobre as quais ponderamos.

Além disso, não raro nos enganamos sobre a importância de nossos planos. Os planos nos dão a ilusão de controle. Quanto mais detalhados e exaustivos os nossos planos, acreditamos, maior a probabilidade de o futuro de fato espelhar nossa visão. Contudo, isso raramente chega perto de acontecer.

Da mesma forma que a *Apollo 13* e a guerra no Iraque e seu último jantar festivo deixam amplamente evidente, temos muito pouco controle sobre os acontecimentos. Um dos maiores e mais bem-sucedidos estrategistas militares, o marechal de campo Helmuth von Moltke, uma vez fez a seguinte observação: "Nenhum plano sobrevive ao contato com o inimigo". Ou, como Gilda Radner, representando Roseana Roseannadanna, costumava dizer no *Saturday Night Live*, "Tem sempre alguma coisa!" (*"It's always something!"*).

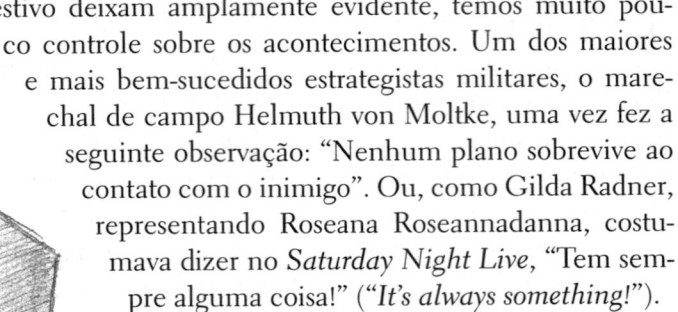

Um plano é uma idéia, um conjunto organizado de dados arregimentados em torno de metas e cronogramas. Em certo sentido, é um instantâneo de como as pessoas se sentem e pensam em um determinado instante. Em inglês, a palavra *plan*

(plano) é um substantivo. Em geral, mantemo-nos fiéis aos nossos planos mesmo que o mundo ao nosso redor tenha mudado. Todavia, em inglês, a palavra *plan* (planejar) pode ser também um verbo, e é nisso que reside seu poder. **Planejar** é preparar, compreender, aprofundar-se na matéria que nos interessa até conhecermos todas as suas nuanças. Foi exatamente isso que o general Dwight Eisenhower quis dizer quando afirmou: "Os planos são inúteis, mas o planejamento é indispensável". Não é o plano que é importante, mas o planeja*mento*, o ato de planejar. O plano da *Apollo 13* fracassou: eles nunca pousaram na Lua; mas, o planejamento da *Apollo 13* foi um sucesso brilhante. Sem ele, Lovell, Swigert e Haise nunca teriam voltado para casa.

A importância do planejamento é **tríplice**:
- O planejamento nos dá oportunidade de conhecer a matéria da qual nos ocuparemos. É uma maneira de descobrirmos o que precisaremos saber para ter êxito. Quanto mais conhecemos o território no qual adentraremos, maior nossa capacidade de manobra e acomodação no percurso.
- O planejamento é um meio de obter comprometimento. Ao envolvermos outras pessoas em nosso ***planejamento***, damos a elas oportunidade de adesão, de assumir o projeto como seu. Uma das estratégias mais eficazes de formação de equipes é planejar em conjunto.
- O planejamento é uma forma propícia de visualizar o sucesso. Ao longo do processo de planejamento, somos constantemente forçados a olhar para o futuro que estamos imaginando. Quanto mais o fazemos, mais enraizada se torna essa visão e maior a probabilidade de nos sentirmos motivados a torná-la real.

Em resumo, o **planejamento** é importante porque nos aperfeiçoa.

Esta etapa final do processo de pensamento produtivo, "Alinhar recursos", não está relacionada a ter um plano. Ela versa sobre planejamento. O planejamento é essencial para o pensamento produtivo. Neste capítulo, apresentarei diversas ferramentas eficazes para ajudá-lo a refletir a respeito de seu projeto: *brainslipping*, para definir nossas medidas ou providências; apoiadores e opositores, para analisar quem nos apoiará e quem não nos apoiará; a grande muralha do tempo, para criar um cronograma; e EFFECT, para identificarmos efetivamente todos os recursos dos quais precisaremos.

• • •

Os primeiros cartógrafos costumavam usar a frase *hic abundant leones*, imprecisamente traduzida como "aqui há leões em abundância", para denotar regiões inexploradas e possivelmente repletas de animais selvagens ou de outros perigos. Essa frase era na verdade um aviso generalizado para que não se confiasse no mapa completamente, visto que parte dele não passava de adivinhação. Ainda hoje os cartógrafos sabem que nenhum mapa, nenhum plano, consegue ser totalmente preciso. Mesmo o mais moderno mapa gerado por satélite consegue nos desapontar, como pode atestar qualquer pessoa que tenha se deparado com uma barreira na estrada ou uma rua sem saída para a qual não havia nenhuma indicação ao usar um sistema de navegação GPS (do inglês *Global Positioning System* que em português leva o nome de Sistema de Posicionamento Global).

O mesmo se aplica aos planos. **Nenhum plano é perfeito!** Nenhum plano pode prever todas as eventualidades. Todavia, onde os planos fracassam, o planejamento pode nos ajudar a sobreviver. É por isso que a sexta etapa, "Alinhar recursos", é tão importante. Sugiro a todos os meus clientes que tentem superar os obstáculos desta etapa mesmo que seus projetos em algum momento sejam respaldados por profissionais da área de gerenciamento de projetos com sofisticados métodos de caminho crítico e algoritmos de alocação de recursos.

É na etapa de alinhamento de recursos que determinamos o que deve ser feito para efetivar nossa solução. Quais recursos serão necessários? Quais pessoas nos servirão de suporte? Quais pessoas interporão obstáculo? De qual energia necessitaremos? De quais bens e materiais precisaremos e em que momento, em que ambiente, em que condições? Esta é a etapa em que atribuímos tarefas, planejamos e alinhamos recursos e designamos responsabilidades. O produto desta etapa é uma plataforma de ação.

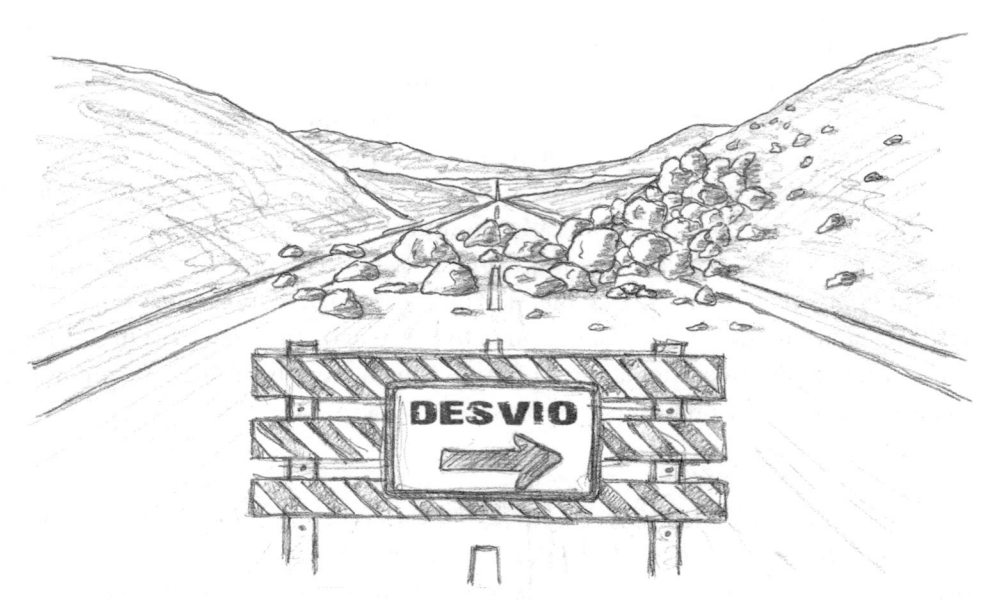

Onde os planos fracassam, o planejamento pode nos ajudar a sobreviver.

6ª Etapa: Alinhar recursos 205

O planejamento pode em grande medida se mostrar revelador. É por meio dele que percebemos "se nossos pneus aguentam a estrada", se temos recursos e capacidade para enfrentar a realidade. Você achará essa fase do processo particularmente reveladora, se trabalhar com um grupo. Como verá, um dos resultados mais importantes do alinhamento de recursos é a designação de incumbências e responsabilidades finais pelas medidas criadas pelo grupo. Se ninguém assumir responsabilidade por uma determinada etapa de ação, a probabilidade de ser levada a efeito é mínima. Portanto, independentemente de a equipe de execução ter 1 ou 100 membros, é necessário incluir **todos** aqueles que tenham responsabilidade por uma ou mais medidas. Se não designarmos tarefas, nosso plano não alçará vôo, não terá sucesso.

Nos capítulos 10 e 11, "4ª Etapa: Gerar respostas" e "5ª Etapa: Forjar a solução", você conseguiu fazer chover ao gerar um extenso rol de idéias, avaliou essas idéias com base em seus critérios de sucesso e, em seguida, colocou essas idéias na forja para moldá-las e potencializá-las e, por fim, transformá-las em soluções sólidas. Agora, você precisa capturar o vapor e transformar essa energia em resultados. Vejamos como podemos concretizar isso.

Determinação das tarefas

O primeiro passo é conduzir uma sessão de *brainstorming* objetiva, usando o pensamento divergente e criativo, para relacionar extensivamente as medidas que devem ser tomadas para implementar a solução. Mesmo se o projeto envolver apenas você, recomendo encarecidamente que realize isso com um grupo. É bem mais fácil gerar uma lista abrangente de tarefas com um grupo de pessoas do que sozinho. Se a execução de seu plano envolver outras pessoas, você deve, definitivamente, realizar esta etapa em grupo. Se você tem intenção de que outras pessoas implementem algumas das tarefas em seu plano, terá maior probabilidade de sucesso se estimulá-las a ajudar a determinar essas tarefas.

A técnica de *brainstorming* mais prática para esta etapa é a ferramenta que costumo chamar de *brainslipping*,[2]* que consiste em anotar idéias em notas adesivas,[3] uma idéia por nota, e afixá-las a uma parede. O objetivo é gerar o máximo de tarefas que conseguir, sem julgamento, sem censura, sem fazer diferenciação entre grandes e pequenas etapas, sem analisar a dependência de caminhos críticos e sem se preocupar em saber até que ponto as idéias são rea-

---

* Embora o autor explique a ferramenta *brainslipping* no "Glossário", gostaríamos de explicar o significado em termos linguísticos. O termo *brainslipping*, definido como **brainstorming silencioso**, é a junção de *brain* (cérebro, mental) com *slipping*, que significa deixar escapar da memória, deixar fluir, passar algo escondido e silenciosamente, de modo imperceptível. E o substantivo *slip*, dentre outras coisas, significa papeleta. (N. da T.)

listas. Tudo o que você precisa é gerar uma verdadeira descarga cerebral (*brain dump*)*de todas as possíveis medidas essenciais à concretização de sua idéia. Ao final do processo, a parede deve estar totalmente preenchida de notas adesivas. Algumas estarão relacionadas a providências mais importantes, outras, a providências menos importantes. Algumas talvez pareçam irrelevantes. Outras talvez até pareçam simplórias. Todavia, você terá na parede grande parte das principais medidas de seu plano.

Em seguida, é necessário usar o pensamento convergente e crítico para compreender e mostrar o sentido de todas as possíveis medidas. Usando uma versão modificada da ferramenta C^5 (consulte as páginas 156-157), agrupe as idéias correspondentes às medidas que estão inter-relacionadas. Algumas tarefas serão interdependentes e outras independentes. Algumas talvez precisem ser executadas no mesmo espaço físico ou ao mesmo tempo ou talvez dependam dos mesmos recursos. A intenção aqui não é alcançar a perfeição, mas simplesmente começar a compreender o espectro de ações. Do mesmo modo que procedeu ao iniciar o processo de pensamento produtivo na "1ª Etapa: O que está havendo?", aqui, você está selecionando peças de um quebra-cabeça, tentando perceber tanto o todo quanto as partes, para que possa começar a compreender a tarefa mais ampla que tem pela frente.

Ao fazer isso, provavelmente descobrirá tarefas que precisam ser associadas e transformadas em uma tarefa ou providência mais abrangente. Se dividi-las em duas ou mais subtarefas, poderá identificar se outras tarefas fazem mais sentido. Você deve indicar as notas que possivelmente estejam repetidas e que, portanto, devem ser excluídas. E provavelmente identificará as tarefas sobre as quais não tem muita certeza ou que não tenha compreendido muito bem. Forme uma categoria distinta para as tarefas sobre as quais não tem certeza no momento e deseja revisitar posteriormente.

Assim que seus grupos começarem a tomar forma, você perceberá que é favorável nomear os grupos e reescrever as tarefas dentro deles para ganhar maior clareza. Os grupos normalmente acham esse o melhor momento para começar a pensar sobre as tarefas principais e as subtarefas e, desse modo, de fato começar a visualizar as idéias interdependentes. À proporção que examinar seus grupos — cada uma das notas nas quais você escreveu uma tarefa —, pergunte-se o seguinte: "Será que há alguma tarefa subordinada a esta tarefa?" e "Será que esta medida exige uma medida maior?". Se precisar adicionar novas notas para novas medidas, faça isso.

---

* *Brain dump* significa pôr no papel o conteúdo, isto é, as informações armazenadas no cérebro. (N. da T.)

Determinação de nossos recursos mais importantes

Agora, dê uma olhada em seu plano. Tente enxergá-lo de um modo geral. Você ainda não dispôs nenhuma medida na sequência correta. Nem deveria. Contudo, já consegue perceber as diversas providências que serão necessárias. Caso não esteja trabalhando em grupo, todas as suas tarefas estarão nas notas agrupadas e afixadas a uma grande parede ou papel parafinado.[4] Esse é um bom momento para começar a pensar sobre os recursos mais decisivos de um plano de ação: os apoiadores e os opositores. Os apoiadores são seus aliados naturais — as pessoas que o ajudarão de uma forma mais significativa ou menos significativa a concretizar seu plano. Os opositores são aqueles que tendem a se opor a seu plano — as pessoas que provavelmente terão algo a perder se seu plano for concretizado ou que se sentem confortáveis com as coisas do modo como estão.

Escreva em um papel quais são seus apoiadores. Em quem você pode de fato se apoiar? De que maneira esse apoio se manifestará? Será uma contribuição em forma de recursos adicionais, de tempo, de conhecimento, de influência? Será um apoio moral? Dessa maneira ao identificar quem serão seus apoiadores, pergunte-se como poderia envolvê-los ainda mais. Como você poderia persuadi-los a fazer ainda mais por você e por seu projeto? No momento em que relacionar essas idéias, provavelmente elas exigirão outras medidas para a concretização de seu plano. Por exemplo, se você chegar à conclusão de que é necessário agendar uma reunião para explicar seu projeto a seus apoiadores, coloque essa reunião e sua respectiva preparação como uma medida adicional em seu plano. Escreva novas notas para essas medidas e cole-as na parede.

Quanto mais detalhados e exaustivos os nossos planos, acreditamos, maior a probabilidade de o futuro de fato espelhar nossa visão. Contudo, isso raramente chega perto de acontecer.

Agora, relacione seus possíveis opositores. Quem são eles? De que maneira eles provavelmente manifestariam essa resistência? Eles a demonstrarão de uma forma direta ou indireta? O que os motiva a isso? Da mesma forma que procedeu com seus apoiadores, pergunte-se como você poderia persuadi-los a serem mais receptivos ao seu plano. Como poderia persuadi-los a serem menos resistentes? Como poderia transformá-los em apoiadores? Repetindo, se influenciar seus opositores exigir outras medidas, escreva cada uma em uma nota adesiva e afixe-as à parede.

Agora, tendo todas ou praticamente todas as suas possíveis medidas agrupadas e designadas, você está preparado para começar a dispô-las na sequência adequada.

A grande muralha do tempo (GMT)

Em outra parede ou em outro bloco de papel parafinado, preferivelmente de frente para a parede na qual você agrupou suas tarefas, monte um cronograma ou calendário, o que for mais adequado aos seus propósitos. Construa um grande cronograma — vale a pena usar toda a extensão da parede — e marque os períodos de tempo, usando dias, semanas, meses, trimestres ou anos reais, no caso de calendários, ou dia 1, dia 2... dia n (semana 1, semana 2... semana n; T1, TQ2... Tn etc.), no caso de cronogramas. Delimite as divisões com fita crepe ou outro tipo de fita usada em pintura de parede. Costumo chamar essa tabela ou esquema de grande muralha do tempo (**GMT**),[5] embora um cliente que trabalha em uma área cujo ritmo é extremamente acelerado prefira chamá-la de grande muralha do tempo evaporizante.

Grande muralha do tempo (GMT) – uma ferramenta
de programação simples, mas eficaz.

Agora, ainda trabalhando em grupo, transfira todas as notas da lista de medidas para a GMT. **Somente a pessoa responsável por uma determinada tarefa deve transferir fisicamente a nota** e somente depois que a tiver rubricado. Afixe a nota à GMT para indicar quando a tarefa será **concretizada**. À proporção que as notas adesivas forem transferidas da lista de tarefas para a GMT, os participantes talvez comecem a mudar a ordem ou colocá-las em posições diferentes para acomodar outras tarefas que precisam ser realizadas antecipadamente. Tudo bem. Embaralhar e fazer malabarismos são ações muito apropriadas nesta etapa.

Inevitavelmente, algumas notas da lista de tarefas não serão transferidas para a GMT. Talvez sejam redundantes ou pouco claras. Talvez não sejam realmente necessárias ao projeto. Pode ser também que elas sejam decisivas para o projeto, mas ninguém tenha concordado em assumir responsabilidade por ela. Eis uma lei incontestável do planejamento: **uma tarefa não reclamada (sem dono) é uma tarefa por fazer**. Essa lei é tão fundamental e imutável quanto as leis de movimento de Newton. Se ninguém colocar o nome na papeleta de uma tarefa, essa tarefa não será realizada. Ponto final. A essa altura você terá três opções: persuadir um membro do grupo a assumir responsabilidade pela tarefa não reclamada, encontrar alguém fora do grupo disposto e competente para realizá-la ou então assumi-la por conta própria. Você não precisa, obrigatoriamente, encontrar alguém que **realizará** a tarefa de fato, pelo menos neste estágio, mas deve encontrar alguém que assuma a responsabilidade de **prestar contas** dela. À medida que o projeto se desdobrar, a pessoa responsável pode atribuir essa tarefa a uma terceira pessoa, a uma cadeia de comando ou a uma equipe inteira. O importante ao alinhar seus recursos é garantir que alguém assuma responsabilidade pela concretização da tarefa.

Assim que o cronograma ou calendário começar a ganhar forma, diversas outras coisas precisarão ser realizadas.

Produzindo efeito, isto é, EFFECT!

Ao proceder à identificação e planejamento, com o intuito de envolver seus apoiadores e opositores, você começou a enfocar a necessidade mais crucial em termos de recursos: a necessidade de recursos humanos. Todavia, outros recursos também precisam ser levados em conta. Para identificar e compreender o espectro global de recursos requeridos, recomendo uma ferramenta simples, mas eficaz, a que chamo de EFFECT.

O acróstico EFFECT [resultado/efeito] corresponde a **e**nergy (energia), **f**unds (fundos), **f**ree time (fração de tempo vago), **e**xpertise (experiência), con**d**itions (condições) e **t**hings (teres e haveres). Empregue essa ferramenta como uma lista de tópicos para identificar os recursos essenciais à concretização de cada medida de seu plano.

- **Energia**. De que nível ou tipo de energia você necessitará para realizar cada medida? O nível de comprometimento pessoal deve ser alto? Você precisará de longos períodos de atividade intensa? De eletricidade para alimentar alguma ferramenta? Se já tiver os recursos de energia necessários, anote onde e como você poderá obtê-los. Se ainda não tiver esses recursos, como os adquirirá? Adquiri-los implica outras tarefas? Se sim, use uma nova papeleta adesiva para cada uma, encontre alguém que se responsabilize por ela e afixe-a ao cronograma.
- **Fundos**. Quais recursos financeiros são indispensáveis à concretização de cada medida? De quais recursos financeiros você já

dispõe? Se esses recursos forem suficientes, anote onde e como poderá obtê-los. Se ainda não dispuser dos fundos necessários, como os adquirirá? Adquiri-los implica outras tarefas? Se sim, use uma nova papeleta adesiva para cada uma, encontre alguém que se responsabilize por ela e afixe-a ao cronograma.

- **Fração de tempo vago.** Quanto tempo será necessário para concluir cada tarefa? Diferentemente de outros recursos, o tempo não é renovável nem elástico. Não é possível fabricar tempo nem reaver o tempo perdido. A única fonte na qual podemos obter tempo é de um reservatório de tempo já alocado (explícita ou implicitamente) a outras coisas. Nesse sentido, o tempo é **intercambiável**; não é possível fabricá-lo, mas podemos tomá-lo emprestado de outro lugar. De quanto tempo você precisará para concretizar cada tarefa? Se o tempo necessário já estiver disponível, anote a quantidade. Se não houver tempo vago o suficiente, quanto você tomaria emprestado de outras atividades? Proceder dessa forma implica outras medidas? Se sim, use uma nova papeleta adesiva para cada uma, encontre alguém que se responsabilize por ela e afixe-a ao cronograma.

- **Experiência.** Que tipo ou nível de conhecimento será necessário para concluir cada medida? O que você precisa conhecer? Quais habilidades são essenciais? Se precisar refazer a ligação de uma tomada de parede e não souber como, terá de encontrar alguém que o faça ou aprender a fazer por conta própria. Se já tiver acesso à experiência ou ao conhecimento indispensável a essa tarefa, anote como poderá obtê-lo. Se precisar adquirir mais, como o fará? Adquirir a experiência requerida implica outras tarefas? Se sim, use uma nova papeleta adesiva (*post-it*) para cada uma, encontre alguém que se responsabilize por ela e afixe-a ao cronograma.

- **Condições.** Quais condições são indispensáveis para levar a cabo cada tarefa? Precisa elaborar um contrato ou acordo anterior para que possa prosseguir? A temperatura externa deve ser amena? Deve estar abaixo de zero? Quais condições são essenciais a cada medida de seu plano? Se as condições necessárias a cada medida já forem adequadas, anote-as. Se elas se alterarem (por exemplo, as condições climáticas), como você poderia acomodar essa mudança? Você precisará de um plano de contingências para essa medida? Se sim, use uma nova papeleta adesiva para cada uma, encontre alguém que se responsabilize por ela e afixe-a ao cronograma. Em relação às condições que ainda não são adequadas

ou não estão em vigor, como você poderia gerá-las? Produzi-las implica outras tarefas? Se sim, use uma nova papeleta adesiva para cada uma, encontre alguém que se responsabilize por ela e afixe-a ao cronograma.
- **Ter e haver**. O que — por exemplo, recursos materiais ou equipamentos — é essencial para concluir cada tarefa? Você precisará de papeletas adesivas, de um *notebook*, de um guindaste de construção? Se já dispuser desses recursos, anote-os. Se precisar adquiri-los, como o faria? Adquiri-los implica outras medidas? Se sim, use uma nova papeleta adesiva para cada uma, encontre alguém que se responsabilize por ela e afixe-a ao cronograma.

E	F	F	E	C	T
Energia	Fundos	Fração de tempo vago	Experiência	Condições	Teres e haveres

Como você pode ver, a ferramenta EFFECT é iterativa. Toda vez que criar uma nova papeleta, precisará formular perguntas próprias dessa ferramenta, correspondentes a essa papeleta. Desse modo, a utilização dessa ferramenta tende a ser demorada. Contudo, assim que conseguir concretizar essa missão, terá uma idéia extremamente nítida dos recursos necessários à conclusão de seu plano e do que precisará fazer para adquiri-los. Praticamente da mesma maneira que a ferramenta POWER — apresentada na "5ª Etapa: Forjar a solução" — consegue transformar uma idéia embriônica em uma solução potencializada, a ferramenta EFFECT pode nos ajudar a transformar um esboço de plano grosseiro em uma sólida plataforma de ação.

O elemento final, antes da conclusão do trabalho na GMT, é identificar um ou mais resultados para cada uma das tarefas já reconhecidas. Pergunte-se qual evidência poderá indicar que a providência foi levada a efeito. Escreva em cada papeleta de que modo reconhecerá que a ação foi concretizada e indique todo e qualquer produto/resultado (*deliverables*) correspondente a essa tarefa.

Agora, provavelmente sua parede está repleta de papeletas, cada uma com o nome da tarefa, todos os recursos necessários para concretizá-la, como você reconhecerá que ela foi concluída e quem é responsável por garantir que ela ocorra.

Agenda de atividades

A GMT é uma ferramenta conveniente para criar um plano, mas não podemos dizer que possa ser transportada com facilidade. A melhor maneira de reduzi-la a um tamanho prático é criar uma folha de resumo dos dados do cronograma, bem como folhas detalhadas de atividades de cada tarefa. Delineie cada tarefa em uma folha separada e faça três furos para colocá-las em uma pasta-fichário. As pastas-mestras são mantidas pelo dono do projeto e as pastas específicas à tarefa são distribuídas para cada participante do projeto. Como introdução a cada agenda de atividades, use uma descrição pormenorizada da solução potencializada como título do projeto e um termo de abertura* para delinear as responsabilidades e relações entre as pessoas envolvidas na concretização do projeto.

Veja a seguir uma folha genérica que usamos com alguns de nossos clientes:

Folha de atividade			Medida	
Nº da Medida			Pessoa responsável	
Depende da conclusão de			Outros participantes	
Início	Fim	Duração	Observações	
Produtos da atividade ou evidência de conclusão (deliverables)				
Apoiadores	Medidas para melhorar o apoio			
Opositores	Medidas para ganhar apoio			
Recursos	Medidas para aquisição			
			Data de conclusão	

Uma folha de atividade genérica para uma única medida.

---

* O termo de abertura, a autorização formal do projeto que outorga o gerente a empregar os recursos da empresa para implementá-lo, engloba objetivos, justificativa, responsável, cronograma, restrições, investimento etc. (N. da T.)

Em projetos pequenos ou menos complexos, uma agenda de atividades pode ser suficiente para gerenciar e monitorar os trabalhos. Em projetos maiores e mais complexos, provavelmente você transferirá a agenda de atividades a um especialista em gerenciamento de projetos, o qual, por sua vez, criará um plano de projeto detalhado, usando o sistema que sua empresa preferir.[6]

Quer o custo de execução de seu plano seja dez mil ou dez milhões de dólares, quer sua implementação envolva uma ou centenas de pessoas, quer sua duração seja de um dia ou de vários anos, lembre-se de que **seu plano não é a mesma coisa que seu projeto**. Sem dúvida nenhuma você vai se deparar com obstáculos e mudanças ao longo do caminho. O valor de seu trabalho repousa não no plano em si, mas no planejamento que você investiu nele.

Bialystock e Bloom

Um dos lugares que mais gosto de caminhar é no Central Park, em Nova York. Em uma dessas caminhadas, no fim do verão de 1967, não muito distante da entrada Columbus Circle do parque, notei ali uma equipe de filmagem, com luzes, tecidos e plataformas levadiças sobre rodas. Ao me aproximar para ver melhor, vi uma senhora sentada em um banco do parque, ao lado de um senhor corpulento, elegantemente vestido. Não reconheci quem era a senhora, mas Zero Mostel era inconfundível. Não estava ocorrendo nada especial na cena. Os dois atores simplesmente estavam lá sentados. Lembrei-me de *Babar and the Old Lady*, de Jean de Brunhoff. Mais ou menos um ano depois finalmente vi essa cena em um filme. Fazia parte da sequência de montagem da versão original do filme *Os Produtores (The Producers)*, de Mel Brooks.*

Sempre gostei desse filme, em suas diversas corporificações. É engraçado, é humano e, pelo menos para mim, é uma pequena e maravilhosa narrativa sobre o pensamento produtivo e o poder do planejamento, a despeito do fracasso do plano.

O personagem de Mostel, Max Bialystock, é um produtor da Broadway que havia passado por uma sequência de fracassos. Desesperado para dar uma reviravolta em seu destino, Max jura que de alguma maneira chegará ao topo novamente. Na linguagem do pensamento produtivo, seu futuro almejado seria: "Se ao menos conseguisse encontrar um meio de voltar a ser o *Rei da Broadway!*".

Max se vale de uma observação feita por seu tímido contador, Leo Bloom. Bloom lhe diz que, se conseguisse levantar uma grande quantia e gastasse uma fração mínima desse dinheiro produzindo intencionalmente um grande fracasso, conseguiria obter mais "lucro" do que com um grande sucesso. Na linguagem

---
* O título da versão original é *Primavera para Hitler*. (N. da T.)

do pensamento produtivo, a pergunta catalisadora de Max é: "Como poderia produzir o pior espetáculo de todos os tempos?".

Max encontra uma resposta embriônica a essa pergunta em Franz Liebkind, um neonazista lunático que escrevera uma peça intitulada *Primavera para Hitler (Springtime for Hitler)*. Max, portanto, prossegue, potencializando sua idéia e buscando recursos que, definitiva e infalivelmente, produzirão o pior espetáculo de todos os tempos:

- Ele contrata o pior diretor do mundo e seu assistente, o pior e mais ultrajante diretor de arte do mundo, que deseja transformar a peça *Primavera para Hitler* em um musical.
- Ele escala o desafinado Liebkind para o papel principal.
- Ele vende mais de 100% do espetáculo para os investidores.
- Para consolidar o fracasso do espetáculo na noite de estréia, ele deseja a todas as pessoas "boa sorte", em vez de o "quebre uma perna"* requerido na Broadway.

Ao que se revelou, obviamente, tudo dá errado. Liebkind de fato quebra a perna justamente antes da estréia e tem de ser substituído pelo diretor *gay* Roger de Bris, cujo *Führer* se sentiria em casa com o *Village People*. O espetáculo faz um enorme sucesso. Max é preso e Bloom foge para o Rio de Janeiro com o dinheiro.

> *"Os planos são inúteis, mas o planejamento é indispensável." – Dwight D. Eisenhower*

Entretanto, exatamente como ocorreu com a *Apollo 13*, embora o **plano** tivesse fracassado, o **planejamento** fora um sucesso. Bloom, tendo descoberto que não há negócio melhor do que o *show business*, retorna do Rio de Janeiro para cumprir sua pena. Na prisão de Sing Sing, valendo-se de sua experiência ao produzir uma paródia de sucesso, Max e Leo montam uma peça totalmente "cantada e dançada" com todos os condenados, intitulada *Prisioneiros do Amor (Prisoners of Love)*. Tão eficaz foi o espetáculo em corrigir criminosos inveterados, que a dupla foi perdoada. Eles então remontam toda a equipe de *Primave-*

---

* Nos Estados Unidos da América (EUA), usa-se "quebre uma perna" (*break a leg*), expressão antes usada pelos soldados para desejar sorte aos companheiros. Quebrar uma perna era melhor do que morrer. No Brasil, usamos "merda para você", que provém do francês *merd*, usado para indicar o pânico dos atores antes da estréia e de entrar no palco. (N. da T.)

ra para Hitler e produzem uma versão arrasadora de *Prisioneiros* na Broadway, fazendo de Bialystock e Bloom a parceria de produção mais bem-sucedida no Great White Way. Eisenhower estava certo: "Os planos são inúteis, mas o planejamento é indispensável."

RESUMO

"Alinhar recursos" é a etapa do MPP que identifica as medidas e os recursos essenciais à implementação da solução potencializada identificada na quinta etapa, "Forjar a solução". Quer o projeto seja executado por uma única pessoa, quer por várias, é conveniente envolver um pequeno grupo de pessoas na identificação, no alinhamento e na programação desses recursos.

- Relacione todas as possíveis medidas indispensáveis à concretização do plano, sem tentar priorizá-las ou ordená-las sequencialmente. Agrupe as medidas para eliminar duplicações, agrupe as medidas e submedidas e elucide as tarefas individuais.
- Avalie o quadro global para identificar possíveis apoiadores e opositores. Se necessário, adicione medidas que tenham por fim influenciar apoiadores e opositores.
- Cuide para que cada tarefa seja atribuída a uma pessoa comprometida com sua conclusão.
- Crie uma GMT para dispor os grupos de tarefas em sequência e reorganize-as de acordo com a dependência que guardam entre si.
- Aplique a análise EFFECT (energia, fundos, fração de tempo vago, experiência, condições e ter e haver) a cada tarefa para identificar os recursos necessários; determine quais recursos já estão disponíveis e quais recursos devem ser adquiridos. Se necessário, adicione tarefas para a aquisição de recursos ainda essenciais.
- Identifique e relacione os resultados observáveis de cada tarefa.
- Transfira as informações de cada tarefa para uma única folha; insira as folhas em uma agenda de atividades para monitorar e gerenciar o projeto ou transferi-lo a um especialista em gerenciamento de projetos.

O resultado pretendido em alinhar recursos é um plano de ação preliminar realista que abrange as pessoas responsáveis por concretizar cada uma das tarefas.

Estratégias e táticas

"Alinhar recursos" é a etapa do processo de pensamento produtivo em que as estratégias e táticas se unem. Ambas são decisivas para o sucesso. Como

Sun Tzu escreveu em *A Arte da Guerra*, "A estratégia sem tática é o caminho mais lento para a vitória. A tática sem estratégia é o prenúncio da derrota". Nem a estratégia nem a tática vigoram sem comprometimento. A menos que cada tarefa tenha uma pessoa comprometida com sua conclusão, mesmo o plano mais cuidadosamente meditado corre perigo.

PARTE 4

PENSAMENTO PRODUTIVO NA
PRÁTICA

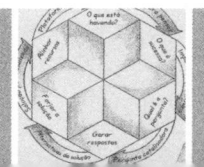

CAPÍTULO 13

Pensamento produtivo revisitado

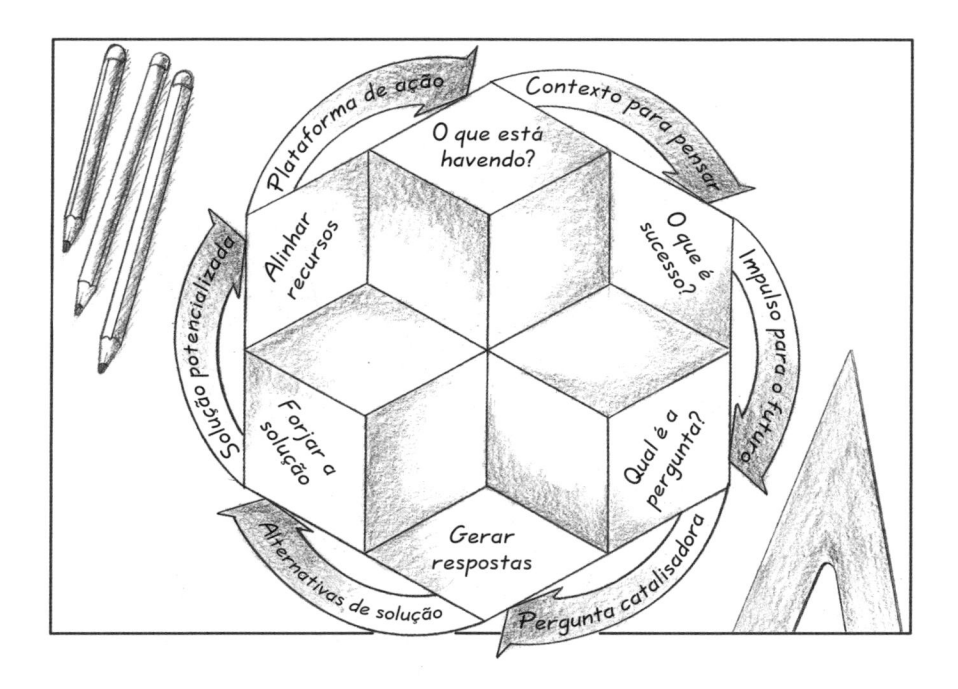

"É novamente déjà vu, do princípio ao fim."
Yogi Berra

O MPP é um sistema que pode ajudá-lo a pensar melhor, a pensar mais eficazmente e a pensar mais intensamente. Ele está fundamentado em mais de cinquenta anos de pesquisa cognitiva. O pensamento produtivo apóia-se no princípio fundamental da divisão do pensamento: divisão e revezamento entre o pensamento divergente e criativo e o pensamento convergente e crítico — em outras palavras, relacionar e tomar decisões. Esse modelo tem seis etapas, cada uma das quais com um resultado específico. É um modelo abrangente, e não apenas um conjunto de ferramentas ou técnicas.

As seis etapas do modelo são:

1ª Etapa: **O que está havendo?** Nesta etapa, investigamos o problema e estabelecemos uma visão para o futuro que desejamos alcançar. Chamamos essa visão de futuro almejado.

2ª Etapa: **O que é sucesso?** Nesta etapa, definimos os critérios de sucesso tanto "flexíveis" quanto "inflexíveis".

3ª Etapa: **Qual é a pergunta?** Nesta etapa, enunciamos, em forma de perguntas, os problemas que precisamos solucionar para alcançar o futuro almejado.

4ª Etapa: **Gerar respostas.** Nesta etapa, geramos idéias para resolver os problemas que enunciamos na terceira etapa.

5ª Etapa: **Forjar a solução.** Nesta etapa, selecionamos e desenvolvemos as idéias mais promissoras para obtermos uma solução.

6ª Etapa: **Alinhar recursos.** Nesta etapa, definimos as tarefas e os recursos necessários para implementarmos a solução.

Todos os modelos são errados, mas alguns são úteis. *George Box*

Todos os modelos são errados. Na melhor das hipóteses, eles são reflexos imperfeitos da realidade. Do mesmo modo que os reflexos, eles têm, necessariamente, uma quantidade menor de dimensões do que o respectivo objeto. Nenhuma pintura do pôr-do-sol é o pôr-do-sol. Nenhum poema sobre o mar consegue nos inebriar as narinas de maresia. Nem mesmo as mais célebres explicações sobre a natureza são inteiramente verdadeiras.

Todos os modelos são errados, mas alguns são úteis! A física newtoniana talvez não explique tudo o que existe na realidade, mas é uma maneira profícua de compreender como a força de um chute transfere-se para a bola enquanto ela voa em direção ao gol.

O MPP não é um retrato perfeito do que se poderia considerar a única forma de resolver um problema. Mas *é* um método conveniente. Já o vi funcionar inúmeras vezes e em dezenas de domínios. Já o vi sendo empregado para resolver problemas empresariais, esclarecer situações de vendas, desenvolver soluções técnicas, propor novos produtos, criar campanhas de *marketing*, diminuir conflitos, mapear estratégias, melhorar relacionamentos, atenuar frustrações, orientar carreiras e resolver dilemas pessoais. Já o vi auxiliando pessoas em diversas áreas — financeira, de fabricação, engenharia, *marketing*, política, governamental, científica, de medicina e na vida familiar. **Algumas vezes o vi fracassar!**

Contudo, é apenas um modelo. Ele oferece direcionamento e orientação, mas não é absoluto, nem imutável. Recomendo que o utilize flexivelmente, adaptando-o às suas necessidades, às circunstâncias e ao seu estilo de pensamento. Nos seis capítulos precedentes, descrevi esse modelo em detalhes, da primeira à sexta etapa. Neste capítulo, reexaminarei os componentes básicos de cada etapa — novamente da primeira à sexta etapa. Todavia, na prática, talvez não seja necessário percorrer as etapas sequencialmente todas as vezes que o empregar. Talvez tampouco seja necessário usar todas elas. Em qualquer método, técnica ou exercício, para nos tornarmos bons, precisamos primeiramente aprender as regras. Para nos tornarmos excelentes, precisamos quebrá-las. Siga a recomendação de Chieh Tzu Yüan Hua Chuan no *Manual de Pintura do Jardim da Semente de Mostarda*: "Não ter um método é ruim; mas ater-se inteiramente a um só método é ainda pior. O propósito de possuir um método é no final parecer como se não tivéssemos nenhum método". O pensamento produtivo é uma disposição, não uma receita médica; é um método, não uma camisa-de-força.

1ª Etapa: O que está havendo?

"O que está havendo?" é a estrutura de diagnóstico principal do pensamento produtivo. É uma das partes mais demoradas do processo, mas é decisivamente importante.

Independentemente do tipo de trabalho que realizamos — trabalhos domésticos ou escolares, manuais ou mentais, estratégicos ou táticos —, quanto mais identificamos o que está havendo, qual é o problema, maior nossa probabilidade de sucesso. Entretanto, "O que está havendo?" é sempre a etapa que as pessoas desejam terminar logo. Em nossas conversas iniciais, os novos clientes normalmente dizem algo do tipo: "Não quero ficar analisando muito as coisas. Já sabemos qual é o problema. Só precisamos de ajuda para encontrar a solução". Não há dúvida de que as soluções são fundamentais. Contudo, quantas vezes você ou sua empresa já propôs uma excelente solução que não mudou absolutamente nada? Obviamente, era uma excelente solução — **ao problema errado.**

Em geral, ficamos tão ansiosos por aliviarmos nosso anseio que saltamos para a primeira idéia que acreditamos que possa nos ajudar. No entanto, dedicar tempo para superar os obstáculos da primeira etapa — para realmente compreender o que está havendo — pode economizar mais tarde inúmeras horas,

muito dinheiro e intermináveis sessões de *blamestorming* ou culpabilização.*
Não raro vejo os clientes se recusarem a investir tempo no início para fazerem as coisas adequadamente e depois terem de despender mais tempo para refazê-las. Que desperdício!

> *A diretoria já havia chegado à conclusão com relação à sua estratégia: fornecer aos associados serviços com valor agregado. Mas por que não estávamos conseguindo descobrir uma maneira de concretizá-la?*

Há alguns anos conduzi uma sessão de planejamento estratégico para uma das maiores câmaras de comércio do EUA. Tinha milhares de membros corporativos e mantinha uma relação extremamente importante com os governos em nível local, estadual e federal. A diretoria da câmara de comércio estava preocupada com a diminuição do número de afiliados locais. Essas pequenas empresas, embora não fossem essenciais à câmara do ponto de vista financeiro, davam à organização a credibilidade básica de que precisava em suas reclamações oficiais aos governos. A diretoria concluiu que uma boa estratégia para estancar esse declínio seria oferecer aos associados uma série de serviços com desconto, os quais em geral as pequenas empresas enfrentavam dificuldade para adquirir, como pesquisa de mercado, desenvolvimento profissional e consulta pela *Web*. O propósito da sessão de planejamento era descobrir quais serviços eram mais essenciais aos associados locais e quais a câmara teria credibilidade para oferecer.

Em um determinado dia da sessão, depois de esboçar o processo que usaríamos, usei a primeira etapa como ponto de partida. Embora o grupo estivesse dando várias contribuições, percebi que o presidente já começava a se contorcer. No decorrer daquela manhã, sua inquietação deu lugar a uma visível perturbação. Ao me dar conta de que precisávamos conversar a sós, pedi um intervalo. Ele se reuniu comigo privadamente e expressou sua frustração: para ele, não estávamos chegando a nenhuma solução, tampouco abordando o problema! A diretoria já havia chegado à conclusão com relação à sua estratégia: fornecer aos associados serviços com valor agregado. Mas por que não estávamos conseguindo descobrir uma maneira de concretizá-la?

Pedi paciência, prometendo que chegaríamos ao ponto principal do assunto, mas era essencial realmente compreender o que estava ocorrendo em relação aos problemas, à câmara e a seus diversos interessados.

---

* Esse termo é usado em referência ao hábito de um grupo ou uma pessoa de tentar encontrar o culpado pelos prazos não cumpridos ou por projetos fracassados. (N. da T.)

Quando paramos para almoçar, o presidente se aproximou de mim novamente. Sua frustração havia se transformado em gratidão. Durante a sessão no período da manhã, descobrimos que três ou quatro serviços que a câmara havia pensado em oferecer a transformaria em concorrente de muitos de seus próprios associados. O quarto era um serviço que a câmara tinha pouca credibilidade para oferecer. A estratégia que parecia promissora em teoria mostrou-se profundamente imperfeita, afastando até os potenciais associados que ela poderia atrair. No final, com base em nossa análise do que estava havendo, a câmara decidiu se concentrar não no fornecimento de serviços, mas em estabelecer uma central (*clearinghouse*) por meio da qual os associados pudessem oferecer serviços uns aos outros. A estratégia então reconfigurada não apenas mudou totalmente a inclinação dos associados, mas também criou um novo fluxo de receitas para a câmara.

É fácil cometermos o engano de pensar que já sabemos quais são nossos problemas. Não raro as causas reais de nosso desconforto estão tão entranhadas em nosso ambiente que mal conseguimos reconhecê-las. Quanto mais as coisas nos são familiares, menos prestamos atenção a elas.

Há alguns anos, ao abrir a geladeira de manhã para pegar um pouco de leite, percebi que o jarro estava muito leve. Como não havia leite suficiente para comer meu cereal matinal, resolvi sair para comprar mais em uma loja de conveniência mais próxima.

Para ir de casa até a loja, saí pela porta da frente, desci a rua, virei à direita, andei um quarteirão, virei à direita, desci um quarteirão, virei à esquerda, andei mais meio quarteirão, virei à direita, dei mais alguns passos e entrei na loja. Em seguida, fui até o fundo da loja, onde ficam as geladeiras, peguei um jarro de leite e fui até o caixa, à saída da loja, para pagar. Para voltar, reverti o processo: saí da loja, virei à esquerda, dei alguns passos, virei à esquerda, andei meio quarteirão, virei à direita, subi um quarteirão, virei à esquerda, andei um bloco, virei à esquerda, percorri o trajeto até a porta da frente da casa, fui até o fundo e finalmente cheguei à cozinha.

No momento em que parei em frente à geladeira, segurando o jarro de leite, me ocorreu que a única evidência que eu tinha de que havia percorrido esse trajeto a pé em apenas 15 minutos era o agora pesado jarro que trazia na mão. Não havia notado as condições do tempo, os sons, as pessoas, o trânsito. Foi como se isso nunca tivesse ocorrido, como se o jarro leve tivesse ficado pesado numa fração de segundo.

Da mesma maneira que minha caminhada até a loja, os pormenores de nossa vida profissional, de nossa vida familiar, mesmo das pessoas com as quais trabalhamos e convivemos, podem se tornar tão familiares para nós que deixamos de notá-los. As únicas coisas que vemos são os padrões com os quais convivemos e nos habituamos. É por isso que é tão importante investirmos tempo e esforço para superar os obstáculos da primeira etapa do processo, nos forçar a examinar o que de fato está havendo.

Em circunstâncias da vida profissional, talvez seja extremamente sedutor nos auto-avaliarmos com base na rapidez com que conseguimos dar conta de nossos afazeres, e não na qualidade do que estamos realizando. A conveniente e insaciável busca pela "produtividade", não raro, mina a capacidade de sermos verdadeiramente produtivos. Quando nos ludibriamos com respeito ao tempo necessário para compreendermos o que está havendo, corremos o risco de obter, ao fim e ao cabo, excelentes soluções que não enfocam nossos problemas reais.

No pensamento produtivo, é fundamentalmente importante não ter pressa para compreender o que de fato está havendo. Não há nada produtivo em resolver o problema errado.

Recapitulemos as cinco subetapas de "O que está havendo?":

Qual é o anseio?
- Relacione tanto quanto o tempo lhe permitir sentenças que expressem seu anseio ou seus anseios.
- Agrupe-as para evidenciar temas e relações entre as diversas afirmações sobre o anseio.
- Escolha o anseio mais convincente ou agrupe os anseios dos quais deseja se ocupar.

Qual é o impacto?
- Indique por que e como esse anseio o afeta.
- Escolha os impactos mais importantes.

Quais são as informações?
- Relacione todas as coisas que você sabe e todas as coisas que deseja saber com respeito ao anseio.
- Escolha os itens mais importantes.

Quem está envolvido?
- Relacione todos os interessados e possíveis interessados em relação ao anseio e o que está em jogo para cada um.
- Escolha os interessados mais importantes.

Qual é a visão?
- Relacione tanto quanto o tempo lhe permitir seus possíveis futuros almejados.
- Reexamine todos os seus possíveis futuros almejados e selecione aqueles que atendem aos critérios da ferramenta I^3 (influência, importância, imaginação).
- Selecione de três a cinco possíveis futuros almejados que lhe sejam mais importantes ou convincentes.

- Selecione o futuro almejado (ou uma associação de futuros almejados) para se ocupar dele no momento.
- Reescreva o futuro almejado que você selecionou de uma maneira altiva e vigorosa para se motivar a alcançá-lo.

> *Em qualquer método, técnica ou exercício, para nos tornarmos bons, precisamos primeiramente aprender as regras. Para nos tornarmos excelentes, precisamos quebrá-las.*

Não relute em conceder o tempo necessário à conclusão da primeira etapa. Normalmente, começar devagar é a melhor solução para terminar rapidamente. "O que está havendo?" é a sua estrutura de diagnóstico. Provavelmente você retornará a ela várias vezes à medida que for lidando com os problemas. Ela poderá lhe atender convenientemente sempre que precisar confirmar os fatos, corrigir sua rota ou procurar respostas para outras perguntas levantadas ao longo do caminho. Do mesmo modo que uma árvore, o pensamento produtivo é orgânico: quanto mais fortes suas raízes, mais doces seus frutos.

2ª Etapa: O que é sucesso?

"O que é sucesso?" tem duas funções principais: primeiramente, criar uma imagem de um futuro desejável rica em detalhes; segundo, estabelecer critérios de sucesso para avaliar até que ponto nossas idéias podem atingir esse futuro eficazmente. A imagem desse futuro precisa ser suficientemente convincente para nos motivar não apenas a realizar o processo de pensamento produtivo, mas todo o trabalho árduo essencial para atingirmos nossa meta. A imagem desse futuro deve exigir a utilização de todas as nossas habilidades, capacidades e inteligência. Como no jogo de bocha, talvez seja impossível acertar em cheio a bola-alvo, mas sem o alvo não existe jogo. Nosso futuro almejado deve ser convincente a ponto de mal podermos esperar para alcançá-lo.[1]

Recapitulemos as duas subetapas de que "O que é sucesso?":
- Primeiro, faça uma excursão à situação esperada (SE) ou futuro imaginado (consulte a página 130) para se projetar no futuro em que o problema já está resolvido. Reexamine o exercício SE e realce os itens que lhe pareçam mais importantes ou cujo impacto emocional seja maior.
- Segundo, usando a ferramenta DRIVE (consulte a página 136), relacione o máximo de critérios de sucesso que puder com relação ao que uma eventual solução deve realizar, ao que ela

deve evitar, ao que você está preparado para investir, aos valores que precisa seguir e a qualquer resultado essencial. Reexamine o exercício DRIVE e realce os critérios de sucesso observáveis mais importantes.

Do mesmo modo que a primeira etapa, "O que está havendo?", a presente etapa estabelece uma estrutura para o trabalho restante. A menos que não tenha pressa em enunciar nitidamente o que o sucesso significará tanto do ponto de vista emocional quando prático, talvez perceba que alguns membros de sua equipe considerarão sua meta uma coisa e outros a considerarão uma coisa totalmente diferente. É improvável que consiga um resultado satisfatório se as pessoas tiverem uma compreensão diferente de sucesso.

Em determinadas circunstâncias, você pode até saber com certeza quais são seus critérios de sucesso mensuráveis; talvez eles tenham sido definidos em seu mandato. Mesmo assim, é conveniente conduzir o exercício do futuro imaginado. Se for seu desejo conseguir manter a energia necessária para concretizar seu plano, é melhor ancorar seus esforços em uma imagem convincente de seu futuro, especialmente quando o processo começar a empacar. Líderes militares de todos os tempos tiveram oportunidade de conhecer o poder do futuro imaginado. Quando se deparam com a privação, a dor e mesmo a morte, os soldados são bem propensos a lutar por uma causa do que por um salário.

À medida que prosseguir na sessão de pensamento produtivo, retornará periodicamente ao trabalho realizado em "O que é sucesso?". Você usará seus critérios-chave de sucesso no crivo de avaliação (consulte as páginas 182-183) na quinta etapa: "Forjar a solução". Talvez você perceba a utilidade desses critérios ao potencializar sua idéia, também na quinta etapa. E no momento em que for alinhar recursos para seu plano de ação preliminar, é bem provável que reexamine e possivelmente modifique seus critérios de sucesso.

3ª Etapa: Qual é a pergunta?

Na primeira etapa, perguntamos: "O que está havendo e aonde desejo chegar?". Na segunda etapa, perguntamos: "Quando chegar lá, que cara as coisas terão?". A terceira etapa é o momento em que perguntamos: "Quais problemas preciso compreender e resolver para chegar aonde desejo?". Os clientes muitas vezes perguntam: "Nós já não definimos nosso problema quando descrevemos nosso futuro almejado?". A resposta é: provavelmente não.

Imagine seu futuro almejado como o lugar aonde deseja chegar, como sua visão. *Seria ótimo se fôssemos a melhor empresa do setor!*

Gostaria de obter maior reconhecimento pela contribuição que tenho dado à empresa! Se ao menos pudéssemos desenvolver um produto que desbancasse todos os outros da categoria!

Vamos tentar conseguir um crescimento de 25% nas vendas! Gostaria de conseguir aposentar rico!

As perguntas-problema são diferentes. Elas indagam como poderíamos conseguir determinada coisa. Elas revelam as estratégias que precisamos para tornar nossa visão uma realidade.

Naturalmente, depois de todas as análises, talvez você queira reformular seu futuro almejado como uma pergunta-problema, mas analisemos um exemplo hipotético para verificar o que ocorre se proceder dessa maneira. Digamos que seu futuro almejado fosse "Seria ótimo se nós pudéssemos aumentar as vendas!" e você transformasse esse enunciado em: "Como poderíamos aumentar as vendas?". Suas respostas poderiam ser: "Encontrar uma forma melhor de motivar nossa equipe de vendas", "Estabelecer um canal de vendas mais eficaz", "Usar o *marketing* para apoiar melhor nossos esforços de vendas", "Melhorar a qualidade da propaganda" e assim por diante.

Talvez essas perguntas pareçam respostas. Contudo, se as examinarmos mais de perto, veremos que elas são extremamente vagas. Em relação a cada uma dessas "respostas", você deve agora se perguntar como fará isso. "Melhorar a qualidade da propaganda" não é uma solução. Nada mais é que a afirmação "devemos". Provavelmente você já frequentou centenas de reuniões cujo produto final foi uma lista de instruções do tipo "devemos" que no final das contas nunca foi implementada. Embora essa solução aparente seja suficiente para fazer com que todos os integrantes da reunião pensem que abordaram o problema, enunciados desse tipo raras vezes são acionáveis porque ninguém na verdade reflete pormenorizadamente sobre eles.

Agora, examinemos a mesma circunstância usando a perspectiva do pensamento produtivo. O futuro almejado é "Seria ótimo se conseguíssemos aumentar as vendas!". Essa é a visão: o lugar onde desejamos chegar. Agora, relacione uma série de perguntas-problema. "Como nós poderíamos identificar outras maneiras de motivar nossa equipe de vendas?" "Como nós poderíamos estabelecer um canal de vendas mais eficaz?" "Como nós poderíamos empregar o *marketing* para apoiar melhor nossos esforços de vendas?" "Como nós poderíamos melhorar a qualidade da propaganda?" Essas são perguntas que, se bem respondidas, pode conduzi-lo a seu futuro almejado. O fato de formularmos os problemas como perguntas exige que tenhamos respostas para eles. Não podemos sair de uma reunião pensando que já resolvemos o problema levantado — **quando na verdade não resolvemos** —, se o tivermos formulado como pergunta. "Melhorar a qualidade da propaganda" livra todos de uma situação difícil, isto é, não compromete ninguém. "Como nós poderíamos melhorar a qualidade da propaganda?" exige uma resposta e nos estimula e impulsiona a seguir em frente.

Recapitulemos as subetapas de "Qual é a pergunta?":
- Usando o pensamento divergente e criativo, relacione o máximo de perguntas-problema que puder usando a raiz "Como eu poderia...?" (CEP) ou "Como nós poderíamos...?" (CNP).
- Usando o pensamento convergente e crítico, selecione uma ou mais perguntas-problema que, se respondidas, lhe possibilitarão alcançar seu futuro almejado. Estas serão suas perguntas catalisadoras.

Não é incomum obtermos mais de uma pergunta catalisadora nessa etapa. Você não conseguirá responder a todas elas de uma vez. Portanto, terá de estruturar sua sessão de pensamento produtivo para acomodar cada uma delas. Uma das melhores formas de fazer isso é priorizar as perguntas com respeito à sua urgência ou importância, a quaisquer relações de dependência que possam existir entre elas ou simplesmente à energia que você tem disponível para dedicar a elas. Depois de priorizá-las, selecione a pergunta e tente lidar com o problema na quarta etapa, "Gerar respostas". Em seguida, retorne e ocupe-se das demais perguntas catalisadoras, uma de cada vez.

> *"Não raro as causas reais de nosso desconforto estão tão entranhadas em nosso ambiente que mal conseguimos reconhecê-las."*

Se estiver realizando uma sessão de pensamento produtivo em grupo, é recomendável dividir a equipe em subgrupos para gerar respostas às diferentes perguntas catalisadoras e, subsequentemente, reunir-se de novo para processar as etapas finais do modelo.

4ª Etapa: Gerar respostas

"Gerar respostas" é a parte do processo de pensamento produtivo que a maioria das pessoas considera uma sessão de *brainstorming*. Utilizamos o *brainstorming* para encontrar idéias que possam abordar a pergunta catalisadora ou as perguntas identificadas na etapa anterior.

Recapitulemos as subetapas de "Gerar respostas":
- Relacione o máximo de idéias que conseguir para responder à pergunta catalisadora.
- Tente convergir para três ou seis idéias que, se totalmente desenvolvidas, podem gerar soluções proveitosas.

Você pode usar uma variedade de ferramentas para gerar idéias na fase de pensamento divergente e criativo dessa etapa. Na realidade, há centenas de ferramentas desse tipo, e elas podem utilizar métodos que variam do cognitivo ao cinestético, do musical ao meditativo e do visual ao intuitivo. Relacionei inúmeros recursos profícuos na bibliografia.

Muitas dessas ferramentas de pensamento são bastante divertidas. Quando as pessoas alcançam o terceiro terço, costumamos ouvir muitas risadas, especialmente no momento em que começam a enunciar e a anotar inúmeras idéias, uma mais disparatada do que a outra, e a afixá-las na parede. Infelizmente, entretanto, no momento da convergência — de escolher quais idéias serão desenvolvidas mais a fundo —, as idéias estapafúrdias e imantadas em geral acabam na cesta de lixo.

As idéias do terceiro terço são convincentes, mas são também vulneráveis. Pelo fato de não parecerem confiáveis ou "sensatas", as idéias excêntricas e anticonvencionais normalmente são deixadas na parede e esquecidas. Que pena! Para avaliar a profundidade e o potencial dessas idéias, é essencial buscar os princípios subjacentes a essas idéias aparentemente tolas e, portanto, verificar se podem ser "domesticadas" e transformadas em alguma coisa factível. Como disse Alex Osborn: "É bem mais fácil domesticar uma idéia selvagem do que revigorar uma idéia que já nasceu sem vida". Honre as idéias do terceiro terço. Na maioria dos casos, elas serão o manancial de nosso *tenkaizen*.

5ª Etapa: Forjar a solução

As perguntas essenciais respondidas em "Forjar a solução" são: "Até que ponto as idéias que selecionamos atendem aos nossos critérios de sucesso?" e "Como podemos desenvolvê-las para que se transformem em idéias o máximo possível persuasivas e eficazes?".

Recapitulemos as duas subetapas de "Forjar a solução":
- Primeiramente, usando o crivo de avaliação (consulte as páginas 182-183), compare as idéias mais promissoras da quarta etapa, "Gerar respostas", com os critérios-chave de sucesso da segunda etapa, "O que é sucesso?". Recapitule essa primeira comparação, usando o princípio do julgamento gerativo (consulte a página 184) para melhorar cada uma das idéias à medida que as avaliar com base em cada um dos critérios. Em seguida, selecione as idéias mais promissoras para desenvolvê-las mais a fundo.
- Usando a ferramenta POWER, avalie, teste, aprimore e refine cada idéia selecionada para criar soluções robustas e potencializadas. Em seguida, reescreva a solução potencializada de uma forma que transmita claramente sua essência e possa servir de base para a elaboração de um plano de ação preliminar: um sumário executivo que narre a história da idéia.

"Forjar a solução" é uma de minhas etapas favoritas no MPP. Sua força reside em sua flexibilidade. Quando trabalhamos com os problemas de nossos clientes, com frequência usamos essa etapa como se fosse a única etapa do modelo. Podemos usar a ferramenta POWER para avaliar qualquer idéia que chegue às nossas mãos, seja como proposta formal, seja uma idéia embriônica para tomar alguma medida, um currículo ou mesmo uma sugestão casual. Muitas das sessões de pensamento produtivo terminam nessa etapa "Forjar a solução", especialmente nas organizações maiores em que o planejamento do projeto (sexta etapa, "Alinhar recursos") normalmente é transferido a gerentes de projeto especializados.

6ª Etapa: Alinhar recursos

"Alinhar recursos" é a etapa em que examinamos as táticas necessárias para converter nossa estratégia em ação. Nela, perguntamos: "Como implementarei as idéias que desenvolvi?". Identificamos as providências e recursos necessários para implementar as soluções definidas na quinta etapa, "Forjar a solução". Essa é uma das partes mais demoradas do processo.

Recapitulemos as sete subetapas de "Alinhar recursos":

1. Relacione todas as tarefas possíveis essenciais à conclusão do plano, sem tentar priorizá-las ou sequênciá-las. Agrupe as tarefas para eliminar duplicidade, agrupe as tarefas e subtarefas e elucide as tarefas individuais.
2. Avalie o quadro geral para identificar seus possíveis apoiadores e opositores. Se necessário, adicione outras medidas que tenham por objetivo influenciar seus apoiadores e opositores.
3. Cuide para que cada tarefa seja atribuída a uma pessoa que se comprometa com a sua conclusão.
4. Crie uma GMT para dispor sequencialmente os grupos de tarefas e reorganizá-las de acordo com a dependência que guardam entre si.
5. Conduza uma análise EFFECT (energia, fundos, fração de tempo livre, experiência, condições e ter e haver) de cada tarefa para identificar os recursos indispensáveis. Determine quais recursos já estão disponíveis e quais devem ser adquiridos. Se necessário, adicione medidas destinadas à aquisição dos demais recursos essenciais.
6. Identifique e relacione os resultados observáveis de cada tarefa.
7. Transfira as informações de cada tarefa para uma única folha de atividade; insira as folhas em uma agenda de atividades para monitorar e gerenciar o projeto ou o transfira a um especialista em gerenciamento de projetos.

Os processos e as ferramentas disponíveis na etapa de alinhamento de recursos oferecem uma excelente solução não apenas para planejarmos um projeto, mas para o compreendermos. Como é de esperar, ao alinhar seus recursos, revisitará as outras etapas do modelo para conferir e reconferir as suposições que foram examinadas no projeto, para compreender melhor as preocupações dos interessados e para assegurar que os critérios de sucesso sejam claramente entendidos.

> *O pensamento produtivo é especificamente adequado para as situações em que precisamos de novas idéias para enfrentar desafios.*

"Alinhar recursos" é também uma excelente oportunidade de nos prepararmos para as devidas providências necessárias à promoção do projeto dentro da organização. Se a empresa em que você trabalha for como a maioria, terá de fazer um bocado de apresentações a pessoas com poder de decisão, a fim de obter sinal verde para o seu projeto. Os obstáculos que terá de superar nessa etapa lhe oferecerá informações e *insights* inestimáveis, os quais poderão ajudá-lo a responder às inevitáveis perguntas formuladas por pessoas com autoridade para aprovar ou rejeitar suas idéias.

Pensar ou não pensar

O pensamento produtivo não é adequado para qualquer situação. **Como é possível reconhecer o momento apropriado para empregar esse modelo?**

A resposta a essa pergunta tem três partes.

1. O pensamento produtivo é especificamente adequado a situações em que precisamos de novas idéias para enfrentar desafios. Nem todos os desafios exigem novas idéias. Em inúmeras circunstâncias, uma nova solução pode até ser favorável, mas nos satisfazemos com paliativos. Provavelmente não há nada errado numa decisão desse tipo. É possível que em outras circunstâncias as soluções de que necessitamos já tenham sido encontradas. Nesse caso, não há dúvida de que devemos usá-las.

Suponhamos que estivesse elaborando um relatório de trabalho cuja data de entrega fosse segunda-feira. Você decide que fará os retoques finais em casa, no fim de semana. A meio caminho de terminar a edição final de seu relatório em casa, o disjuntor de seu escritório cai. Esse disjuntor é muito suscetível. Ele controla os circuitos da lavanderia e de seu escritório. Por isso, quando alguém na casa liga a secadora de roupas, o disjuntor fica sobrecarregado. E essa não é a primeira vez em que isso ocorre.

Você não precisa do exercício de pensamento produtivo para solucionar esse problema. O problema é mais do que nítido: não há energia. A solução é também óbvia: descer ao porão e reativar o disjuntor. A solução funciona a contento, ainda que não seja a ideal. Obviamente, a solução **ideal** seria implementar mudanças para evitar sobrecarregar o disjuntor no futuro. Você teria de refazer a fiação do painel, adicionar um circuito ou mesmo mudar seu escritório para um lugar diferente da casa. Contudo, você está totalmente disposto a conviver com a solução não-ideal para concluir seu relatório. Você até colocou um lembrete em algum lugar para pensar a respeito desse problema em outra ocasião. E como diversas outras pessoas, você provavelmente se esquecerá de tomar alguma providência a esse respeito, até a próxima vez em que o disjuntor novamente cair, é claro. Porém, por enquanto, sua solução não-ideal, de pensamento reprodutivo, está perfeita.

Lembre-se do teste I^3. A ferramenta mnemônica I^3 significa influência, importância e imaginação. Embora normalmente eu empregue essa ferramenta para verificar se o modelo será útil para descobrir soluções para alcançar um determinado futuro almejado, também podemos empregá-la logo no início do processo para avaliarmos nosso problema original.

- Você (ou seu grupo) tem influência sobre o problema? Se o desafio estiver completamente fora de sua alçada ou não tiver autoridade sobre ele, talvez não valha a pena trabalhar inutilmente e perder tempo.
- O problema é importante para você (ou para o seu grupo)? Você está motivado a solucioná-lo? Será que terá energia para levar sua solução adiante, até o fim? Se seu interesse não for tão significativo ou for apenas especulativo, talvez não esteja preparado para investir tempo e energia para resolvê-lo. Alguns problemas não são tão importantes e se resolvem por si sós. Outros estão relacionados a circunstâncias com potencial de mudança. E alguns outros simplesmente conseguimos tolerar.
- Por acaso o desafio exige imaginação? Uma solução inovadora seria suficiente para enfrentá-lo? Se o desafio puder ser enfrentado com uma solução pronta, talvez seja melhor simplesmente escolhê-la e usá-la. Nem todos os problemas precisam de uma solução original. Entretanto, se puder melhorar uma solução que já existe, sem dúvida deve fazê-lo.

Se conseguir responder a todas as perguntas da ferramenta I^3, provavelmente se beneficiará da aplicação do MPP. Se sua resposta a qualquer uma dessas perguntas for não, é provável que não precise usar esse modelo ou talvez queira pensar na possibilidade de enunciar novamente seu problema de uma forma que de fato atenda aos critérios I^3.

No exemplo do disjuntor, poderia responder sim ao primeiro I: influência. Sim, esse é um problema que você pode consertar. Poderia responder sim também para o segundo I: importância. Você precisa finalizar o relatório. Precisa de energia para alimentar o computador e a impressora. No entanto, provavelmente responderia não ao terceiro I: imaginação. Uma solução de longo prazo talvez exigisse uma postura imaginativa, mas a solução de curto prazo é óbvia: vá até o porão e ligue o disjuntor.

2. Haverá ocasiões em que não estaremos dispostos a nos dar o trabalho de trocar o bom pelo excelente. Normalmente, contentamo-nos mais com uma solução boa e com potencial para ser bem executada do que com uma solução excelente cujo custo é superior ao benefício que ela pode oferecer. No melhor dos mundos possíveis, provavelmente todos nós gostaríamos de participar de planos brilhantes e que pudessem ser implementados surpreendentemente, mas isso nem sempre é factível, tanto pelas restrições de tempo quanto de recursos financeiros ou outros recursos. Muitas vezes não é cômodo esforçarmo-nos para criar uma nova solução quando uma já existente pode fazer o serviço quase tão bem quanto. Em outras palavras, há momentos em que a resposta à pergunta do segundo I — "Isso é importante?" — é não. Simplesmente é um problema sobre o qual não vale pena se debruçar ou com o qual não vale pena pelejar.

Tente se lembrar da última vez em que pensou em atualizar o sistema operacional de seu computador. Embora um novo sistema às vezes ofereça maior funcionalidade e rapidez e trave menos, as pessoas adiam as atualizações. Para elas, a mudança não vale o incômodo que provoca. Elas estão razoavelmente satisfeitas com o modo como as coisas funcionam naquele momento. Portanto, enquanto o sistema operacional não ficar obsoleto, continuarão a usar o que funciona.

Alguns anos atrás, tive oportunidade de conhecer um acrônimo criado por um brilhante líder cuja maior competência era saber exatamente quando não ter pressa para refletir e justamente quando se mexer. Ele costumava usar o acrônimo GEPO: *good enough, push on*! (Está suficientemente bom. Prossiga!). Todos nós precisamos dizer GEPO ou "Basta. Prossiga!".

3. Às vezes, não temos influência. O problema é importante e, sim, uma solução inovadora faria toda a diferença. Mas talvez não sejamos a pessoa certa para efetivá-la. Talvez não tenhamos os recursos necessários. Talvez não tenhamos o poder necessário. Talvez não tenhamos a autoridade necessária.

Há alguns anos, participei de um gigantesco projeto de duas grandes instituições financeiras que estavam investigando a possibilidade de fusão. Fui contratado para ajudar a desenvolver o plano estratégico que seria encaminhado primeiramente aos diretores-executivos de ambas as empresas, depois à diretoria e, finalmente, aos órgãos reguladores, os quais estavam extremamente preocupados com a possibilidade de a fusão, que formaria então um megabanco, reprimir a concorrência. Portanto, era fundamental elaborar uma argumentação convincente a favor dos benefícios públicos e igualmente dos benefícios privados da fusão. Eu estava trabalhando com uma equipe de executivos seniores de ambas as empresas. Dois deles desenvolveram o seguinte futuro almejado: "*Seria ótimo se após a fusão, a organização pudesse formar um banco especial para pequenas empresas a fim de financiar micronegócios em todo o país e, desse modo, estimular o crescimento da comunidade e a criação de empregos em nível local!*".

> **Um dos diretores-executivos ficou fascinado, mas o outro, da empresa maior e mais influente, mostrou-se determinantemente contra. O plano do banco de microfinanciamentos foi abandonado.**

Os dirigentes e as equipes de funcionários das duas unidades de negócios dedicaram meses de trabalho à pesquisa, ao projeto e ao ajuste fino de seu plano. Surgiu desse trabalho um conceito para criar um tipo de banco completamente novo dentro de um banco, uma entidade que pudesse oferecer um serviço social transformativo e, ao mesmo tempo, cumprisse as metas de lucro. À medida que o plano ganhava corpo e forma, as pessoas que participavam desse trabalho ficavam cada vez mais empolgadas com suas possibilidades tanto como um *business case* quanto como reação às questões regulamentares.

Aproximadamente um mês antes de enviar as propostas aos órgãos reguladores, meus dois clientes apresentaram seu plano em uma reunião informal com seus diretores-executivos. Um dos diretores-executivos ficou fascinado, mas o outro, da empresa maior e mais influente, mostrou-se determinantemente contra. Ele havia construído sua carreira seguindo o mantra de maior valor para o acionista e acreditava que o banco de microfinanciamentos tolheria os rendimentos. Estava também convencido de que havia outras formas de abordar as questões regulamentares.

O plano do banco de microfinanciamentos foi abandonado: não seria apresentado formalmente à equipe executiva; não seria apresentado à diretoria; não faria parte da proposta a ser enviada ao órgão regulador.

Dois meses depois, o órgão regulador rejeitou a proposta de fusão sob a alegação de que ela poderia diminuir excessivamente a concorrência e a margem de escolha do consumidor, especificamente nas comunidades rurais menores. Meus clientes tiveram uma excelente idéia. Estavam justificadamente convencidos de que os problemas que estavam tentando resolver eram importantes. Sabiam que uma solução inovadora havia sido recomendada. Porém, em última análise, não tinham influência suficiente.

Uma observação final a respeito dessa história é que dez anos depois o conceito de banco de microfinanciamentos ou microcréditos envolvendo empreendedores da comunidade rendeu o prêmio Nobel da Paz ao seu fundador e superintendente, o economista bengalês Muhammad Yunus. Meus clientes estavam à frente de seu tempo. Eles foram brilhantes. Eles se consagraram ao plano. Contudo, não tinham influência para concretizá-lo.

Sei que a esta altura a dimensão influência da abordagem I^3 talvez soe já saturada. Há dez anos, meus clientes estavam lutando contra o vento. Porém, nos anos intermediários, os ventos mudaram. Eles estavam trabalhando em um país altamente industrializado cujo produto interno bruto (PIB) apequenava o PIB dos países do Terceiro Mundo em que Yunus concentrou suas iniciativas.

Talvez, em última análise, haja outro I: **inspiração**. É claro que existem problemas que valem a pena enfrentar mesmo quando nossa influência parece desprezivelmente menor. O I de importância pode ser tão grande que mais do que compensa o pequeníssimo I de influência. Gandhi disse uma vez o seguinte: "O que quer que você faça será insignificante, mas é fundamental que o faça". Se for contagiado e impulsionado pela paixão por mudar o mundo, seu ambiente de trabalho ou seu casamento, mesmo que as probabilidades estejam contra você, corra atrás e batalhe por isso. O I de inspiração pode muito bem sobrepujar os demais Is.

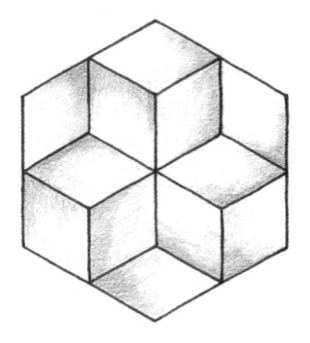

CAPÍTULO 14

Treinamento *versus* carreamento

*"Na teoria, não existe nenhuma
diferença entre teoria e prática.
Na prática, existe."*
Yogi Berra

Treinamento *versus* carreamento   **239**

Pensar melhor pode mudar a vida das pessoas. Este livro foi concebido para lhe mostrar que sabor tem o processo de pensamento produtivo. Seus princípios são objetivos e diretos: distinguir entre pensamento criativo e crítico, estender-se no problema, batalhar pelo terceiro terço e procurar analogias inesperadas. Esse modelo razoavelmente simples é composto de seis etapas entrelaçadas. Suas f erramentas são decisivas. Entretanto, conhecer seus princípios, etapas e ferramentas não é suficiente. Para compreendê-las verdadeiramente, é necessário empregá-las.

Nos seminários e oficinas da ***think*^{X}** realizados ao redor do mundo, já apresentei o pensamento produtivo a pessoas de um amplo espectro de atividades empresariais e culturais. Para dar aos participantes uma percepção de como podem usar esse modelo, eu e meus colegas normalmente finalizamos as oficinas com a abordagem *Galeforce* (Força do vendaval): uma versão condensada do processo global por meio da qual os participantes podem se ocupar e tentar resolver um desafio pessoal.

Quase inevitavelmente, alguns dias após, nas oficinas, recebemos e-mails dos participantes que começaram a aplicar as soluções obtidas com a abordagem *Galeforce* a seus desafios profissionais e pessoais. Veja aqui alguns exemplos dos comentários que costumo receber:

"Finalmente consegui entender um problema que tem me intrigado e aterrorizado há semanas."

"Achava que havia examinado meu problema de todos os ângulos, e então fiquei mais do que impressionado com o que sua abordagem foi capaz de fazer por mim em tão curto espaço de tempo."

"Se ao menos todas as pessoas que se sentem confusas, oprimidas e desarmadas pudessem saber que um processo desse tipo existe na vida real."

Com base nos resultados do trabalho que realizamos com empresas e indivíduos, temos ótimas evidências de que o pensamento produtivo funciona. Contudo, é árduo quebrar um hábito antigo. Para quase todos nós, esse hábito antigo **não** é pensar produtivamente, **não** é distinguir o pensamento crítico do pensamento criativo e definitivamente **não** é nos impulsionar para o terceiro terço. Habituamo-nos a empregar métodos improdutivos para usar nossa mente ao longo de uma vida inteira. Não é de surpreender que tenhamos essa inclinação de recorrer aos nossos meios habituais de pensar mesmo depois de aprendermos formas mais eficazes? Qualquer pessoa que já tenha tentado mudar uma tacada de golfe ou mudar uma gaveta de talheres sabe como é fácil retroceder aos padrões habituais e menos eficazes que passamos tanto tempo reforçando. O mesmo ocorre com o pensamento: não importa quão eficaz seja a nova técnica que aprendemos, tão logo diminuímos a atenção inevitavelmente retrocedemos aos velhos métodos e estilos.

Quando o que está em pauta é desenvolver novas habilidades, **de qualquer espécie**, o maior e principal desafio geralmente não são aprendê-las, mas torná-las permanentes. Tente-se lembrar do último programa de treinamento corporativo de que tenha participado. É provável que tenha durado um dia e meio ou que tenha sido compactado em um único dia. Você esperava aprender uma nova habilidade em uma única sessão de meio período ou mesmo no que se convencionou chamar de seminário "almoce & aprenda". Independentemente da duração do programa, é provável que tenham lhe passado um princípio fundamental, apresentado um conjunto de ferramentas e tentado convencê-lo dos enormes benefícios que você e sua empresa obteriam assim que passasse a empregar essa nova habilidade em seu trabalho.

> *Os treinamentos, do modo como são experimentados nos EUA corporativo, é um espantoso desperdício de recursos.*

Agora, avance rapidamente a fita para o dia seguinte, já no ambiente de trabalho. Primeiro, seu trabalho está atrasado. Você tem de recuperar o tempo que perdeu enquanto frequentava o programa de treinamento. Isso significa que provavelmente está sob pressão. Segundo, nada mudou. Você continua enfrentando os mesmos problemas que enfrentava no dia anterior ao programa de treinamento. Tendo em vista essas duas circunstâncias, quais são suas chances de empregar sua nova habilidade? Bem remotas. Você fará tudo do modo como sempre fez porque é mais fácil do que tentar mudar. Talvez ainda esteja entusiasmado com a habilidade que acabou de aprender, mas neste exato momento se vê obrigado a dar cabo das atividades que tem a fazer. A atração gravitacional dos hábitos antigos é tremenda. Não há tempo para experimentar e praticar. No prazo de alguns dias, o programa de treinamento do qual participou talvez não passe de uma recordação do quanto se sentiu bem. Em uma semana, até essa recordação terá se esvaído. Sua empresa investiu dinheiro, você investiu tempo e, no final das contas, pouquíssimas coisas mudaram. Isso lhe parece familiar?

Os treinamentos, do modo como são experimentados nos EUA corporativo, é um espantoso desperdício de recursos. O fato é que não é possível treinar alguém em um único dia. Podemos até **ensinar** algo às pessoas, mas não podemos **treiná-las**. Treinamento tem a ver com criação de mudanças comportamentais, e isso não ocorre do dia para a noite. Em teoria, o seminário de treinamento é a extremidade inicial de um processo que demorará e exigirá reforço contínuo para incorporar um novo conjunto de habilidades. Lamentavelmente, em inúmeras empresas e organizações, essa extremidade inicial é a única extremidade que existe. O termo **treinamento**, do mesmo modo que tantas outras palavras do jargão de negócios, perdeu seu significado. Pelo fato de no momento ser mais comumente empregada em referência à transferência de informações, e não ao desenvolvimento de habilidades, prefiro a palavra **carreamento**.* Em química, arrastar significa aprisionar partículas suspensas em uma solução e carreá-las. Esse conceito é uma metáfora apropriada para o desenvolvimento de habilidades. Introduzimos novas habilidades e tentamos aprisioná-las em nossa maneira de ser.

O carreamento dá lugar a um fluxo de trabalho novo e diferente. Para que essas novas partículas de habilidade se mantenham suspensas em nosso fluxo de trabalho, precisamos realizar mudanças comportamentais. A mudança comportamental, por sua vez, exige a formação de novas conexões sinápticas, novos caminhos neurais. Um programa de um único dia pode abrir portas. Contudo, para fomentarmos uma verdadeira mudança comportamental, temos de reforçar novas habilidades de maneira regular. Do mesmo modo, embora este livro tenha lhe apresentado alguns conceitos úteis, se desprezá-lo e não aplicar seu conteúdo de forma alguma, pouca coisa mudará para você. Se for seu desejo se beneficiar do pensamento produtivo, é indispensável que se comprometa a usá-lo. Se for seu desejo que o pensamento produtivo persista, é essencial conhecer as quatro condições para que ocorra o carreamento de um novo conjunto de habilidades:

1. Evidência
2. Beneplácito
3. Linguagem
4. Prática

Evidência

Para querer experimentar algo, necessitamos da evidência de que a adoção da nova habilidade valerá o tempo e o esforço que temos de despender. No caso do pensamento produtivo, isso é razoavelmente fácil. Na primeira vez em que aplicar o modelo como um todo ou mesmo alguns de seus componentes, perceberá uma diferença. Você conseguirá gerar mais idéias mais vezes — e suas idéias serão mais proveitosas.

Para começar, não é preciso usar o modelo completo. Você pode começar dando um passo menor. Experimente a ferramenta POWER, descrita no capítulo 11 (consulte a página 187). Pegue qualquer idéia simples: poderia ser um plano para um jantar ou para as próximas férias, idéias sobre como conduzir seu dia amanhã, até mesmo o percurso habitual que utiliza para ir para o trabalho de manhã.

---

* Hurson contrapõe os termos *training* (treinamento) e *entraining* (carreamento). (N. da T.)

Potencialize-a, usando a ferramenta POWER para perguntar o que há de bom nessa idéia, o que há de errado nela, o que mais pode haver nela, como é possível melhorar o que já é bom e como é possível corrigir seus pontos fracos. Garanto que ao fim do exercício terá uma idéia melhor do que quando o estava processando.

Assim que comprovar a ferramenta POWER para si mesmo, experimente algumas outras partes do modelo. Analise o dilema seguinte usando "O que está havendo?", etapa descrita no capítulo 7. Você conseguirá compreender seu problema de uma forma mais consistente. Pegue um projeto relativamente pequeno no trabalho e realize os exercícios SE e DRIVE. Esses exercícios são descritos detalhadamente no capítulo 8. Você verá como a percepção que você tem de seu problema mudará e ficará impressionado com isso. Depois que usar várias etapas independentemente, identifique um desafio ao qual seja possível aplicar o modelo completo. Ponha-o à prova. É provável que se depare com frustrações ao contestar suas conjecturas e hábitos antigos, mas não ficará desapontado.

Fico verdadeiramente entusiasmado com o poder do pensamento produtivo. Por isso, converso sobre esse assunto com frequência. Contudo, pude comprovar que nenhuma palavra consegue ser melhor do que quando as pessoas, por si sós, experimentam na prática o modelo. Imagine-se tentando dizer a alguém como Mozart é maravilhoso, como é bela uma pintura de Matisse ou como o amor é revigorante. Não importa quão eloquente você seja, sua explanação passará apenas uma idéia vaga da coisa em si. Para valorizar o pensamento produtivo, é indispensável experimentá-lo. Portanto, o primeiro passo do carreamento é testar o modelo e comprová-lo para si mesmo. Quanto mais você o usar, mais reforçará seu valor.

Beneplácito

Introduzir e carrear novas formas de pensar nas organizações exige um comprometimento evidente da alta administração: o beneplácito. Beneplácito significa aprovação. É uma palavra um tanto formal e implica sanção oficial, e não meramente um aceno de cabeça afirmativo. É exatamente a essa palavra que me refiro.

Goran Ekvall, professor na Universidade de Lund, na Suécia, relata que 67% do ambiente criativo de qualquer organização é diretamente atribuível à atitude e ao comportamento do líder.[1] Parafraseando aquela velha piada, isso significa que a lâmpada precisa de fato querer ser trocada.* Se a liderança de uma organização não tornar o pensamento produtivo uma perspectiva ou uma

---

* Se você ainda não conhece essa piada, veja um exemplo. Há inúmeras variações. "Quantos psiquiatras são necessários para trocar uma lâmpada? Apenas um, mas a lâmpada precisa de fato querer mudar." (N. da T.)

esperança, necessariamente será visto pelos funcionários como uma ameaça. A criatividade e a inovação podem ser confusas e desordenadas. O pensamento criativo não raro é ambíguo. Ele pode ser facilmente analisado ou avaliado. As novas idéias com frequência contestam velhos conservadorismos. Se for apenas "bacana tê-lo", o pensamento produtivo se dissipará. Imagine sua empresa simplesmente tendo de "apoiar" o comportamento ético, em vez de exigi-lo. O mesmo se aplica ao pensamento produtivo. Não é o bastante simplesmente o tolerar ou declarar-se a favor apenas na fachada, sem agir na prática: a liderança tem de exigir o pensamento produtivo e toda a desordem que o acompanha.

Criar as condições necessárias ao carreamento do pensamento produtivo em uma organização exige o beneplácito explícito da alta administração. A melhor maneira de conseguir isso é demonstrar impactos ou resultados imediatos. Se os líderes virem que o pensamento produtivo pode melhorar verdadeiramente a capacidade de inovação de uma empresa, modernizar e otimizar suas operações ou ajudar a criar novos produtos, essa tarefa torna-se bem mais fácil. Os resultados e impactos imediatos são persuasores altamente eficazes.

Linguagem

As palavras que usamos têm uma influência transformadora incontestável sobre a forma como pensamos e agimos.

O terceiro passo é a linguagem. Como você pode ver ao longo deste livro, o MPP tem um vocabulário próprio. Falamos sobre anseios e futuros imaginados. Usamos ferramentas denominadas DRIVE, AIM e POWER (essas ferramentas são descritas em detalhe nas páginas 136, 152 e 187, respectivamente). Nós nos esforçamos por criar as condições necessárias ao *tenkaizen* ou "revolução produtiva", em contraposição ao *kaizen* ou "mudança para melhor". Não criei o vocabulário do pensamento produtivo apenas para mostrar sua peculiaridade. Queria um vocabulário que pudesse representar com precisão os conceitos, as etapas e as ferramentas do pensamento produtivo. Queria facilitar a comunicação entre as pessoas e os grupos que usam o modelo.

Depois de tantos anos trabalhando na área de *marketing*, conheço bem a importância do vocabulário enquanto catalisador de mudanças. Nas empresas, quando as pessoas começam a compartilhar vocabulários para representar determinados conceitos, ficam mais propensas a internalizar esses conceitos tanto em seu pensamento individual quanto no pensamento coletivo. Por exemplo, quando as pessoas começam a dizer coisas do tipo: "**Vamos potencializar essa idéia**", tanto a ferramenta POWER quanto a noção de julgamento gerativo (consulte a página 184) incorporam-se no comportamento do grupo. Quanto mais as pessoas disserem "Você aplicou a ferramenta DRIVE nessa idéia antes de descrevê-la por extenso?", maior a probabilidade de começarem a usar essa ferramenta básica para estabelecer seus critérios de sucesso. Quanto mais as pessoas usarem a linguagem do pensamento produtivo, maior a probabilidade de o pensamento produtivo tornar-se a regra.

Prática

O quarto passo é a prática. Nenhuma habilidade pode ser adquirida da noite para o dia; começamos pequenos e nos aprimoramos à medida que praticamos. Um dos principais reforços negativos no desenvolvimento pessoal é a percepção ingênua de que existe uma solução genial ou milagrosa, uma bala de prata ou um remédio, que podemos aprender algo e então mudar tudo num piscar de olhos. Tendemos a sobrestimar o que conseguimos realizar a curto prazo e a subestimar o que conseguimos realizar a longo prazo. Diversos estudos comparativos sobre desempenho em diferentes disciplinas demonstram uma relação direta entre as horas cumulativas de treinamento e a excelência de desempenho. Os jogadores de xadrez, os corredores e os músicos que praticam mais tendem a ter um desempenho superior naquilo que sabem fazer do que aqueles que praticam menos.[2]

O pensamento produtivo não é nem um pouco diferente de nenhuma outra habilidade. Precisamos praticá-lo para nos afinarmos. Por sorte, diferentemente da música ou do xadrez ou da corrida, não necessitamos de equipamentos caros ou de um ambiente especial para praticar o pensamento produtivo. Podemos usá-lo facilmente tanto em casa quanto no ambiente de trabalho, tanto no "fundo do quintal" quanto no laboratório, tanto sozinhos quanto em grupo. Toda vez que tiver de analisar um problema, pensar sobre um possível futuro, gerar idéias ou avaliar possíveis soluções, poderá aplicar os princípios e as ferramentas do pensamento produtivo.

Além disso, você constatará que, se as primeiras três etapas do carreamento ou do desenvolvimento de habilidades forem postas em vigor, o treinamento se tornará mais fácil. Se tiver estabelecido alguns resultados imediatos para si mesmo ou sua empresa, é provável que deseje usar o processo novamente. Se os líderes de seu departamento, equipe ou empresa estiverem totalmente comprometidos, não terá de batalhar pelo tempo que de outra forma seria necessário para refletir sobre o problema. E se for fácil conversar a respeito do pensamento produtivo com seus colegas, porque vocês dispõem de um vocabulário comum, você ficará mais propenso a empregar o processo ao trabalhar com outras pessoas.

Lembre-se também de que, do mesmo modo que todas as outras criaturas vivas, os seres humanos estão sujeitos aos efeitos estímulo–resposta. Independentemente do grau de aperfeiçoamento de um comportamento, independentemente do nosso nível de mestria, se não **continuarmos** a reforçá-lo, ele se extinguirá. Na realidade, nunca de fato exaurimos o aprimoramento do que quer que seja. Precisamos criar um círculo de causalidade ou um laço de *feedback* positivo para que isso continue ocorrendo. Fazemos isso com frequência com os reforços periódicos, como comemorações, retiros, palestras importantes e cursos de reciclagem ou atualização contínuos para manter nossas habilidades vivas e afiadas. Afinal de contas, médicos, engenheiros e pilotos de avião são todos obrigados pelos respectivos órgãos licenciadores a se submeter a treinamento contínuo. Por que não os pensadores ou idealizadores?

Nenhuma habilidade pode ser mantida em seu nível máximo sem reforço contínuo.[3] Não existe uma bala de prata, isto é, uma solução única ou genial para isso. Isso exige esforço. Por acaso algum atleta presumiria que, depois que alcançasse um determinado nível de desempenho, conseguiria manter esse mesmo nível, quanto mais se aperfeiçoar, sem treinamento? Um músico? Um jogador de xadrez? Claro que não! Um treinamento de um único dia ou a leitura de um livro como este, nem uma coisa nem outra dá conta do recado. Tampouco chamar um consultor todas as vezes que você precisar resolver um problema ou desenvolver um novo produto. O carreamento tem a ver com faça-você-mesmo. E faça novamente. Se desejar mudar seu comportamento, o maior investimento que poderá fazer é em você mesmo. Aqueles que estiverem dispostos a isso, podem se beneficiar. Aqueles que não, não se beneficiarão. É simples assim.

• • •

O pensamento produtivo é um modelo e um método, mas talvez mais do que isso, é uma atitude. Por meio dele, examinamos os problemas e os transformamos em oportunidades. Examinamos o mundo e vemos que podemos sempre nos aprimorar. Examinamos os desafios e vemos que nada é impossível. Examinamos os obstáculos e vemos que sempre existe uma saída.

Se conseguir identificar uma área em que seu universo poderia ser aprimorado, ponha o pensamento produtivo à prova. Quanto mais usá-lo, mais natural ele se tornará, mais afinado você ficará e mais vantagens poderá extrair dele. Prometo que, se permitir que o pensamento produtivo faça parte de sua vida, terá oportunidade de comprovar que você pode se aprimorar em praticamente tudo o que faz ou fizer.

O pensamento produtivo pode ajudá-lo a pensar melhor, trabalhar melhor e a se sair melhor em todos os aspectos de sua vida. Quanto mais cedo começar, mais cedo se beneficiará.

"O que quer que possa realizar ou sonhe que possa, comece; a ousadia encerra genialidade, poder e magia."
Johann Wolfgang von Goethe

APÊNDICE

Pensamento produtivo em ação

A JetWays, nossa empresa fictícia, é uma bem-sucedida companhia aérea regional voltada para o mercado de viagens de negócios. Visto que faz parte de seu plano expandir-se nacionalmente, a JetWays está procurando soluções para se diferenciar das demais empresas transportadoras. Uma das possibilidades de investigação é saber como tornar aumentar o valor de suas poltronas centrais. A seguir apresentamos uma versão resumida sobre como essa iniciativa poderia ser desenvolvida por meio do MPP da ***think***^{X}.

1ª Etapa: "O que está havendo?"

A primeira etapa compõe-se de cinco subetapas, cada uma das quais enunciada como uma pergunta. Todas elas têm uma fase divergente de relação de idéias e uma fase convergente de tomada de decisões. As cinco subetapas são: "Qual é o anseio?", "Qual é o impacto?", "Quais são as informações?", "Quem está envolvido?" e "Qual é a visão?". Para obter uma explicação pormenorizada da primeira etapa, consulte o Capítulo 7.

Esta é a longa relação de anseios que o grupo supostamente gerou ao responder à pergunta "O que há de errado com as poltronas centrais?".

Qual é o anseio? [faça(m) um rol]	
• São desconfortáveis.	• São inconvenientes.
• Não são adequadas para as pessoas grandes.	• Causam embaraço quando o passageiro da janela precisa ir ao banheiro.
• Provocam claustrofobia.	• São mal-cheirosas.
• Não oferecem espaço para os passageiros esticarem as pernas.	• São extremamente apertadas.
• Os passageiros têm dificuldade para se levantar.	• Não oferecem espaço adequado para usar computador.
• Obrigam os passageiros a compartilhar o descanso de braço.	• Parecem mais estreitas.
	• Não oferecem espaço para os passageiros se mexerem.
• O espaço dos passageiros é invadido.	• As poltronas centrais estão sujeitas a respingos de líquido.
• São muito quentes.	
• Têm pouco prestígio.	• Provocam constrangimento ao passageiro do meio quando alguém adormece em seu ombro.
• Os passageiros pagam o mesmo preço por um assento de qualidade inferior.	
• Não há vista.	• Os passageiros têm menor privacidade.
	• São delimitadas em ambos os lados.

Estes são os agrupamentos que a equipe supostamente fez para classificar o longo rol elaborado anteriormente e os anseios (circundados) que eles selecionaram como os mais significativos por meio do pensamento crítico.

Qual é o anseio?
[aplique(m) a ferramenta C⁵ — colher, cumular, coligar, clarificar, constituir]

Desconforto físico
- (São desconfortáveis.)
- Causam embaraço quando o passageiro da janela precisa ir ao banheiro.
- (Não oferecem espaço para os passageiros esticarem as pernas.)
- Os passageiros têm dificuldade para se levantar.
- São mal-cheirosas.
- As poltronas centrais estão sujeitas a respingos de líquido.

Problemas em relação ao espaço para trabalhar
- (Não oferecem espaço adequado para usar computador.)
- (Não oferecem espaço para os passageiros se mexerem.)

Desconforto psicológico
- Provocam claustrofobia.
- Não há vista.
- (O espaço dos passageiros é invadido.)
- Os passageiros têm menor privacidade.
- Provocam constrangimento ao passageiro do meio quando alguém adormece em seu ombro.

(Problemas de prestígio)
- Têm pouco prestígio.
- Os passageiros pagam o mesmo preço por um assento de qualidade inferior.
- Parecem mais estreitas.

Em primeiro lugar, o grupo supostamente usou o pensamento criativo para relacionar as respostas à pergunta "**O que há de errado com as poltronas centrais?**". Em seguida, usou o pensamento crítico para circundar as frases mais significativas.

Qual é o impacto? [relacione(m) e, em seguida, escolha(m)]	
• (As pessoas costumam trabalhar enquanto viajam... e isso é difícil nas poltronas centrais.)	• Discussões entre os passageiros.
• Os passageiros não gostam das poltronas centrais.	• Maior probabilidade de alguns passageiros ficarem enfurecidos.
• Histórias negativas sobre experiências de outros passageiros.	• Dificuldade para convencer outros passageiros a trocar de lugar quando famílias ou colegas não conseguem poltronas próximas.
• (É difícil garantir a compra de passagens para as poltronas centrais.)	• Os passageiros que se sentam nas poltronas centrais reclamam mais.
• Os passageiros sentem-se cansados e irritados quando chegam ao seu destino.	• Custos ocasionais com lavagem a seco em decorrência de respingo de líquidos.
• Alguns passageiros podem ter problemas de saúde.	• (A JetWays está perdendo oportunidade de se diferenciar.)
• Os passageiros que tentam trabalhar nas poltronas centrais normalmente perturbam os demais.	• (Os viajantes executivos sentem que estão perdendo tempo quando viajam nas poltronas centrais.)
• Perda de oportunidades de lucro para a JetWays.	

Esta é a extensa lista de informações que o grupo supostamente relacionou por meio do pensamento criativo e da ferramenta *KnoWonder* para responder à pergunta "Quais são as informações?". Os itens mais significativos ou sobre os quais é necessário obter mais informações foram selecionados e circundados pelo grupo.

Quais são as informações?
[relacione(m) e, em seguida, escolha(m)]

Sei/Sabemos
(De quais informações você(s) dispõem sobre o problema?)

- Praticamente todos os passageiros que viajam sozinhos preferem as poltronas do corredor ou da janela.
- Casais e famílias normalmente escolhem as poltronas centrais.
- *76% do tráfego da JetWays é de viajantes executivos.*
- As poltronas centrais na verdade têm a mesma largura das demais.
- *A JetWays precisa de um fator de ocupação de 70% em média para ser lucrativa.*
- As poltronas centrais são essenciais para conseguirmos um fator de ocupação adequado.
- Não há nenhum exemplo de sucesso no setor aéreo de companhias que tentaram experimentar apenas a classe executiva.
- *Os descontos e as reduções agudas nos preços são soluções competitivas ineficazes a longo prazo.*
- *É provável que os prêmios de milhagem especiais também sejam ineficazes porque são fáceis de ser copiados.*
- As companhias aéreas há anos vêm lutando contra esse problema e até hoje não há nenhuma boa solução para isso.

Desejo/Desejamos saber
(Quais são as informações que você(s) deseja(m) obter a respeito do problema?)

- Será que as pessoas pagariam um preço mais alto por poltronas de melhor qualidade?
- *Existe alguma configuração de poltrona que ocupe menos área e ofereça maior espaço aos passageiros?*
- Será que alguma coisa de fato ofereceria alguma diferenciação?
- O que outras empresas de transporte já experimentaram?
- Será que o índice de tráfego de nossa empresa será o mesmo quando se expandir nacionalmente?
- *O que os passageiros não estão obtendo e que, se obtivessem, valorizariam?*
- Em que medida os pontos negativos em relação às poltronas centrais são puramente psicológicos?
- *Isso é real?*
- Será que os passageiros da classe econômica desejam mais do que simplesmente vôos baratos?
- Será que a distância do vôo é um fator de influência?
- Em quais distâncias de vôo as poltronas centrais incomodam os passageiros?
- Quem são os especialistas em ergonomia?

Esta é a extensa relação de interessados que o grupo supostamente gerou ao responder às perguntas "Quem influi ou é afetado pelas poltronas centrais" e "O que está em jogo para essas pessoas?". Os itens circundados são os principais e mais importantes interessados que o grupo selecionou por meio do pensamento crítico.

Quem está envolvido? [relacione(m) e, em seguida, escolha(m)]	
Interessados (Quem influi ou é afetado pelo problema?)	O que está em jogo? (O que está em jogo para essas pessoas?)
• JetWays	Lucratividade, concorrência.
• Viajantes executivos	Normalmente precisam trabalhar e igualmente se sentir revigorados após a aterrissagem.
• Profissionais de marketing	Precisam de uma proposição exclusiva de vendas.
• Fornecedores de poltronas	Têm potencial para uma verdadeira mudança?
• Agentes de viagem	Desejam agradar e satisfazer os clientes.
• Fabricantes de aviões	Desejam oferecer configurações adequadas aos clientes.
• Designers de interiores	Precisam conciliar peso, matéria-prima e restrições de segurança.
• Acionistas	Desejam retorno sobre o investimento.
• Concorrentes	Vão querer pegar carona em nosso sucesso.
• Tripulação	Deseja evitar tanto quanto possíveis incômodos ou interações negativas com os passageiros.
• Órgãos reguladores	Preocupações com segurança.

Esta é a extensa relação de futuros almejados supostamente gerada pelo grupo por meio do pensamento criativo para finalizar "Gostaria/gostaríamos que...", "Seria ótimo se..." e "Se ao menos...". Os itens circundados são os futuros almejados que o grupo selecionou por meio do pensamento crítico.

Qual é a visão?
"Gostaria/gostaríamos que. . ." "Seria ótimo se. . ." "Se ao menos. . ."
[relacione(m) os futuros almejados e, em seguida, escolha(m)]

- conseguíssemos eliminar as poltronas centrais sem abrirmos mão dos lucros.
- as poltronas centrais fossem luxuosas.
- todo mundo tivesse o conforto da primeira classe.
- as pessoas não fossem tão exigentes e não considerassem as viagens um meio para alcançar determinado fim.
- a concorrência desaparecesse!
- identificássemos as necessidades futuras dos clientes.
- os passageiros das poltronas centrais não comparecessem.
- os passageiros das poltronas centrais não reclamassem.
- *(os passageiros desejassem verdadeiramente nossas poltronas centrais.)*
- nossos vôos fossem extremamente rápidos; se assim fosse, as poltronas centrais não seriam um problema.
- os passageiros tivessem peso e altura mais ou menos iguais.
- conseguíssemos preencher a capacidade máxima de carga em todos os vôos.
- a concorrência tivesse problemas maiores do que já tem.
- a concorrência tivesse mais poltronas centrais do que nós.
- as poltronas centrais tivessem mais espaço para colocar os pés.
- todos os nossos aviões fossem Boeing 747.
- não tivéssemos de espremer tantas pessoas nos vôos e, portanto, as poltronas centrais não fossem necessárias.
- tivéssemos clientes satisfeitos.
- conseguíssemos criar aviões mais confortáveis.
- não houvesse poltronas centrais.
- as pessoas aceitassem o que lhes fosse designado.
- os aviões fossem menos caros!
- os custos operacionais dos aviões fossem menores.
- todos os passageiros ficassem contentes com suas poltronas.
- conseguíssemos encontrar soluções de baixo custo.
- as pessoas pudessem trabalhar com conforto durante os vôos.
- fôssemos a única companhia aérea do planeta.
- tivéssemos poltronas imperceptíveis.
- não houvesse poltronas centrais.
- nos preocupássemos mais com os passageiros do que com os lucros.
- não houvesse de forma alguma poltrona central.
- as poltronas centrais pudessem ser comercializadas como poltronas especiais.
- nossos clientes tivessem condições financeiras para voar apenas na primeira classe.
- os passageiros não reclamassem.
- *(propuséssemos algo suficientemente bacana para de fato surpreender a concorrência e suplantá-la definitivamente.)*
- as pessoas sempre pudessem se sentar com pessoas que conhecessem e gostassem.

Em seguida, o grupo supostamente preferiu associar os dois enunciados que haviam selecionado para criar um futuro almejado em relação ao qual se sentiam motivados a perseguir. O grupo finalizou a primeira etapa, "*O que está havendo?*", *com um contexto suficientemente abrangente para examinar mais a fundo e um futuro almejado com o seguinte enunciado:*

> Seria ótimo se surpreendêssemos e suplantássemos a concorrência oferecendo poltronas centrais fantásticas a ponto de os passageiros verdadeiramente desejarem viajar nelas!

2ª etapa: O que é sucesso?

A segunda etapa compõe-se de duas subetapas. A primeira consiste em imaginarmos consistentemente um futuro ideal em que nosso problema tenha sido resolvido e em criarmos um motivo convincente para alcançarmos esse futuro almejado. A segunda consiste em usarmos a ferramenta DRIVE para estabelecermos critérios de sucesso claros e observáveis que possam ser usados nas fases subsequentes do processo de pensamento produtivo para avaliarmos as possíveis soluções. Para obter uma explicação pormenorizada da segunda etapa, consulte o capítulo 8.

Situação esperada/futuro imaginado

Quando as pessoas pensam em viajar de avião, pensam primeiro na JetWays, principalmente porque nossas poltronas centrais são as melhores do mundo. Para muitos dos nossos passageiros, elas são as melhores poltronas do avião. Os viajantes sazonais sempre reservam as poltronas centrais da JetWays. Elas são tão boas que as pessoas normalmente chegam a disputá-las. Quando os clientes escolhem voar pela JetWays, sempre constatam que fizeram a melhor opção. Alguns não optam por nenhuma outra companhia. Na verdade, é comum as pessoas optarem por nossos aviões apenas pelo prazer que eles oferecem, mesmo quando não têm aonde ir.* As poltronas centrais da JetWays oferecem uma experiência ímpar aos viajantes executivos.

---

* Consulte o Capítulo 8, página 134, para compreender por que essa sentença é a mais importante no futuro imaginado da JetWays.

Esta é a longa relação de possíveis critérios de sucesso supostamente gerados pelo grupo por meio da ferramenta DRIVE e do pensamento criativo. Os itens circundados são os critérios de sucesso principais e mais promissores selecionados pelo grupo.

DRIVE [relacione(m) os possíveis critérios de sucesso e, em seguida, escolha(m) os principais]				
Desfecho	Restrições	Investimento	Valores	Resultados Essenciais
Aumento das vendas	Nenhuma concessão quanto à segurança	Comprovação do conceito em no máximo seis meses	Segurança	Aumento de 50% nas reservas de poltronas centrais
Aumento dos lucros	Nenhum outro problema regulamentar	Gasto de no máximo 100 mil para comprovar o conceito	Sustentabilidade	
Maior incentivo e moral elevado			Satisfação do cliente	Aumento de 7 pontos na satisfação do cliente
Menos reclamações	Não diminuir o fator de ocupação médio	Manter o fator de ocupação de 70%	Melhores condições de trabalho	
Maior satisfação do cliente			Companhia aérea preferida	Diminuição de 20% das reclamações
Maior satisfação dos funcionários	Não concorrer apenas em preço		"Seu negócio é o nosso negócio"	
Mais clientes fiéis	Não oferecer o que pode ser facilmente copiado		Pontualidade	Aumento de 7 pontos na participação de mercado da empresa
Diferenciação da marca				
Oferta exclusiva				Fator de ocupação superior a 70%
Passageiros contentes na aterrissagem				Aumento de 10% nas vendas
				Aumento de 10% nos lucros
				Aumento de 10 pontos no quesito de companhia aérea preferida no segmento de viagens de negócios

3ª etapa: Qual é a pergunta?

A terceira etapa é a etapa central do MPP. Aqui, criamos o máximo de perguntas-problema que conseguirmos e, em seguida, fazemos a convergência para nos concentrarmos em uma ou mais perguntas catalisadoras que, se respondidas, nos possibilitarão alcançar o futuro almejado. Para obter uma explicação pormenorizada da terceira etapa, consulte o capítulo 9.

Esta é a longa relação de perguntas-problema supostamente gerada pelo grupo ao responder às perguntas "Como nós poderíamos...". Os itens circundados são as perguntas-problema selecionadas e consideradas mais promissoras pelo grupo por meio do pensamento convergente e crítico.

Qual é a pergunta? "Como nós poderíamos..." [relacione(m) e, em seguida, escolha(m)]	
• fazer com que as pessoas solicitassem as poltronas centrais?	• diferenciar nossa empresa da concorrência?
• mudar a percepção das pessoas em relação às poltronas centrais?	• tornar as poltronas centrais mais atraentes?
• tornar a poltrona central mais confortável?	• manter a satisfação de nossos clientes?
• pedir a opinião de nossos clientes sobre uma possível solução?	• livrarmo-nos das poltronas centrais?
• eliminar as restrições de custo?	• encontrar um parceiro?
• tornar as viagens mais prazerosas?	• fazer com que as poltronas centrais pareçam mais largas?
• estimular as pessoas a viajar mais?	• ter apenas passageiros magros?
• fazer com que as pessoas reservassem as poltronas centrais?	• inspirar as pessoas a trabalhar para a nossa empresa?
• tornar a poltrona central mais convidativa?	• oferecer recompensa financeira aos passageiros que viajam nas poltronas centrais?
• melhorar a lucratividade da JetWays?	
• promover eficazmente as poltronas centrais?	• redefinir o fator de ocupação?
	• diferenciarmo-nos do que é comum?
• deixar nossos funcionários mais contentes?	• fazer com que as poltronas centrais não sejam vistas como poltronas centrais?
• obter fluxos de receitas especiais das poltronas centrais?	• examinar comparativamente o valor e o custo de voar?
• tornar as poltronas centrais mais valiosas?	
• diminuir as tarifas e ao mesmo tempo manter a lucratividade?	• mudar a mentalidade de nossos passageiros a respeito das poltronas centrais?
• investir no aprimoramento das poltronas centrais?	• persuadir os fabricantes de aviões a formar uma parceria conosco?
• tornar as poltronas centrais mais agradáveis?	• garantir a lealdade dos clientes?
• oferecer tratamento especial a todas as pessoas?	• estimular os passageiros a disputar as poltronas centrais?
• oferecer mais serviços durante os vôos?	• Tornar as poltronas centrais uma experiência estimulante?

Depois de reexaminar todas as perguntas catalisadoras anteriores, o grupo supostamente considerou a pergunta a seguir como a mais interessante para se dedicar no momento:

Pergunta catalisadora

Como nós poderíamos mudar a mentalidade de nossos passageiros a respeito das poltronas centrais da JetWays?

4ª etapa: Gerar respostas

A quarta etapa do MPP é aquela em que geramos possíveis respostas a cada uma das perguntas catalisadoras selecionadas na terceira etapa, *"Qual é a pergunta?". Tendo em vista os propósitos do exemplo que estamos usando, optamos por utilizar uma única pergunta catalisadora.* Essas respostas ainda não são soluções totalmente maduras. Ao contrário, são idéias embriônicas que, se desenvolvidas, podem nos conduzir a soluções. Para obter uma explicação pormenorizada da quarta etapa, consulte o capítulo 10.

Esta é a longa relação de respostas à pergunta catalisadora que o grupo supostamente gerou por meio do pensamento criativo.

Gerar respostas [relacione(m)]	
• Pagar as pessoas para escolherem as poltronas centrais.	• Opção de filmes.
• Tornar a poltrona central elegante e atual.	• Descanso de braço duplo.
• Apenas pessoas bonitas e vistosas se sentam nas poltronas centrais.	• Poltronas Obus Forme (poltronas ortopédicas).
• Reservar primeiramente as poltronas centrais.	• Escalonar/alternar as poltronas centrais.
• Usar as poltronas centrais para estimular encontros rápidos (speed dating).*	• Rotacionar as poltronas para as famílias.
• Reservar as poltronas centrais apenas para pessoas solteiras.	• Deixar as poltronas mais largas.
• Criar um novo nome para as poltronas centrais.	• Poltronas centrais ajustáveis ou móveis.
• Elevar o preço das poltronas centrais.	• Informar os passageiros de que as poltronas centrais são as mais seguras.
• Abaixar o preço das poltronas centrais.	• Somente pessoas esbeltas podem se sentar nas poltronas centrais.
• Almofadas de assento e encosto.	• Promover as poltronas centrais como uma oportunidade de conhecer pessoas.
	• Nenhuma poltrona central: 3 seções de 2.
	• Nenhuma poltrona no avião: apenas espaços de repouso.

---

* *Speed dating* é um evento promovido para os solteiros se encontrarem e conversarem por alguns minutos com pessoas diferentes para daí desenvolverem um possível relacionamento com alguém.

Gerar respostas
[relacione(m)] continuação

- Serviço especial em terra.
- Modernizações futuras.
- Os passageiros das poltronas centrais obtêm milhas extras.
- Grande campanha publicitária.
- Não usar o termo "poltrona central".
- Eliminar as poltronas centrais.
- Mudar a direção da poltrona.
- Bancada, sofá de dois lugares.
- Torná-las mais altas.
- Fazer com que pareçam mais amplas.
- Mantê-las verticais, mas reprojetá-las.
- Permitir ajuste da altura.
- Formar grupos de poltronas.
- Transformá-las em catre (camas dobráveis).
- Dividir o avião em três corredores.
- Não fazer reserva de poltronas.
- Todas as poltronas são centrais.
- Remover todas as outras poltronas centrais.
- Poltronas centrais mais confortáveis.
- Virar as poltronas centrais.
- Bilhetes de prêmio e loteria nas poltronas.
- Melhorar a qualidade da comida.
- Oferecer bebidas gratuitas.
- Oferecer serviço de primeira classe para os passageiros das poltronas centrais.
- Poltronas centrais mais largas.
- Permitir que os passageiros das poltronas centrais sentem-se primeiro.
- Permitir que eles saiam primeiro do avião.
- Poltronas centrais reclináveis especiais.
- Poltronas centrais para vendedores, para que possam conversar com os outros passageiros.
- Possibilidade de as poltronas deslizarem para frente e para trás.
- Janela no assoalho para as poltronas centrais.
- Rechear as poltronas centrais com isopor.
- É imprescindível dar espaço para que os comissários transitem.
- Poltronas centrais projetadas para crianças.
- Transformar as poltronas centrais em escritório aéreo.
- Comercializá-las como poltronas especiais.
- Serviço especial em terra.
- Poltronas centrais mais baratas.
- Aprimorar as refeições para os passageiros das poltronas centrais.
- Considerar primeira classe apenas as poltronas centrais.
- Diversas atividades para distrair os passageiros.
- Poltronas ao lado da janela, centrais e depois poltronas do corredor.
- Poltronas estilo wing chairs (poltronas com apoio para as costas, porém um pouco mais largas)
- Alto-falantes em ambos os lados das poltronas.
- Revestimento em couro.
- Reprodutor de DVD removível.
- Passagem aérea gratuita ao cônjuge.
- Reinvenção das poltronas centrais.
- Chamá-las de trono.
- Virar as poltronas centrais ao contrário.
- Tornar as poltronas centrais mais ergonômicas.
- Oferecer acesso a um centro de diversões.
- Acesso a um núcleo de trabalho.
- Permitir que os passageiros das poltronas centrais entrem e saiam primeiro do avião.

Estes são os grupos que a equipe supostamente organizou para classificar sua longa lista de respostas e as idéias embriônicas mais promissoras para a solução selecionadas por meio do pensamento crítico.

Gerar respostas
[aplique(m) a ferramenta C⁵ — colher, cumular, coligar, clarificar e constituir]

Melhorar a imagem
- Tornar as poltronas centrais mais modernas e atraentes.
- Fazer com que os passageiros das poltronas centrais se sintam de alguma maneira especiais.
- Tornar as poltronas centrais mais baratas.

Reconfigurar para obter mais espaço
- Remover todas as outras poltronas centrais.
- (Virar as poltronas centrais para que fiquem voltadas para o fundo do avião.)
- Instalar as poltronas centrais em trilhos para que possam deslizar para a frente e para trás.

Serviços especiais
- (Serviço de primeira classe para as poltronas centrais.)
- Oferecer serviço especial em terra.
- (Oferecer acesso a um núcleo de trabalho.)
- Transformar as poltronas centrais em escritório aéreo.

5ª etapa: Forjar a solução

A quinta etapa é composta de duas subetapas. Ambas podem ser repetidas várias vezes, dependendo da complexidade dos problemas e do tempo disponível. Na primeira, empregamos um crivo de avaliação para comparar as idéias selecionadas na quarta etapa, "**Gerar respostas**", com os principais critérios de sucesso desenvolvidos na segunda etapa, "**O que é sucesso?**", *e em seguida escolhemos a idéia mais promissora* para aprofundá-la. Na segunda, usamos a ferramenta POWER para analisar, aprimorar e refinar a idéia embriônica e transformá-la em uma solução consistente. Para obter uma explicação pormenorizada da quinta etapa, consulte o Capítulo 11.

Crivo de Avaliação

(Avalie a coluna por coluna e marque as interseções com "+", se a idéia atender a um determinado critério, e "–", se a idéia não atender ao critério, ou então deixe a célula em branco se achar que a idéia não faz nem uma coisa nem outra, ou seja, é indiferente ao critério.)

Observação: para simplificar este exemplo, apenas três dos critérios de sucesso selecionados na segunda etapa, "**O que é sucesso?**", *são mostrados aqui.*

	Diferenciação	Nenhum problema de segurança	Difícil de copiar
Virar as poltronas centrais para que fiquem voltadas para o fundo do avião.	+	–	
Oferecer serviço especial em terra.		+	–
Transformar as poltronas centrais em escritório aéreo.	+		+

Com base nessa avaliação, o grupo supostamente selecionou uma idéia embriônica para desenvolver mais a fundo.

Esta é a longa relação de pontos positivos, objeções e possíveis melhorias à idéia original supostamente gerada pelo grupo por meio da ferramenta POWER e do pensamento criativo.

POWER – Transformar a poltrona central em escritório aéreo				
Pontos positivos	Objeções	O que mais?	Lapidações	Antídotos
Eleva o status da poltrona central.	Ainda assim pode ser copiada.	Testar a receptividade do mercado.	Formar parceria com a Herman Miller?	Criar uma marca e torná-la um fator fundamental à imagem.
Tem um bom diferenciador.	Não há espaço o bastante para acomodar o escritório.	Um clube de escritórios aéreos?	Criar uma marca para o programa como um todo.	Remover poltronas alternadas.
É difícil ser copiada logo no início.	Problemas de privacidade enquanto se trabalha.	Oferecer serviço especial em terra.	Oferecer ferramentas, conectividade.	Criar persianas, iluminação especial.
Os passageiros podem se manter conectados.	Canibalizará a classe executiva.	Oportunidades de parceria?	Pode ser convertida em cama.	Melhorar a classe executiva.

Este é um exemplo resumido sobre como o grupo supostamente refinou o exercício POWER para criar uma idéia consistente para a solução.

Solução potencializada O que nos vemos fazendo é...
Criaremos uma classe especial em nossos aviões, denominada Escritório Aéreo da JetWays. Para isso, removeremos todas as outras poltronas centrais e instalaremos as remanescentes em trilhos para que possam ser ajustadas. Essa nova configuração fornecerá espaço, facilidade de acesso, ferramentas de produtividade, iluminação especial, divisórias para proteção da privacidade e serviços especiais em terra por meio do Clube de Escritórios Aéreos da JetWays. Talvez possamos cobrar uma diferença por esse serviço. Para não canibalizar a classe executiva, melhoraremos nossas atuais ofertas nessa classe, mantendo, por exemplo, as poltronas mais largas. Se removermos apenas as demais poltronas centrais, conseguiremos manter nossos fatores de ocupação médios. Faremos um estudo piloto para reconfigurar as poltronas centrais em mercados específicos.

6ª etapa: Alinhar recursos

Na sexta etapa do MPP identificamos as ações e os recursos necessários à implementação da solução potencializada por nós definida na quinta etapa, "*Forjar a solução*". Para obter uma explicação pormenorizada da sexta etapa, consulte o capítulo 12.

Esta etapa é composta por sete subetapas:
1. Anote cada uma das tarefas em uma papeleta adesiva exclusiva e relacione todas as possíveis medidas essenciais à implementação da solução. Afixe as papeletas a uma grande parede. Não tente priorizá-las ou colocá-las em sequência. Assim que definir todas as medidas, agrupe as papeletas para eliminar duplicidade, agrupe as tarefas e subtarefas e elucide as tarefas individuais.

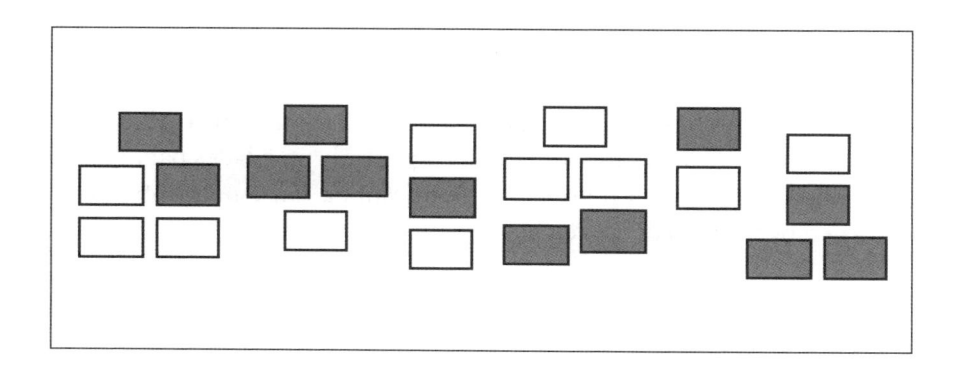

2. Identifique seus possíveis apoiadores (aqueles que prestarão assistência ao plano) e opositores (aqueles que oferecerão resistência). Adicione outras medidas, usando uma papeleta para cada medida que tiver por objetivo influenciar seus apoiadores e opositores.
3. Cuide para que cada medida seja atribuída a uma pessoa que se comprometa com a sua conclusão. Coloque em cada papeleta o nome da pessoa responsável pela medida.
4. Crie uma GMT (no formato de calendário ou cronograma) para dispor sequencialmente os grupos de medidas e reorganizá-los de acordo com a dependência que guardam entre si.

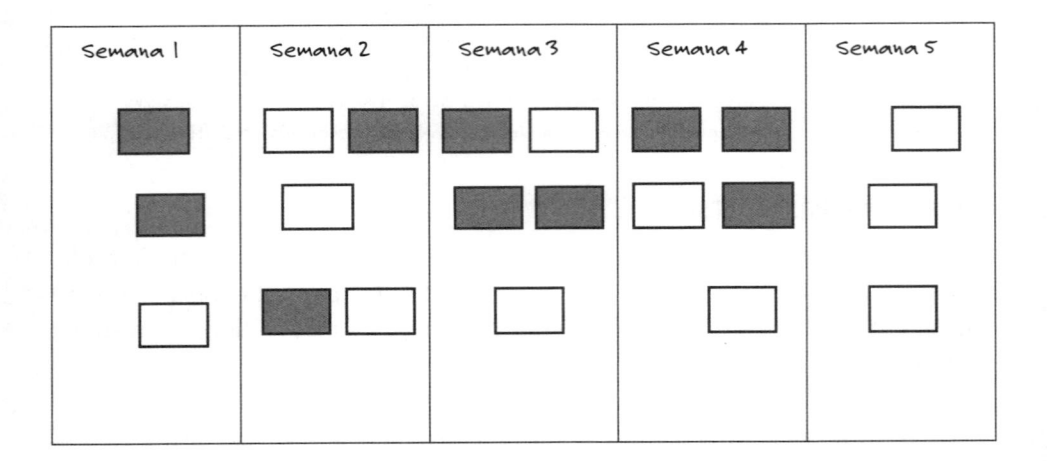

Semana 1	Semana 2	Semana 3	Semana 4	Semana 5
■	□ ■	■ □	■ ■	□
■	□	■ ■	□ ■	□
□	■ □	□	□	□

5. Conduza uma análise EFFECT (energia, fundos, fração de tempo livre, experiência, condições e ter e haver) de cada tarefa para identificar os recursos indispensáveis. Determine quais recursos já estão disponíveis e quais devem ser adquiridos. Se necessário, adicione tarefas — usando uma papeleta para cada — destinadas à aquisição de recursos essenciais.
6. Identifique e relacione os resultados observáveis de cada medida. Adicione esses resultados a cada uma das papeletas.
7. Transfira as informações de cada tarefa para uma única folha de atividade; insira as folhas em uma agenda de atividades para monitorar e gerenciar o projeto ou o transfira a um especialista em gerenciamento de projetos.

Folha de atividade

Nº da Tarefa	Tarefa
	Pessoa responsável

Depende da conclusão de	Outros participantes

Início Fim Duração	Observações
Produtos da atividade ou evidência de conclusão	
Apoiadores Medidas para melhorar o apoio	
Opositore Ações para ganhar apoio	
Recursos Tarefas para aquisição	
	Data de conclusão

GLOSSÁRIO

AIM – Ferramenta concebida para incitar perguntas na terceira etapa: "**Qual é a pergunta?**". O acrônimo AIM significa *advantages* (vantagens), *impediments* (impedimentos) e *maybes* (possibilidades). O objetivo dessa ferramenta é gerar uma relação de todas as vantagens de alcançarmos um determinado futuro almejado, de todos os impedimentos para alcançá-lo e de todas as outras incógnitas, oportunidades ou resultados secundários (as possibilidades) que poderiam surgir se o futuro almejado fosse conquistado. Essa relação resultante é reescrita com uma série de perguntas "Como eu poderia..." ou "Como nós poderíamos".

Alinhar recursos – Sexta etapa do Modelo de Pensamento Produtivo (MPP). Nessa etapa, determinamos os planos de ação e as responsabilidades. O resultado dessa fase é uma plataforma de ação.

Apoiadores e opositores – Apoiadores são as pessoas das quais podemos esperar assistência, auxílio e suporte à realização e concretização de um plano ou meta. Os opositores são as pessoas das quais podemos esperar resistência, oposição ou obstrução à realização e concretização de um plano ou meta. Apoiadores e opositores é uma ferramenta usada para gerar medidas na sexta etapa, "Alinhar recursos".

Brainslipping – Ferramenta concebida para ajudar as pessoas a gerar extensas relações de idéias. O *brainslipping* distingue-se do *brainstorming* porque não é verbal, mas silencioso: as pessoas anotam suas idéias, em vez de expressá-las oralmente. O *brainslipping* pode ser mais produtivo do que o brainstorming porque estimula contribuições de pessoas que ficam menos à vontade para expressar suas idéias publicamente.

Brainstorming – Termo cunhado por colegas do publicitário Alex Osborn em 1941 para representar uma metodologia de pensamento que ele havia desenvolvido "por meio da qual um grupo tenta encontrar uma solução para um problema específico acumulando todas as idéias espontaneamente propostas pelos integrantes". Com o passar dos anos, Osborn desenvolveu e aprimorou uma série de regras para organizar as sessões de *brainstorming*. Suas regras originais eram: (1) Todo e qualquer tipo de crítica deve ser descartado. As avaliações contrárias às idéias devem ser adiadas para um momento posterior. (2) A autonomia de ação e iniciativa é providencial. Quanto mais disparatada e grosseira (selvagem) a idéia, melhor; é mais fácil domesticar uma idéia do que gerar uma nova. (3) É necessário buscar a maior quantidade possível de idéias. Quanto mais idéias, maior a probabilidade de haver idéias proveitosas. (4) Deve-se buscar justapor e aprimorar as idéias. Além de contribuir com suas próprias idéias, os participantes devem dar sugestões sobre como as idéias das demais pessoas podem ser aprimoradas ou como duas ou mais idéias podem ser associadas para gerar outra.

C^5 – Ferramenta usada em várias etapas do MPP. Seu objetivo é nos ajudar a organizar e filtrar um grande número de idéias para, desse modo, identificarmos e desenvolvermos as mais promissoras. C^5 significa colher, cumular, coligar, clarificar e constituir.

Pergunta catalisadora – Resultado da terceira etapa: "**Qual é a pergunta?**". Uma ou mais perguntas catalisadoras são selecionadas na extensa relação de perguntas gerada nessa etapa. A pergunta catalisadora, portanto, torna-se o ponto de partida da etapa "**Gerar respostas**".

Pensamento convergente – Estilo de pensamento em que avaliamos idéias com respeito a critérios predeterminados e tentamos selecionar aquelas que melhor atendam a esses critérios. Esse estilo de pensamento é apreciativo e focalizado para que possamos selecionar idéias promissoras em um longo rol de possibilidades. As etapas do MPP empregam fases alternadas de pensamento convergente e divergente. Consulte também **Pensamento crítico**.

Pensamento criativo – Estilo de pensamento em que buscamos novos significados, novas analogias e novas perspectivas. Esse estilo de pensamento é acrítico e expansivo para que possamos gerar um extenso rol de possibilidades. Consulte também **Pensamento divergente**.

Pensamento crítico – Estilo de pensamento em que avaliamos as idéias com respeito a critérios predeterminados e tentamos selecionar aquelas que atendam melhor a esses critérios. Esse estilo de pensamento é apreciativo e focalizado para que possamos selecionar idéias promissoras em um extenso rol de possibilidades. Consulte também **Pensamento convergente**.

Pensamento divergente – Estilo de pensamento em que buscamos novos significados, novas analogias e novas perspectivas. Esse estilo de pensamento é acrítico e expansivo para que possamos gerar um extenso rol de possibilidades. Consulte também **Pensamento criativo**.

DRIVE – Ferramenta concebida para identificar critérios de sucesso na segunda etapa, "**O que é sucesso?**". O acrônimo DRIVE significa *do* (desfecho), *restrictions* (restrições), *investment* (investimento), *values* (valores) e *essential results* (resultados essenciais). Seu objetivo é nos ajudar a gerar uma relação sobre o que uma solução promissora deve concretizar, o que deve evitar, quais limites de investimento deve respeitar, quais valores deve sustentar e quais resultados mensuráveis deve alcançar.

EFFECT – Ferramenta concebida para identificar os recursos necessários na sexta etapa, "**Alinhar recursos**". O acrônimo EFFECT significa *energy* (energia), *funds* (fundos), *free time* (fração de tempo vago), *expertise* (experiência), *conditions* (condições) e *things* (ter e haver). Seu objetivo é nos ajudar a relacionar os recursos que serão necessários para todas as medidas em um eventual plano de projeto.

Elefante agrilhoado – Metáfora que designa padrões habituais de pensamento. Essa metáfora foi criada com base no tradicional costume dos tratadores e condutores de elefantes indianos (*mahouts*), os quais, no adestramento, acorrentam uma das patas dos filhotes a uma estaca para que aprendam a não tentar escapar. Quando adultos, ainda que tenham força suficiente para quebrar os grilhões, não o fazem.

Carreamento – Processo de integração de conhecimentos, atitudes, crenças ou comportamentos por meio de repetição, prática e reforço.

Crivo de avaliação – Ferramenta usada na quinta etapa, "**Forjar a solução**", para testar duas ou mais soluções diferentes com base em critérios de sucesso predeterminados.

Excursão – Ferramenta que nos ajuda a enxergar nossos desafios de diferentes perspectivas. Essas excursões podem ser reais (visitas a museus, parques ou *shoppings*) ou imaginárias (orientadas por exercícios imaginários a lugares remotos, mundos fantásticos ou mesmo processos biológicos microscópicos). As excursões podem ser úteis para imaginarmos o futuro na segunda etapa, "**O que é sucesso?**", relacionar perguntas "**Como eu poderia...**" na terceira etapa, "**Qual é a pergunta?**", relacionar idéias na quarta etapa, "**Gerar respostas**", e relacionar medidas na sexta etapa, "**Alinhar recursos**".

Forjar a solução – Quinta etapa do MPP, na qual avaliamos as alternativas de solução (o resultado da etapa precedente) para criarmos soluções potencializadas.

Impulso para o futuro – Idéia que defende que um futuro convincente e amplamente imaginado pode ter um papel motivacional de peso e ajudar as pessoas a gerar idéias novas e consistentes para resolver problemas e criar oportunidades.

Galeforce – (**Força do vendaval**) – Versão condensada do MPP concebida principalmente para ser usada pelas pessoas em um ambiente particular. Por meio de uma série de perguntas inspiradoras, esse modelo compacto ajuda o usuário a atravessar as várias fases do processo de pensamento produtivo. Além disso, os grupos podem usar a técnica *Galeforce* para lidar com desafios que talvez não exijam sessões mais longas de pensamento produtivo. Uma sessão eficaz com essa técnica pode demorar de 50 a 180 minutos.

Cérebro reptiliano (ou de jacaré) – Referência informal ao cérebro primitivo ou tronco cerebral, o qual é responsável pela disputa, pela fuga e por outras reações primitivas nos animais e nos seres humanos. Apesar da influência das estruturas corticais mais complexas do cérebro por meio das quais as pessoas processam as informações de maneira lógica, pesquisas recentes aventam a hipótese de que o tronco cerebral governa áreas significativas do comportamento humano.

Gerar respostas – Quarta etapa do MPP, na qual procuramos gerar e relacionar inúmeras idéias. Nas relações resultantes, uma ou mais alternativas de solução são selecionadas.

Julgamento gerativo – Técnica de avaliação concebida para melhorarmos as idéias enquanto as avaliamos. O julgamento gerativo é um princípio fundamental da quinta etapa, "Forjar a solução". Ele nos permite formular a pergunta "Como essa idéia poderia ser modificada para atender melhor aos critérios de sucesso?". Isso, em contraposição, nos permite estabelecer uma "prova de obstáculos" para uma idéia, o que produzirá um ou outro resultado: a idéia é classificada ou então desclassificada.

GEPO – Acrônimo que significa *Good enough, push on* [Basta. Prossiga!]. Usamos GEPO em várias etapas do MPP para passarmos para a fase subsequente.

CEP/CNP – Acrônimos que significam "Como eu poderia..." e "Como nós poderíamos...", usados para relacionar inúmeras perguntas-problema na terceira etapa, "Qual é a pergunta?".

De que outra forma eu poderia/De que outra forma nós poderíamos... – Perguntas catalisadoras ligeiramente reformuladas para nos ajudar a gerar idéias na quarta etapa, "Gerar respostas". O objetivo do complemento **outra** é instigar inúmeras idéias com potencial de se tornarem uma solução.

I^3 – Ferramenta usada principalmente na primeira etapa, "O que está havendo?", para nos ajudar a selecionar futuros almejados para os quais o modelo seja apropriado. O significado desse recurso mnemônico é influência, importância e imaginação. Seu objetivo é determinar se temos influência sobre um determinado futuro almejado, se ele é suficientemente importante para despendermos tempo e energia e se ele garante uma abordagem imaginativa ou inovadora.

Situação esperada/futuro imaginado (SE) – Ferramenta usada basicamente na segunda etapa, "O que é sucesso?", com o objetivo de criar impulso para o futuro descrevendo um futuro consistente e convincente. Consulte **Impulso para o futuro**.

Incubação – Fenômeno proposto por Graham Wallas, para quem o processo criativo tem cinco estágios (preparação, incubação, intimação, iluminação ou *insight* e verificação). Wallas observou que inúmeras pessoas dizem que as idéias e soluções criativas surgem depois que elas passam algum tempo longe do problema, esquecendo-o por algum momento. A incubação é o período em que o problema é internalizado e processado pelo subconsciente.

Anseio (comichão) – Principal descontentamento, instabilidade ou frustração que impulsiona o desejo pelo pensamento novo e imaginativo.

Kaizen – Literalmente, "mudança para melhor", do japonês *kai* ("mudança"), mais *zen* ("para melhor"). *Kaizen* caracteriza o pensamento reprodutivo, em contraposição a *tenkaizen* ("revolução produtiva"), que caracteriza o pensamento produtivo.

KnoWonder (Sei/Desejo Saber) – Ferramenta para analisar problemas, conceitos ou situações. O objetivo é usá-la para perguntar o que sabemos e o que ainda precisamos saber sobre o objeto que está sendo examinado. *KnoWonder* é especialmente útil para avaliarmos em que pontos pessoas diferentes têm percepções consistentes ou conflitantes.

Módulo de Pensamento Produtivo – É o modelo analisado neste livro, constituído de seis etapas e que é a essência para se pensar melhor.

Mapeamento mental – Método gráfico de organização de idéias e informações desenvolvido por Tony Buzan. O mapeamento mental é um método excelente para gerar e capturar idéias e descobrir associações entre elas.

Mente de macaco – Propensão de que pensamentos aparentemente aleatórios vagueiem de modo espontâneo e incontrolável por nossa mente. Esse termo é empregado no budismo para representar uma das dificuldades da meditação: a mente do meditador é invadida por pensamentos aleatórios, como os macacos que pulam de árvore em árvore.

POWER – Ferramenta concebida para avaliar idéias na quinta etapa, "**Forjar a solução**". O acrônimo POWER significa *positives* (pontos positivos), *objections* (objeções), *what else?* (O que mais?), *enhancements* (lapidações) e *remedies* (antídotos). Quando empregamos a ferramenta POWER, obtemos um enunciado detalhado do que de fato se trata a nova idéia: a solução potencializada.

Solução potencializada – Resultado da quinta etapa, "**Forjar a solução**", normalmente expresso por um enunciado que começa com "O que me vejo fazendo é...".

Pergunta-problema – Uma das perguntas de uma lista, que geralmente começa com "Como eu poderia..." ou "Como nós poderíamos...". É empregada na terceira etapa, "**Qual é a pergunta?**". A função das perguntas-problema é investigar a verdadeira natureza do problema a ser resolvido ou a oportunidade de ser resolvido. No pensamento produtivo, formulamos perguntas-problema, em vez de elaborarmos enunciados tradicionais para um problema, porque as perguntas solicitam e provocam respostas, ao passo que os enunciados tendem a ser estáticos.

Pensamento produtivo – Tipo de pensamento em que idéias novas e em geral contestadoras podem ou não ser úteis. O pensamento produtivo é fundamental para inovação, crescimento, reforço da capacidade institucional e diferenciação.

Pensamento reprodutivo – Tipo de pensamento que segue padrões familiares para alcançar altos níveis de rendimento ou produtividade e uma quantidade mínima de erros. O pensamento reprodutivo é fundamental para controle de qualidade, consistência, velocidade e rendimento/produtividade.

Opositores – Os opositores são as pessoas das quais podemos esperar resistência, oposição ou obstrução à realização e concretização de um plano ou meta. Consulte *Apoiadores e opositores*.

Satisfatório (*satisficing*) – Termo cunhado por Herbert Simon para representar a tendência dos seres humanos de interromper o raciocínio assim que identificam a solução mais óbvia a uma pergunta ou dilema.

Alternativas de solução – Resultados, em geral em forma de idéias embriônicas, da quarta etapa, "Gerar respostas".

Interessados (*stakeholders*) – Pessoas que têm ou poderiam ter interesse pelo problema que estamos tentando resolver no processo de pensamento produtivo.

Critérios de sucesso – Um dos resultados da segunda etapa, "O que é sucesso?". Os critérios de sucesso são usados para avaliar a eficácia das várias alternativas de solução possivelmente geradas na quarta etapa, "Gerar respostas".

Futuro almejado – Visão ou meta estabelecida para o exercício de pensamento produtivo — "o lugar aonde desejamos chegar". Para estabelecer o futuro almejado, primeiramente relacionamos inúmeros futuros desejáveis e, em seguida, selecionamos os mais promissores ou convincentes.

Tenkaizen – Literalmente, "revolução produtiva" ou "boa revolução", das sílabas japonesas *tenkai* ("revolução, reviravolta") e *zen* ("para melhor"). *Tenkaizen* é uma característica do pensamento produtivo, em contraposição ao *kaizen* ("mudança para melhor"), uma característica do pensamento reprodutivo.

Terceiro terço – O último terço de uma sessão de geração de idéias produtivas. Nas sessões de ideação mais produtivas, as idéias do primeiro terço tendem a ser seguras e/ou óbvias, as do segundo terço tendem a ser mais incomuns e as do terceiro terço tendem a ser mais originais. Estas são as idéias com maior potencial criativo.

O que está havendo? – Primeira etapa do MPP, na qual identificamos um problema e o investigamos com relação a causas, efeitos, interessados e outras características definidoras. Essas informações são usadas em seguida para gerar uma série de possíveis futuros almejados para aprofundarmos nosso trabalho nas etapas subsequentes do modelo.

Qual é a pergunta? – Terceira etapa do MPP, na qual enunciamos uma longa relação de possíveis perguntas-problema.

O que é sucesso? – Segunda etapa do MPP, na qual determinamos critérios para avaliarmos as resoluções com potencial de êxito.

Queps? – Ferramenta para encontrar valor prático no que a princípio parece ser uma idéia demasiadamente estranha ou então uma saída para que ela se torne de alguma forma útil. Esse método consiste em perguntar "Qual é o princípio subjacente (PS) por trás dessa idéia?".

NOTAS

Capítulo 1

1. J. H. Fabre, *The Life of the Scorpion*, trad. Alexander Teixeira de Mattos e Bernard Miall. Nova York: Dodd, Mead and Company, 1923.
2. A descrição do experimento de Fabre é de J. Henri Fabre, *The Life of the Caterpillar*, trad. Alexander Teixeira de Mattos. Nova York: Dodd, Mead and Company, 1914.
3. Ainsworth-Land é autor de *Grow or Die: The Unifying Principle of Transformation* (Nova York: Random House, 1973), obra em que ele investiga a teoria transformacional da mudança, de sua autoria, adotada por empresas, órgãos governamentais e instituições acadêmicas do mundo inteiro.
4. Esse não é o nome real da iniciativa. Mudei o nome para proteger a privacidade da empresa.

Capítulo 2

1. William H. Calvin, *The Emergence of Intelligence*, Scientific American 271(4):100–107, 1994.
2. Steven Pinker, *How the Mind Works*, Nova York: Norton, 1997.
3. A ilusão de Selfridge pode ser encontrada em Michael Michalko, *Tinkertoys: A Handbook of Business Creativity for the '90s*, Berkely, Califórnia: Ten Speed Press, 1991.

Capítulo 3

1. Costumava ser explicado como persistência da visão ou fenômeno ou efeito phi, mas experimentos mais recentes defendem uma explicação que incorpora a isso a maneira pela qual o cérebro processa informações relacionadas a movimentos no mundo real. Consulte Joseph Anderson e Barbara Anderson, *The Myth of Persistence of Vision Revisited*, Journal of Film and Video 45(1):3–12, 1993. Para obter uma explicação do fenômeno phi, consulte Lloyd Kaufman, *Sight and Mind: An Introduction to Visual Perception*, Nova York: Editora da Universidade de Oxford, 1974, p. 368.
2. Curiosamente, embora seus efeitos tenham sido profundos, esses experimentos não foram particularmente originais. Por volta de 1912, quando Wertheimer concluiu seus experimentos iniciais, a indústria cinematográfica já era uma realidade. Em 1902, Georges Méliès já havia produzido *Viagem à Lua (Le voyage dans la lune)*; em 1903, Edwin S. Porter já havia

feito *O Grande Roubo do Trem (The Great Train Robbery)*; e em menos de quatro anos depois D. W. Griffith lançou os filmes *O Nascimento de uma Nação (Birth of a Nation)* e *Intolerância (Intolerance)*.

3. Robert Sternberg, *Cognitive Psychology*, 4ª ed., Belmont, Califórnia: Wadsworth, 2006.
4. O psicólogo americano J. P. Guilford desenvolveu uma série de testes psicométricos da inteligência humana. Foi o primeiro cientista a fazer a distinção entre pensamento convergente e pensamento divergente. E. Paul Torrance, também psicólogo americano, é mais conhecido por suas pesquisas pioneiras no estudo da criatividade. Torrance desenvolveu um método de referência para quantificar a criatividade e inventou os Testes Torrance de Pensamento Criativo. O publicitário Alex Osborn desenvolveu o conceito de *brainstorming*. Com Sid Parnes, criou o Processo de Resolução de Problemas Osborn-Parnes, no qual o MPP se baseia.
5. Ellen Langer, *Mindfulness*, Reading, Massachusetts: Addison-Wesley, 1989.
6. Entre 1995 e 2005, 16.742 norte-americanos morreram de complicações desse tipo. Consulte Ryan Singel, *One Million Ways To Die*, Wired, 11 de setembro de 2006.
7. Atul Gawande, *Complications: A Surgeon's Notes on an Imperfect Science*, Nova York: Metropolitan Books, 2002.
8. R. Bendavid, *The Shouldice Technique: A Canon in Hernia Repair*, Canadian Journal of Surgery 40:199-207, 1997.
9. G. Chan e C. K. Chan. A *Review of Incisional Hernia Repairs: Preoperative Weight Loss and Selective Use of the Mesh Repair*, Hernia 9(1):37–41, 2005.
10. Em japonês, as sílabas tenkai podem ser escritas com caracteres *kanji* (sistema de ideograma chinês) de significado diferente, como evolução ou expansão, como em , ou reviravolta, como em . Vários amigos e colegas japoneses me garantiram que, embora essa palavra não exista no idioma deles, a maioria dos japoneses, depois de ouvir as sílabas em tenkaizen, pensaria nos caracteres *kanji* correspondentes à palavra "reviravolta", complementados pela idéia de "bom", "direito/correto" e "virtude"; em outras palavras, "revolução produtiva".
11. É uma feliz coincidência que também possamos considerar *tenkaizen* como dez vezes mais eficaz do que uma carteira de opções *plain vanilla* (ações e títulos comuns e básicos).
12. Consulte o verbete Netflix na enciclopédia livre *on-line Wikipédia*.

13. Embora esse exemplo seja apócrifo, pesquisas propõem que os principais periódicos políticos são "capciosos e imprecisos em virtude do viés de publicação". Rebecca Skloot, *Spurious Correlations*, Nova York Times Magazine, 10 de dezembro de 2006.
14. As informações sobre o *Journal of Spurious Correlations* são extraídas do site desse periódico em jspurc.org e de Skloot, op. cit.

Capítulo 4

1. Mark Kingwell, *Practical Judgments: Essays in Culture, Politics, and Interpretation*, Toronto: Editora da Universidade de Toronto, 2002.
2. Citado em John Briggs, *Fire in the Crucible: The Alchemy of Creative Genius*, Nova York: St. Martin's Press, 1988, p. 105.
3. Sylvia Wright, *The Death of Lady Mondegreen*, Harper's Magazine, novembro de 1954.
4. Gavin Edwards, *Scuse Me While I Kiss This Guy, and Other Misheard Lyrics*, Nova York: Fireside, 1995.
5. W. Mischel, *Convergences and Challenges in the Search for Consistency*, American Psychologist 39:351-364, 1984.
6. Marvin Minsky, *The Society of Mind*, Nova York: Simon & Schuster, 1986, p. 42.
7. Fons Trompenaars e Charles Hampden-Turner, *Riding the Waves of Culture: Understanding Cultural Diversity in Global Business*, 2ª ed., Londres: Nicholas Brealey, 2006.
8. Lewis Kamb e Mike Barber, *Police Were Told Years Ago of Pig Farm*, Seattle Post-Intelligencer, 9 de fevereiro de 2002.

Capítulo 5

1. Grande parte das informações sobre W. L. Gore provêm de Alan Deutschman, *The Fabric of Creativity*, Fast Company 89, dezembro de 2004.
2. Osborn chamou originalmente esse método de inventar ou bolar (*think up*). O termo *brainstorming* foi cunhado por seus colegas.
3. Alex F. Osborn, *Applied Imagination: Principles and Procedures of Creative Problem-Solving*, Nova York: Scribner, 1963.
4. As pesquisas que apóiam a hipótese do terceiro terço ou "esforço ampliado" podem ser encontradas em: S. J. Parnes, *The Creative Studies Project*, em Scott G. Isaksen (ed.), *Frontiers of Creativity Research: Beyond the Basics*,

Buffalo, Nova York: Bearly Limited, 1987, pp. 156–188; S. J. Parnes e R. B. Noller, *Applied Creativity: The Creative Studies Project: Part II: Results of the Two-Year-Program*, Journal of Creative Behavior 6:164–186, 1972; C. W. Wang e R. Y. Horng, *The Effects of Creative Problem Solving on Creativity, Cognitive Type and R&D Performance*, R&D Management 32:35–45, 2002; e Gerard J. Puccio, Mary C. Murdock e Marie Mance, *Creative Leadership: Skills That Drive Change*, Thousand Oaks, Califórnia: Sage, 2007. Provas casuísticas que apóiam essa hipótese podem ser encontradas em Osborn, *Applied Imagination*, obra citada na nota 3.

5. Como se pode presumir, na maioria das vezes as idéias do terceiro terço a princípio parecem ridículas e, portanto, nos dão a impressão de que não vale a pena explorá-las. A idéia que de fato veio à tona durante essa sessão foi: "Vamos usar lentes de aumento para torrá-los dentro das cabines!". No Capítulo 11, examinarei o conceito Queps, que é extrair princípios subjacentes favoráveis de idéias que a princípio pareçam muito grosseiras e não mereçam ser investigadas mais a fundo. Nesse caso, o resultado de procurar o princípio subjacente na frase "para torrá-los dentro das cabines" foi "fazer com que as pessoas se sentissem desconfortáveis dentro das cabines".

Capítulo 7

1. A ferramenta I^3 foi inspirada no trabalho de Bill Shephard, Roger Firestein, Don Treffinger e Scott Isaksen.
2. Piet Hein, *Grooks*, Gylling, Dinamarca: Narayana Press, 1993.
3. Um dos pressupostos do pensamento produtivo é nos internalizarmos no problema e deixarmos nossa mente subconsciente trabalhar a nosso favor. Esse fenômeno é chamado de incubação e foi proposto por Graham Wallas, em *The Art of Thought* [A Arte do Pensamento] (Nova York: Harcourt Brace, 1926). Wallas identificou o que ele chamou de quatro estágios do processo criativo: (1) **preparação**: estágio em que se coletam as informações relevantes e reduz-se o problema até que os obstáculos fiquem visíveis; (2) **incubação**: estágio durante o qual processos inconscientes da mente parecem se ocupar do problema e resolvê-lo; nesse espaço de tempo, não há nada errado em pensarmos ocasionalmente sobre o problema porque não existe nenhuma pressão para encontrarmos uma solução; (3) **iluminação** ou *insight*: pode ser espontânea ou uma consequência de esforço consciente; nesse estágio, a intuição e o insight produzem soluções possíveis; e (4) **verificação**: análise lógica das possíveis soluções intuitivas e reveladoras para examinar sua veracidade, seguida da organização e elaboração, para transformá-las em produto final. Eu e meus colegas da think^X empregamos o conceito de

incubação no trabalho que realizamos com nossos clientes. Quando prestamos assistência aos grupos no processo de pensamento produtivo, com frequência programamos um intervalo de um ou mais dias após uma sessão intensa de "**O que está havendo?**". Os participantes podem consultar o travesseiro e refletir melhor a respeito do trabalho que realizaram nessa etapa, permitindo que as idéias geradas se acomodem por um tempo, e retornar com energia e *insights* renovados. Não existe uma única maneira correta de empregar esse modelo. Uma das grandes vantagens do pensamento produtivo é que podemos adaptá-lo à nossa metodologia de trabalho, à circunstância do problema e ao tempo disponível.

Capítulo 8

1. Stephen Lucas e Martin Medhurst. *I Have a Dream' Leads Top 100 Speeches of the Century*, University of Wisconsin–Madison News, 15 de dezembro de 1999. Disponível em www.news.wisc.edu.
2. *A Dream Remembered*, OnlineNewsHour, 28 de agosto de 2003. Disponível em www.pbs.org.
3. A velocidade necessária para escapar da superfície da Terra [velocidade de escape necessária para vencer a atração gravitacional] é de mais ou menos 11,2 quilômetros por segundo ou um pouco mais de 25 mil milhas por hora. A velocidade necessária para escapar de Júpiter é de 59,5 quilômetros por segundo ou mais de 130.000 milhas por hora. Teoricamente, é provável que a velocidade necessária para escapar do passado seja superior à velocidade da luz.
4. Se decidir usar alguém para entrevistá-lo, tome cuidado para escolher uma pessoa com a qual se sinta à vontade para expressar seus pensamentos e sentimentos. Não raro isso significa um amigo íntimo. Outras vezes significa alguém completamente neutro.
5. O termo francês referente a esse jogo, *pétanque*, origina-se de *pieds tanqués*, o que, no dialeto dos marselheses significa "pés juntos", porque os pés dos jogadores mantêm-se juntos e imóveis em um pequeno círculo fora da área do alvo.

Capítulo 10

1. Em 1989, Rose foi expulso da Liga Principal de Beisebol (Major League Baseball — MLB), após alegações de que ele teria violado a Regra 21^a, que proibia apostas em jogos de beisebol. Em 1991, o Salão da Fama (*Hall of Fame*) promoveu uma votação para excluir todos os jogadores presentes

na lista de desqualificados do beisebol para se eleger ao Salão da Fama de Cooperstown.

2. As estatísticas do beisebol definem o número oficial de vezes no bastão como todos os comparecimentos completos na base (do rebatedor), sem contar todas as bases por bolas, ser atingindo por um arremesso, sacrifícios e obstruções.

3. James Gleick, *Genius: The Life and Science of Richard Feynman*, Nova York: Pantheon, 1992.

4. Consulte Roger von Oech, *A Whack on the Side of the Head: How to Unlock Your Mind for Innovation*, Nova York: Warner Books, 1983; Arthur B. VanGundy, *Brain Busters for Business Advantage*, San Diego, Califórnia: Pfeiffer and Company, 1995; Robert Alan Black, *Broken Crayons: Break Your Crayons and Draw Outside the Lines*, Dubuque, Iowa: Kendall/Hunt, 1995.

5. John Biggs, *The Alarm Clock as a Moving Target. Catch It if You Can*, New York Times, 9 de fevereiro de 2007.

Capítulo 11

1. Kokan Nagayama, *The Connoisseur's Book of Japanese Swords*, Tóquio: Kodansha International, 1997. Consulte também artigo sobre catanas na enciclopédia livre *on-line Wikipédia*.

2. O crivo de avaliação baseia-se no trabalho de Sidney Parnes em *Creative Behavior Guidebook* (Nova York: Scribner's, 1967) e *The Magic of Your Mind* (Buffalo, Nova York: Creative Education Foundation, 1981).

3. O efeito halo refere-se a um viés ou desvio cognitivo exibido por todos nós, seres humanos, em que damos um valor especial aos itens que prejulgamos no início de um determinado rol. Tendemos a conferir um status de "referência" aos itens que estão no início desse rol. Em outras palavras, nossa percepção dos itens posteriores do rol é deturpada pelo que pensamos a respeito dos primeiros itens desse rol. Os profissionais de marketing que trabalham com desenvolvimento de marcas frequentemente usam o efeito halo para melhorar a imagem de sua linha completa de produtos criando um único produto com qualidades especiais. Você provavelmente já experimentou esse efeito ao sair para comprar um carro. Mesmo quando você não compra o melhor modelo da linha, transfere parte do valor do carro especial para aquele que acaba comprando. O efeito de contraste refere-se ao viés ou desvio cognitivo em que tendemos a avaliar os itens de um rol não por critérios independentes, mas com base em uma crença subcons-

ciente com respeito a como eles se comparam com outros itens desse rol. Temos a tendência natural de melhorar ou piorar nossas avaliações quando comparamos itens com outros objetos contrastantes que tenhamos observado recentemente. Você com certeza já experimentou esse efeito ao avaliar outras pessoas — mais frequentemente ao compará-las umas com as outras do que ao compará-las com base em traços de personalidade individuais.

4. Daniel Kahneman, Paul Slovick e Amos Tversky (eds.), *Judgment under Uncertainty: Heuristics and Biases*, Cambridge e Nova York: Editora da Universidade de Cambridge, 1982; Daniel Kahneman e Amos Tversky, *Choices, Values, and Frames*, Nova York: Russell Sage Foundation, 2000.
5. Piet Hein, *Grooks*, Gylling, Dinamarca; Narayana Press, 1994
6. Para respeitar o sigilo de nosso cliente, não usei o nome verdadeiro de Scott.

Capítulo 12

1. Os detalhes sobre a missão *Apollo 13* e seu resgate foram extraídos do artigo de Stephen Cass, *Apollo 13, We Have a Solution*, IEEE Spectrum, abril de 2005.
2. O *brainslipping* está fundamentado no trabalho de Horst Geschka, Scott Isaksen e Don Treffinger.
3. Para essa tarefa, é recomendável utilizar papeletas adesivas de 7,5 por 12,5 centímetros.
4. Se estiver trabalhando sozinho em um grupo pequeno, outra boa opção é usar um programa de computador de mapeamento mental. Usamos dois excelentes na *think^X*: o NovaMind, para a plataforma Mac, e o MindManager, para a plataforma de computador pessoal.
5. A Grande Muralha do Tempo (GMT) baseia-se em uma técnica de planejamento estratégico desenvolvida por Frank Prince.
6. Independentemente do processo de pensamento produtivo, eu e meus colegas da *think^X* também usamos essa abordagem de planejamento de ações para ajudar as organizações a estruturar seus planos operacionais anuais. O procedimento é praticamente idêntico: formar uma equipe de gerentes, administrar um *brainstorming* para que identifiquem as ações necessárias para concretizar o plano ao longo do ano seguinte, transferir as ações para um cronograma, prover os recursos apropriados para essas ações e consolidá-las em um sistema de acompanhamento. O processo é rápido (em geral toma a metade do dia), simples, transparente e seu impacto é imenso e vigoroso.

Capítulo 13

1. Ocasionalmente, nos programas de treinamento oferecidos pela ***think*^{X}**, os participantes perguntam por que definimos o futuro almejado na última subetapa da primeira etapa, "O que está havendo?", e não no início da segunda etapa, "O que é sucesso?". Na verdade, o futuro almejado é apropriado tanto no auge da primeira etapa quanto no início da segunda etapa (todos os modelos são errados, mas alguns são úteis). Quando conseguimos percorrer todas as etapas do modelo em uma única sessão, não importa muito em que ponto consideramos que a primeira etapa finaliza e em que momento a segunda etapa começa. Contudo, na maioria das vezes em que trabalhamos em grupo, dividimos nossas sessões de raciocínio de modo que se estenda a vários dias e, às vezes, a um período mais longo. Nesses casos, é favorável concluir cada sessão com um resultado convincente. Pelo que pudemos constatar, finalizar uma investigação em "O que está havendo?", sem estabelecer o futuro almejado, pode desmotivar os grupos; ao passo que finalizar essa etapa com um futuro almejado convincente pode gerar emoção e entusiasmo na etapa seguinte. Além disso, quando a finalizamos com um futuro almejado, permitimos que as idéias geradas sobre o futuro desejável fiquem incubadas até a sessão seguinte. Falei sobre o poder da incubação várias vezes neste livro. Portanto, a resposta é sim, o futuro almejado é aceitável na etapa "O que é sucesso?". Se fizer sentido trabalhar com ele nessa etapa, não hesite em fazê-lo. Permita que o modelo trabalhe a seu favor. Siga as recomendações do *Manual de Pintura do Jardim de Pimenta de Mostarda*: "A princípio, devemos observar as regras rigorosamente; em seguida, mudá-las com sabedoria". Primeiramente, aprenda as regras; em seguida, viole-as.

Capítulo 14

1. G. Ekvall e Y. Tangeberg-Anderson, *Working Climate and Creativity: A Study of an Innovative Newspaper*, Journal of Creative Behavior 20(3):215–225, 1986.

2. Atul Gawande, *Complications: A Surgeon's Notes on an Imperfect Science*, Nova York: Penguin, 2002.

3. K. Anders Ericsson, *The Road to Excellence: The Acquisition of Expert Performance in the Arts and Sciences, Sports, and Games*, Mahwah, Nova Jersey: Lawrence Erlbaum Associates, 1996.

BIBLIOGRAFIA

Adams, James L. *The Care and Feeding of Ideas: A Guide to Encouraging Creativity*. Reading, Massachusetts: Addison-Wesley, 1986.

Adams, James L. *Conceptual Blockbusting*. Londres: Penguin, 1986.

Ainsworth-Land, George. *Grow or Die: The Unifying Principle of Transformation*. Nova York: Random House, 1973.

Amabile, Teresa M. *Creativity in Context*. Boulder, Colorado: Westview Press, 1996.

Black, Robert Alan. *Broken Crayons: Break Your Crayons and Draw Outside the Lines*. Dubuque, Iowa: Kendall/Hunt, 1998.

Bohm, David. *Thought as a System*. Londres: Routledge, 1992.

Bohm, David. In: Lee Nichol (ed.). *On Creativity*. Londres: Routledge, 1998.

Boorstin, Daniel J. *The Creators: A History of Heroes of the Imagination*. Nova York: Random House, 1992.

Briggs, John. *Fire in the Crucible: The Alchemy of Creative Genius*. Nova York: St. Martin's Press, 1988.

Claxton, Guy. *Hare Brain, Tortoise Mind*. Hopewell, Nova Jersey: Ecco Press, 1997.

De Bono, Edward. *Parallel Thinking*. Londres: Viking, 1994.

De Bono, Edward. *Practical Thinking*. Londres: Penguin Books, 1971.

Dennett, Daniel C. *Consciousness Explained*. Boston: Back Bay Books, 1991.

Ericsson, K. Anders. *The Road to Excellence: The Acquistion of Expert Performance in the Arts and Sciences, Sports, and Games*. Mahwah, Nova Jersey: Lawrence Erlbaum Associates. 1996.

Flesch, Rudolf. *The Art of Clear Thinking*. Nova York: Harper and Brothers, 1951.

Focault, Michael. *The Order of Things: An Archaeology of the Human Sciences*. Nova York: Random House, 1970.

Fritz, Robert. *Creating*. Nova York: Fawcett Columbine, 1991.

Gardner, Howard. *Changing Minds: The Art and Science of Changing Our Own and Other People's Minds*. Boston: Editora da Escola de Negócios de Harvard, 2004.

Gardner, Howard. *Creating Minds*. Nova York: Basic Books, 1993.

Gawande, Atul. *Complications: A Surgeon's Notes on an Imperfect Science*. Nova York: Penguin, 2002.

Gelb, Michael J. *How to Think Like Leonardo da Vinci*. Nova York: Dell, 1998.

Gleick, James. *Genius: The Life and Science of Richard Feynman*. Nova York: Pantheon, 1992.

Gordon, William J. J. *Synectics: The Development of Creative Capacity*. Nova York: Collier Books, 1961.

Guilford, J. P. *Way Beyond the IQ: Guide to Improving Intelligence and Creativity*. Buffalo, Nova York: Creative Education Foundation, 1977.

Hadamard, Jacques. *The Psychology of Invention in the Mathematical Field*. Nova York: Dover, 1949.

Hein, Piet. *Grooks*. Garden City, Nova York: Doubleday, 1969, vols. 1, 2, 3 e 4.

Hirschberg, J. *The Creative Priority*. Nova York: Harper Business, 1998.

Hofstadter, Douglas R. e Dennett, Daniel C. (eds.). *The Mind's I: Fantasies and Reflections on Self and Soul*. Nova York: Bantam, 1981.

Howard, Pierce J. *The Owner's Manual for the Brain: Everyday Applications from Mind-Brain Research*. Atlanta: Bard Press, 2000.

Isaacs, William. *Dialogue and the Art of Thinking Together*. Nova York: Doubleday. 1999.

Kahneman, Daniel e Tversky, Amos. *Choices, Values, and Frames*. Nova York: Fundação Russell Sage, 2000.

Kahneman, Daniel, Slovic, Paul e Tversky, Amos. *Judgment under Uncertainty: Heuristics and Biases*. Cambridge e Nova York: Editora da Universidade de Cambridge University, 1982.

Kaufman, Lloyd. *Sight and Mind: An Introduction to Visual Perception*. Nova York: Editora da Universidade de Oxford, 1974.

Kingwell, Mark. *Better Living: In Pursuit of Happiness from Plato to Prozac*. Toronto: Penguin Books, 1999.

Kingwell, Mark. *Practical Judgments: Essays in Culture, Politics, and Interpretation*. Toronto: Editora da Universidade de Toronto, 2002.

Koestler, Arthur. *The Act of Creation*. Londres: Arkana, 1989.

Kosko, Bart. *Fuzzy Thinking: The New Science of Fuzzy Logic.* Nova York: Hyperion, 1993.

Lakoff, George e Johnson, Mark. *Metaphors We Live By.* Chicago: Editora da Universidade de Chicago, 1980.

Langer, Ellen J. *Mindfulness.* Reading, Massachusetts: Addison-Wesley, 1989.

May, Rollo. *The Courage to Create.* Nova York: Bantam Books, 1975.

Michalko, Michael. *Thinkertoys: A Handbook of Business Creativity for the '90s.* Berkeley, Califórnia: Ten Speed Press, 1991.

Minsky, Marvin. *The Society of Mind.* Nova York: Simon & Schuster, 1986.

Neethling, Kobus e Rutherford, Raché. *Am I Clever or Am I Stupid?* Vanderbijlpark, África do Sul: Carpe Diem, 2001.

Osborn, Alex F. *Applied Imagination: Principles and Procedures of Creative Problem-Solving.* Nova York: Scribner, 1963.

Parnes, S. J. *Creative Behavior Guidebook.* Nova York: Scribner's, 1967.

Parnes, S. J. *Optimize: The Magic of Your Mind.* Buffalo, Nova York: Fundação de Educação Criativa, 1978.

Pinker, Stephen. *How the Mind Works.* Nova York: Norton, 1997.

Pinker, Stephen. *The Language Instinct: How the Mind Creates Language.* Nova York: HarperPerennial, 1995.

Ramachandran, V. S. *A Brief Tour of Human Consciousness.* Nova York: Pi Press, 2004.

Ratey, John J. *A User's Guide to the Brain.* Nova York: Pantheon, 2001.

Ristad, Eloise. *A Soprano on Her Head: Right-Side-Up Reflections on Life and Other Performances.* Moab, Utah: Real People Press, 1982.

Ruggiero, Vincent Ryan. *The Art of Thinking: A Guide to Critical and Creative Thought.* Nova York: Addison-Wesley, 1998.

Shank, Roger C. *Tell Me a Story: Narrative and Intelligence.* Evanston, Illinois: Editora da Northwestern University, 1990.

Sternberg, Robert. *Cognitive Psychology.* 4ª ed. Belmont, Califórnia: Wadsworth, 1999.

Sternberg, Robert. *Handbook of Creativity.* Cambridge, Massachusetts: Editora da Universidade de Cambridge, 1999.

Sternberg, Robert J. (ed.). *Wisdom: Its Nature, Origins, and Development*. Cambridge, Massachusetts: Editora da Universidade de Cambridge, 1990.

Taylor, Warren. *Models for Thinking and Writing*. Cleveland: World Publishing, 1966.

Thompson, Charles "Chic". *What a Great Idea! The Key Steps Creative People Take*. Nova York: HarperPerennial, 1992.

Torrance, E. Paul. *The Search for Satori and Creativity*. Buffalo, Nova York: Fundação de Educação Criativa, 1979.

Trompenaars, Fons e Hampden-Turnder, Charles. *Riding the Waves of Culture*. 2ª ed. Londres: Nicholas Brealey, 2006.

VanGundy, Arthur B. *Brain Boosters for Business Advantage*. San Diego, Califórnia: Pfeiffer and Company, 1995.

VanGundy, Arthur B. *Idea Power: Techniques and Resources to Unleash the Creativity in Your Organization*. Nova York: Amacom, 1992.

von Oech, Roger. *Expect the Unexpected (Or You Won't Find It)*. Nova York: Free Press, 2001.

von Oech, Roger. *A Kick in the Seat of the Pants*. Nova York: Harper & Row, 1986.

von Oech, Roger. *A Whack on the Side of the Head: How to Unlock Your Mind for Innovation*. Nova York: Warner Books, 1983.

Wenger, Win. *Discovering the Obvious*. Gaithersburg, Maryland: Project Renaissance, 1998.

Wenger, Win. *The Einstein Factor*. Rocklin, Califórnia: Prima Publishing, 1996.

ÍNDICE

A

A *Arte da Guerra* (Sun Tzu), 216
Addams, Jane, 145
Agenda de atividades, 212–213
A *Idade da Descontinuidade* (Peter Drucker), 9
AIM, ferramenta, 152–153
Ainsworth-Land, George, 7
Alfred North Whitehead, 15
Alinhar recursos (sexta etapa), 199–216
    atribuindo responsabilidades, 205
    determinando os recursos mais importantes, 207
    determinando tarefas, 205–206
    EFFECT, ferramenta de identificação de recursos, 209–211
    elaboração do cronograma/calendário, 208–209
    folha de atividade, 212–213
    importância do planejamento em, 202–205
    subetapas em, 98–99, 231–232
    utilização prática de, 231–232
Ambiguidades, 55
    aversão do cérebro às, 58–59
    como dor, 62
    visuais/auditivas, 58–59. *consulte também* Estendendo-se no problema
Análise decisória, 186–187
Analogia, 64–65
Anseios, 104–105. *consulte* Qual é o anseio? subetapa
    identificando/determinando, 105–110
    para germinar perguntas-problemas, 150–151
Ânsia por saber, resistindo, 56–57
Apoiadores, 207
Apollo 13, missão, 201–203
Aprendizagem
    padronização para, 26
Arquimedes, 12
Aspiração, 132
Autodescrições, 60–61
Auto-esvaziamento, 75

B

Bacon, Francis, 148, 158
Ballegooijen, Jaap van, 13
Banco de microfinanciamentos (microcréditos), 235–236
Beneplácito, enquanto requisito do carreamento, 242–243
Bennington, Benny, 29
Berra, Yogi, 48, 220, 238
Boas práticas, 119
Bocha, jogo de, 135
Bohm, David, 56
Bohr, Niels, 134
Bowerman, Bill, 13
Brainslipping, 205–206
Brainstorming, 69–81
    aplicado a si mesmo, 79–81
    bom *versus* ruim, 70–71
    capturando pensamentos padronizados anteriores nas sessões de, 76–77
    idéias do segundo terço nas sessões de, 73

idéias do terceiro terço nas sessões de, 72–75, 77–78
para gerar respostas, 164, 229
para medidas, 205–206
propósito do, 75
regras fundamentais do, 71–72
Brand, Stewart, 126
Burnham, Daniel H., 119

C

C^5, técnica, 156–157
Cadeira de rodas, 14
Calendário, elaboração, 208–209
Câncer de próstata, 169–170
Caneta pressurizada, 27–28
Capital intelectual, 10
Capturando alienígenas, exercício, 76–77
Carlisle, Scott, 193–195
Carreamento, 241–245
  beneplácito no, 242–243
  evidência no, 241–242
  linguagem no, 243
  prática no, 244
  treinamento versus, 239–241
Catanas, 181, 192–193
CEF (Fundação de Educação Criativa), xi
Centro de Inovação Imaginário, 10
Cérebro, 19
  aversão a ambiguidades, 58–59
  córtex cerebral, 20–21
  padrões produzidos pelo, 25, 76
  previsão do futuro, capacidade do, 23–24
  sequência de processos no, 22
  sequências repetidas de estímulo-resposta no, 30
  sistema límbico, 21–23
Cérebro paleomamífero, 21, 22
Cérebro reptiliano, 20–23

Chieh Tzu Yüan Hua Chuan, 222
Collins, Jim, 36
Como a Mente Funciona (Steven Pinker), 26
Comportamentos
  influência do treinamento sobre, 240
  reforçando, 244
  responsabilidade pessoal pela mudança de, 245
  sobrevivência dos, 129
Conclusões, saltando para as, 57. *consulte também* Estendendo-se no problema
Condições (para as medidas), 210
Conhecimento
  esperteza versus, 56
  pensamentos padronizados enquanto, 76
Córtex cerebral, 20–21
CPS. *consulte* Processo de Solução Criativa de Problemas
CPSI (Instituto de Solução Criativa de Problemas), xi
Criatividade, xi–xii, 11
Critérios de sucesso
  avaliando idéias com base em, 182–186
  DRIVE, exercício para definir, 135–140
  estabelecendo, 128–129. *consulte também* O que é sucesso? (segunda etapa)
Crivo de avaliação, 182–186
Cronograma de elaboração, 208–209

D

Descrições
  de grupos, 60
  de si mesmo, 60–61
Devaneio, 20

Direitos Civis, Lei de, *127*
Distração, *19–20*
Doak, Bob, *69*
Dolby, *70*
DRIVE, exercício, *136–139*
Drucker, Peter, *9, 144*

E

Economia
 conhecimento, *9*
 transformação, *10*
Edison, Thomas, *48, 162*
Edwards, Gavin, *57*
EFFECT, ferramenta, *209–211*
Einstein, Albert, *38*
Eisenhower, Dwight D., *200, 203, 214*
Ekvall, Goran, *242*
Elefantes, *31–32*
Emerson, Ralph Waldo, *11*
Energia
 necessária ao cérebro, *19*
 para as medidas, *209*
Estendendo-se no problema, *55–66*
 e autodescrições, *60–61*
 e aversão do cérebro a
  ambiguidades, *58–59*
 e classificando pessoas, *59–60*
 e descrições de grupos, *60*
 e incerteza enquanto aflição, *61–62*
 e necessidade de significado, *57*
 e usando rótulos para diminuir a
  incerteza, *55–56*
 resistindo à ânsia de saber, *56–57*
 satisfatório *versus*, *64*
Estratégias de esquiva ao ato de Pensar
 distração, *19–20*
 padronização, *23–32*
 reação instintiva, *20–23*
Evidência, enquanto requisito para o
 carreamento, *241*

Exame de Analogias de Miller, *64*
Experiência (para medidas), *210*

F

Fabre, Jean Henri, *5–6*
Fantasia, técnica da, *104*
Farnsworth, Philo T., *13, 171*
Feedback, *245*
Feynman, Richard, *164*
Fluxo de consciência, *20*
Folha de atividade, *212–213*
Ford, Henry, *19*
Forjar a solução (quinta etapa), *181–197*
 potencializando soluções, *187–195*
 selecionando idéias para
  desenvolver, *182–186*
 subetapas, *97–98, 230–231*
 utilização prática, *230–231*
Fox, Steve, *175*
Fração de tempo vago (para medidas), *210*
Fracasso
 ao formular perguntas erradas, *147–148*
 consequencias do, *163*
 indesejável, *47–48*
Futuro
 almejado. *consulte* Futuro almejado
 imaginado (situação esperada), *130–134, 227*
 imaginando/criando, *15*
 movendo do presente para, *115–116*
 prevendo, *23–24*
Futuro almejado
 avaliando, *119–120*
 busca de, *116–117*
 como visão, *94, 228*
 critérios de sucesso para, *94–95*
 enunciando, *120–121*
 escolhendo, *120–121*

frases para definir, *116–117*
impulso para, *129, 130*
motivação para alcançar, *132, 133*
relação AIM de, *152–154*
FWB (*Facilitators without Borders*), *146*

G

Galbraith, John Kenneth, *31*
Galeforce (Força do Vendaval), *50, 239*
Gandhi, Mahatma, *236*
General Electric, *42*
Genius (James Gleick), *164*
GEPO (*good enough, push on!*), *234*
Gerar Respostas (quarta etapa), *163–177*
    armadilhas em, *176–177*
    processo para, *96–97*
    relacionando e escolhendo, *172–175*
    respostas do primeiro terço, *167*
    respostas do segundo terço, *168–170*
    respostas do terceiro terço, *169–171*
    selecionando idéias a serem aprofundadas, *175–176*
    subetapas de, *229–230*
    técnicas divergentes para, *165–166*
    utilização prática, *229–230*
Gore, Bill, *69*
Gore, Bob, *69*
Gore-Tex, *69–70*
Gore, Vieve, *69*
Grand Canyon, *30*
Grande Muralha do Tempo (GMT), *208–209*
Groncki, Paul, *146*
Grumman Aircraft Engineering, 201
Grupos, representação dos, *60*

H

Habilidades
    de pensar melhor, *11*
    desafio ao desenvolver, *240*
Hábitos, quebrando, *239*. *consulte também* Padronização
Handford, Martin, *136*
Hastings, Reed, *43–44*
Hein, Piet, *123, 186*
Heráclito, *12*
Hérnia, *41*
Hirschberg, Jerry, *86*
Hock, Dee, *75, 166*
Hotchkiss, Ralf, *xv, 14–15*
Hudson Guild, *145–147*

I

I^3, ferramenta, *118–120, 233–234*
IDEF (Definição Integrada), *xii*
Idéias do primeiro terço, *72–73, 77–78*
Idéias do segundo terço, *73, 78*
Idéias do terceiro terço, *72–75, 78–79, 230*
IKEA, *30–31, 171*
Ilusões, *27*
Ilusões auditivas, *58–59*
Ilusões de óptica, *58–59*
Imaginação (de futuros almejados), *120, 233–234*
Impacto dos problemas. *consulte* Qual é o impacto? subetapa
Importância (dos futuros almejados), *119–120, 233, 234*
Impulso emocional, *129–130*
Impulso para o futuro, *127*
    como aspiração para criar inspiração, *132*
    criando, *129–130*
    desconsideração da lógica, *134–135*

ferramenta da situação esperada (SE), *130–134*
poder do, *140–141*
Incerteza. *consulte também* Estendendo-se no problema
  enquanto aflição, *61–62*
  usando rótulos para aliviar a, *55–56*
Influência (dos futuros almejados), *119, 233–236*
Informações
  acesso a, *10*
  examinando/compreendendo. *consulte* Quais são as informações? subetapa
Insight, *16*
Inspiração, *133, 236*
Intel, *70*
Interessados *(stakeholders)*. *consulte* Quem está envolvido? subetapa
Intuições, *186, 202*
Ionesco, Eugene, *148*

J

Journal of Spurious Correlations (JSpurC), *44–45*
Julgamento binário, *185*
Julgamento gerativo, *185*

K

Kahneman, Daniel, *186, 202*
Kaizen, pensamento, *38, 41–43*
Kamprad, Ingvar, *31*
Kennedy, John F., *94*
Kenosis (quenose), *75*
King, Martin Luther Jr., *127*
KnoWonder, exercício, *112, 151*
Koffka, Kurt, *38*
Köhler, Wolfgang, *38*

L

Lagartas processionárias, *5–6*
Land, Edwin, *103–104, 121–122*
Land, Jennifer, *103, 121*
Langer, Ellen, *38–39*
Langler, George, *14–15*
Lehrer, David, *45*
Lei de Direitos Civis, *127*
Lewis, John, *127*
Linguagem, *91, 243*
Lógica, desconsiderando, *134*

M

Maharaj, Nisargadatta, *9*
Manual de Pintura do Jardim da Semente de Mostarda (Chieh Tzu Yüan Hua Chuan), *222*
Masamune, *181*
McNeil Nutritionals, *70*
Medidas
  folha de atividade para, *212–213*
  recursos para, *209–211*
Mente
  esvaziando, *75*
Mente de macaco, *20*
Mente fugidia, *20*
Mente tagarela, *20*
Mestral, George de, *171*
Mindfulness (Ellen Langer), *38–39*
Minsky, Marvin, *61*
Mischel, Walter, *59*
Modelo de Pensamento Produtivo, *xii, 11, 90–100*
  alinhar recursos (sexta etapa), *98–99, 231–232*
  beneplácito para, *242–243*
  comprovando, *241–242*
  emprego apropriado do, *232–236*

Forjar a solução (quinta etapa), 97–98, 230–231
Gerar respostas (quarta etapa), 96–97, 229–230
O que está havendo? (primeira etapa), 92–94, 222–226
O que é sucesso? (segunda etapa), 94–95, 226–227
praticando, 244–245
Qual é a pergunta? (terceira etapa), 96–97, 227–229
seis etapas no, 92
utilidade do, 221–222
vocabulário para, 91, 243
Modelos, 221. *consulte também* Modelo de Pensamento Produtivo
Moltke, Helmuth von, 202
Momentos do Ahá!, 16
Mostel, Zero, 213
Movimento de resistência social, 145–146
Mudança
linguagem enquanto facilitador da, 91–92
pensamento produtivo em prol da, 49
responsabilidade pessoal pela, 245
vocabulário para fomentar a, 243
Mudança incremental, 42. *consulte também* Kaizen, pensamento

N

Nanda, Gauri, 172
Não-pensamento reativo, 38–40
NASA, 27, 28, 201
cubo de Necker, 58
Necker, Louis Albert, 58
Negroponte, Nicholas, 43
Neologismos, 67
Netflix, 43–44
Nike, 13
North American Aviation, 201

O

Faculdade Oberlin, 14–15
Onde Está Wally, livros da série, 136
Opositores, 207
O que está havendo? (primeira etapa), 103–124
anseios em, 104–105
avaliando os futuros almejados, 119–120
escolhendo o futuro almejado, 120–121
passando do presente para o futuro em, 115–116
propósito de, 222, 226
Quais são as informações? subetapa em, 111–112
Qual é a visão? subetapa em, 116–117
Qual é o anseio? subetapa em, 105–110
Qual é o impacto? subetapa em, 110–111
Quem está envolvido? subetapa em, 113–115
subetapas em, 92–94, 105, 225–226
utilizando prática de, 222–226
O que é sucesso? (segunda etapa), 127–141
criando impulso para o futuro, 129–130
definindo as características do sucesso, 135–140
desconsiderando o racional/lógico/possível, 134–135
estabelecendo critérios, 128–129
propósito de, 127, 226
situação esperada (futuro imaginado), 130–134

subetapas em, 94–95, 226–227
utilização prática de, 226–227
Osborn, Alex, *xi*, 71, 168, 230

P

A *Psychological Tip* (Piet Hein), 186
Padrões, 6
    anteriores, obtendo no
        brainstorming, 76–77
    atração por, 129
    inconscientes, 76–77
    mudando, 39
Padronização, 23–32
    desaprendendo, 39
    de sequencias repetidas de estímulo-resposta, 30
    desvantagens, 26–32
    função de sobrevivência da, 25
    na aprendizagem e recordação, 26
    poder positivo da, 23–26
    praticabilidade da, 25–26
    suposições sobre, 27
Parnes, Sid, *xi, xii*
Pauling, Linus, 68, 165
Pensamento
    aprendendo a habilidade de, 11
    criativo. *consulte* Pensamento criativo
    crítico. *consulte* Pensamento crítico
    de impulso, 167–168
    enquanto trabalho, 19
    kaizen, 38, 41–43
    métodos melhores, 9–11
    produtivo. *consulte* Pensamento produtivo
    reprodutivo. *consulte* Pensamento reprodutivo
    se ordem superior, 20
    tenkaizen, 43–45
Pensamento acrítico, 46, 117
Pensamento apreciativo, 46

Pensamento criativo, 45–47
    acrítico, 46
    enquanto habilidade, 11
    expansivo, 46
    gerativo, 46
    no exercício KnoWonder, 113
Pensamento crítico, 45–47
    analítico, 46
    apreciativo, 46
    na técnica C5, 156–157
    no exercício KnoWonder, 113
    para medidas, 205–206
    seletivo, 46
Pensamento produtivo, *xii–xiii*, 43–51
    conveniência do, 232–233
    encontrando uma analogia inesperada no, 12–16
    enquanto habilidade que pode ser aprendida, 11
    enquanto vantagem competitiva significativa, 10
    escolhendo, 48–51
    imaginando o futuro com, 15
    incentivo para, 7
    liberdade no, 7
    motivos para se dedicar ao, 7–11
    obstáculos aos. *consulte* Estratégias de esquiva ao ato de Pensar
    pensamento criativo no, 45–47
    pensamento crítico no, 45–47
    pensamento reprodutivo *versus*, 37–38, 47–48
Pensamento reprodutivo, 7, 38–43
    kaizen, pensamento, 41–43
    não-pensamento reativo, 38–40
    pensamento produtivo *versus*, 37–38, 47–48
    repetição maquinal, 38–40
    sistematização consciente, 40–41

Outro tipo de Pergunta
  para respostas do segundo terço, 168
  poder da, 73
CEP ("como eu poderia..."), perguntas, 150–151
CNP (" Como nós poderíamos..."), perguntas, 150–151
"De que outra forma...", perguntas, 168
Perguntas. *consulte também* Estendendo-se no problema
  catalisadoras. *consulte* Perguntas catalisadoras
  desencadeador, 8
  determinando. *consulte* Qual é a pergunta? (terceira etapa)
  erradas, insucesso ao formular, 147–148
  nas relações do primeiro, do segundo e do terceiro-terço, 151–152
  pensamento de impulso, 167
  problema, 149–152, 228. *consulte também* Perguntas catalisadoras
  respostas disfarçadas de, 155
  resultados imediatos, 243
Perguntas catalisadoras, 96
  definição, 91
  enquanto fatores essenciais ao processo, 154–155
  estimulando respostas às. *consulte* Gerar Respostas (quarta etapa)
  identificando, 149–154. *consulte também* Qual é a pergunta? (terceira etapa)
  poder das, 149
  várias, 158
Perguntas do primeiro terço, 152
Perguntas do segundo terço, 154

Perguntas do terceiro terço, 154
Perguntas-problema, 149–152, 228. *consulte também* Perguntas catalisadoras
Perspectiva(s)
  dos interessados (acionistas), 114–115
  e ilusões, 58
Pessoas, classificando, 59–60
Peterson, Kristen, *xii*
Picasso, Pablo, 54
Pinker, Steven, 26
Pirataria na internet, 10
Planejamento
  ilusão de controle passada pelo, 202
  para alinhamento de recurso, 202–205
  plano *versus*, 202–203, 214
Polaroid Corporation, 104, 122
Ponte do Milênio (*Millenium Bridge* Londres), 139–140
Ponto de vista, 112–115
Possibilidade, fomentando a percepção de, 116, 170–171
Possível, desconsiderando, 134
POWER, exercício, 188–195
  antídotos no, 191
  benefícios do, 193–195
  e estágios de desenvolvimento pessoal, 196–197
  melhorias no, 191
  objeções no, 189–190
  "o que mais?" no, 190
  pontos positivos no, 188–189
  provando, 241
  recapitulando, 192
Prática, enquanto requisito do carreamento, 244–245
Presente, passando para o futuro do, 115–116

Princípio Subjacente (PS), *174–175, 230*
Processo de Solução Criativa de Problemas, *xi–xii*
Productive Thinking (Max Wertheimer), *38*
Produtividade, busca pela, *225*
Os Produtores, *213*
Programas de treinamento, *240*. *consulte também* Carreamento
Propriedade intelectual, protegendo a, *9–10*
Protótipos cognitivos, *59*
Pull (empurrada) estratégia de marketing, *70*

Q

Quais são as informações? subetapa, *93, 111–112*
Qual é a pergunta? (terceira etapa), *145–159*
  como etapa decisiva, *148–149, 154–155*
  convergindo para a pergunta (C^5), *155–157*
  encontrando as perguntas catalisadoras, *149–153*
  perguntas erradas enquanto causa de insucesso, *147–148*
  processo de, *96–97*
  subetapas em, *229*
  utilização prática de, *227–229*
Qual é a visão? subetapa, *94, 116–117*
Qual é o anseio? subetapa, *93, 105–110*
  agrupando anseios, *108–110*
  anseios implícitos e explícitos, *107*
  escolhendo um grupo de anseios, *110*
  investigando os problemas em, *106–108*
  pensamento acrítico em, *107*
Qual é o impacto? subetapa, *93, 110–111*
Qual é o princípio subjacente (Queps?), ferramenta, *174–175*
Quem está envolvido? subetapa, *93–94, 113–115*

R

Racional, desconsiderando, *134*
Racionalização, *22*
Radner, Gilda, *202*
Rapaille, Cloutaire, *23*
Reação instintiva, *20–23*
Recordação, padrão da, *26*
Recursos. *consulte também* Alinhar recursos (sexta etapa)
  desperdício no treinamento, *240*
  determinando os mais importantes, *207*
  no exercício DRIVE, *137–138*
Reforço, *244*
Relógios, *28*
Repetição maquinal, *38–40*
Resolução de problemas
  abordagem natural para, *88–90*
  "enunciados do problema" na, *148*
  Modelo de Pensamento Produtivo para. *consulte* Modelo de Pensamento Produtivo
  pensamento produtivo *versus* reprodutivo na, *38*
  perguntas úteis na, *149*. *consulte também* Perguntas catalisadoras
Responsabilidade(s)
  atribuindo, *205, 208*
  para mudar comportamentos, *245*
Respostas
  disfarçadas ou mascaradas em perguntas, *154–155*
  gerando. *consulte* Gerar Respostas (quarta etapa)

inversão, *169–170*
louvor por encontrar as, *65*
natureza simplistas das, *56*
para diminuir a ambiguidade, *55–56*
primeiras, persistências as, *58*
primeiro terço, *167*
segundo terço, *168–170*
terceiro terço, *171*
Restrições (no exercício DRIVE), *137*
Resultados essenciais (no exercício DRIVE), *138–139*
Resultados (no exercício DRIVE), *137–139*
Risco de insucesso, *47–48, 163*
Rogers, Will, *18, 29*
Rose, Pete, *163*
Rotinas, *6*
Rótulos, significados atribuídos aos, *55, 61*
Royal Dutch Shell, *13*

S

Saber, Brian, *146–147*
Satisfatório, *64, 177*
Scuse Me While I Kiss This Guy, and Other Misheard Lyrics (Gavin Edwards), *57*
Seiko, *28*
Self, percepção de, *60–61*
Selfridge, Oliver, *27*
Shakespeare, William, *25*
Shaw, George Bernard, *4, 56*
Shouldice, Edward, *41*
Shouldice Hernia Centre, *41*
Significado
  de palavras familiares, *91*
  necessidade de, *58*
Simon, Herbert, *64, 65, 167*
Simons, Jan, *75*
Simons, Virgil, *169–170*

Sistema límbico, *21–23*
Situação Esperada (SE), *130–134, 226–227*
Slovick, Paul, *186*
Snow, John, *12*
Sobrevivência, função, *25*
Sociedade da Mente (Marvin Minsky), *61*
Soluções
  alternativas de, *182*
  boas *versus* excelentes, *234*
  criando. *consulte* Forjar a solução (quinta etapa)
  precipitando em, *154*
Soluções potencializadas
  determinadas, *91*
  POWER, exercício para, *188–195*
Sonho de uma Noite de Verão (Wiilliam Shakespeare), *25*
Starr, Ellen Gates, *145*
Sun Tzu, *216*
Swigert, Jack, *201*

T

Tarefas
  cronograma de, *208*
  determinando, *205–206*
  responsabilidade final pela, *208*
Televisão, *12*
Tenkaizen, pensamento, *43–45*. *consulte também* Pensamento produtivo
Teres e haveres (para medidas), *211*
Texas Instruments, *28*
Thaumatrope, *37*
think[x], *xii, 73*
THX, *70*
TMR (taxa metabólica de repouso), *19*
Toyota, *42*
Tronco cerebral (cérebro primitivo), *21*
TTT, *123–124*

Túnel de Vento, exercício, 79–80
Tversky, Amos, 186, 202
Twain, Mark, 132

V

Valores (no exercício DRIVE), 138
VanGundy, Arthur, 180
Efeito Venturi da mente, 79
Visão
    definindo. *consulte* Qual é a visão? subetapa
    futuro almejado enquanto, 94, 228
    perguntas-problema relacionadas à, 228
Vocabulário, 91, 243

W

Wenger, Win, 79
Wertheimer, Max, 37–38, 43
Whirlwind, 15
Whitehead, Alfred North, 148
Wilde, Oscar, 102
W. L. Gore & Associates, 69–70
Wright, Sylvia, 57

Y

Yunus, Muhammad, 236

SOBRE O AUTOR

Tim Hurson, grande entusiasta do pensamento produtivo — capacidade dos seres humanos de utilizar sua inteligência criativa como um eficaz mecanismo de mudança —, tem profunda convicção de que a inteligência criativa é um conjunto de habilidades que pode ser aprendido e cultivado por **todas as pessoas**.

Ao longo de sua carreira, Tim trabalhou em organizçações de todos os portes — das gigantes da *Fortune* 500 a pequenas organizações sem fins lucrativos — para desenvolver iniciativas de inovação, de marketing e de novos produtos. Em seu trabalho, pôde comprovar até que ponto as barreiras à criatividade e ao pensamento produtivo são também barreiras ao sucesso financeiro e pessoal.

Tim viaja muito, prestando consultorias e proferindo palestras sobre como empresas e indivíduos empregam o pensamento produtivo para eliminar essas barreiras ao sucesso. Ele demonstra de que maneira as organizações podem fomentar um ambiente de trabalho criativo e diariamente inovador que lhes permita adaptar-se às rápidas mudanças na tecnologia, nos mercados e nos mandados.

Tim é sócio-fundador da ***think**^{x}* intellectual capital (www.thinkxic.com), empresa que oferece a corporações internacionais treinamento, assistência e consultoria em pensamento produtivo e inovação. Além de congregar o conselho de administração da Fundação de Educação Criativa e o corpo docente dessa instituição, é diretor-fundador da Facilitators without Borders.

Nascido na África do Sul e criado em Manhattan, Tim formou-se na Faculdade Oberlin. Atualmente, vive em Toronto, onde compartilha com a mulher e os filhos sua paixão pela criatividade.